博物館学人物史㊤

青木　豊／矢島國雄　編

雄山閣

まえがき

本書刊行の目的は、博物館学の体系構築の基盤ともなる博物館学史の一端を明らかにしようとするものである。勿論、博物館学史の確立には博物館史も不可避であることは確認するまでもないが、館史に関しては周知の通り、椎名仙卓先生による体系立った研究成果や、博物館史研究会による優れた基盤研究がなされている。ところが一方、博物館学史に関しては新潟県立歴史博物館の山本哲也氏をはじめとする二、三人の極く少数の研究者が取り組んでいるに過ぎず、まだまだ不十分な分野であることは周知するところであろう。

いずれの学問も、先行研究を常に検討・吟味した上で、論旨を更なる発展に繋げるべく展開してゆくのが常であると言えよう。先行研究である学史研究を大きく欠き、事例研究・報告に終始して来たところに博物館学の学としての体裁が伴わなかった大きな原因があることも指摘できよう。

そこで、博物館学史の一端を充填すべく博物館学意識を有した研究者の、博物館学思想を検証しようとするものである。

本書の本来の予定は、上・下編の二編構成とし、上・下編を通じて時代順に配列することにより博物館学史の推移変遷も明確にする予定であったが、入稿の遅れ等があり、編年体ではなく本形態での刊行に至ったものである。

原稿締切を厳守下され玉稿を提出して下さった先生方におかれましては、非常な不快感をお持ちになられたことは十分に承知して居ります。編者として大変申し訳なく思って居ります。

また、同様に（株）雄山閣の関係諸氏にもご迷惑をお掛け致しましたことを明記し、お詫び申し上げます。

本書を上梓するにあたり、各項をご担当下さった方々への協力に対して厚く御礼申し上げる次第であります。

編者

博物館人物史（上） 目次

●ケプロン、ホーレス……山本哲也 1
●佐野 常民 さの・つねたみ……杉山正司 13
●福澤 諭吉 ふくざわ・ゆきち……落合知子 25
●蜷川 式胤 にながわ・のりたね……石渡美江 35
●大倉 喜八郎 おおくら・きはちろう……石渡美江 43
●町田 久成 まちだ・ひさなり……井上洋一 49
●田中 芳男 たなか・よしお……杉山正司 61
●モース、エドワード・S……落合知子 71
●手島 精一 てじま・せいいち……杉山正司 79
●九鬼 隆一 くき・りゅういち……山本哲也 89
●箕作 佳吉 みつくり・かきち……下湯直樹 99
●三好 学 みよし・まなぶ……下湯直樹 109

●坪井正五郎　つぼい・しょうごろう……青木　豊　117
●岡倉天心　おかくら・てんしん……石渡美江　129
●白井光太郎　しらい・みつたろう……下湯直樹　139
●南方熊楠　みなかた・くまくす……落合知子　149
●棚橋源太郎　たなはし・げんたろう……矢島國雄　157
●小林一三　こばやし・いちぞう……松浦淳子　171
●黒板勝美　くろいた・かつみ……青木　豊　183
●谷津直秀　やつ・なおひで……下湯直樹　193
●濱田耕作　はまだ・こうさく……平田　健　201
●川村多實二　かわむら・たみじ……下湯直樹　211
●後藤守一　ごとう・もりかず……平田　健　219
●藤山一雄　ふじやま・かずお……落合知子　229
●米村喜男衛　よねむら・きおえ……平田　健　237
●澁澤敬三　しぶさわ・けいぞう……落合知子　247

●徳川宗敬　とくがわ・むねよし……松浦淳子　255
●甲野勇　こうの・いさむ……平田健　265
●木場一夫　こば・かずお……山本哲也　275
●樋口清之　ひぐち・きよゆき……青木豊　283
●小森厚　こもり・あつし……小宮輝之　293
●加藤有次　かとう・ゆうじ……青木豊　303

ケプロン、ホーレス（Horace・Capron）

一八〇四年～一八八五年

一八〇四年八月三十一日、医師セス・ケプロンの四男としてアメリカ・マサチューセッツ州に生まれる。一八〇四年、ニューヨーク州に移り、オナイダ郡ホワイツボロに育つ。陸軍士官学校を目指すも家運のために断念。一八二五年、二十一歳の時にワルデンに移住。父および長兄（ニュートン・マン）が経営する綿布製造業に従事した。

生い立ちと略歴

明治四年（一八七一）に来日するまでは、アメリカ国内での生活、活動ということになるのは言うまでもないが、工場や農牧業の経営者という一面と、軍に関わる一面という二面性をもっており、さらに来日直前の数年間は、農務省に勤めるという多彩な人生が垣間見られる。

まず、二十代前半を家族の経営する綿布製造業で経験を積んだ後は、各地の工場で監督を務めた。一八二九年、二十五歳でメリーランド州ワーレンの織物工場の監督、次いですぐにサヴェジ村の紡績工場監督となる。

一八三三年、ボルチモア・ワシントン鉄道敷設の際、アイルランド労働者が暴動を起こしたが、ケプロンが民軍を組織してその鎮圧の任に当たった。軍人としての一面がここから見られるようになる。これに成功したため、一八三四年には知事命でメリーランド州義勇軍第三十二連隊の少佐に任じられた（翌年大佐に昇進）。その間、一八三四年六月五日、メリーランド州ローレルのルイザ・V・スノードンと結婚。同地で模範大綿布工場を経営し、職工二千人を擁する大工場へと成長させた。また、農場経営にも乗り出し、その経営はいわゆる移転を繰り返す掠奪農業であったが、資本投入により同州の荒廃地の施肥を進め、結果、同州一の大規模農場に育て上げた。その名声は高く、「進歩的にして、また科学的な農業家」と呼ばれ、一八四八年には同州農業会会頭および合衆国農業会副会頭に選出されている。なお、ルイザとはその翌年の一八四九年に死別している。

一八五〇年、メリーランド州代表としてロンドン万国博覧会に出席することが決まり、翌年の開催時には参加しているはずである。しかし、ほとんど代表となったことだけが伝えられるのみで、自伝でも全く触れられていないことがらであって、開催の際の詳細は残念ながら不明である。谷邨一佐著『奎普龍将軍』（一九三七）には「英京龍動に催した世界博覧会に、将軍は米國農民を代表して出席し、蘊蓄せる耕牧の實験や抱負を語り、先輩の欧州人をして顔色なからしめた。」との記述があるものの、「顔色なからしめた」という証拠には残念ながら触れることができない。本来は仔細に参加の様子を書き連ねるはずのケプロンと思われるが、代表への選出が妻との死別から時を経ていないこと、また、当時の経済不況により、各事業が成功から失敗へと転落、整理されていった時と重なって精神的な重圧があったためか、ケプロンにとっては、第一回万国博覧会に明確な意義を見出せないまま参加したのではないかと推測する以外にない。

一八五三年になると、今度はニューヨーク市に移り、さらに翌年一月四日、マーガレット・ベーカーと再婚。イリノイ州ヘブロンで農牧業を営むこととなる。その前後にわたるケプロンの農業人としての活躍ぶりは、一八六四年メリーランド州プリンスジョージ郡農業会から一八六六年のウィスコンシン農業会まで、少なくとも十二の農業会・博覧会で一等賞を何度も受賞するという、その受賞歴から明らかとなっている。

一八六一年、南北戦争勃発。長男・次男が北軍に従軍。ケプロン自身は翌年になってペオリアにて騎兵隊組織の任に当たり、さらに翌年の一月七日にはイリノイ第十四騎兵連隊を組織。当初は中佐であったのがすぐに大佐に昇進してこれを率い、オハイオ州よりテネシー州カムバーランドなどで南軍と戦った。一八六四年にチェロキーの戦いで長男ホーレスJr.の戦死に遭う。翌年二月十三日には戦功で代将となって終戦まで従軍した。しかし自身も重傷を負うなど肉体的にも精神的にも苦悩に満ちたまま終戦。その後、イリノイ州に戻り生活を元に戻す。

以上のように軍人としての生活とともに農業経営者としての生活が続いていたところ、アメリカ農務省の初代総裁アイザック・ニュートンが一八六七年六月十九日に死去。そこでケプロンが同年十一月二十九日に、アンドレー・ジョンソン大統領により農務省の第二次総裁として任命される。メリーランド州およびイリノイ州の政治家たちの支援もあり、約三十人もいた候補者の中からの選出であった。それは、長年にわたる輝かしい業績が評価されてのことである。

お雇い外国人として

ケプロンは、まず農務省庁舎を新築するなどの改革を進めた。その中には図書館や博物館も整備されたという。翌年になると、各種の研究部門を設けた中で、植物部も設けた。これは、スミソニアン研究所のジョセフ・ヘンリーの勧めによるもので、貴重な腊葉標本コレクションが農務省に移管され、ハーバリウムが作られるに至った。そこには、ペリーの持ち帰った日本産の標本も含まれていたという。また農務省公報の発行、南部農政の再編成など、合衆国農業の基礎作りに専念した。さらに化学研究所を興す。同研究所には、後に開拓使雇として従えたトーマス・アンチセル（Thomas Antisell）も在籍していた。

そして明治四年（一九七一）四月一日、ケプロンは米国務省の紹介状を携えた黒田清隆、森有礼と会見する。黒田は開拓使次官、森は在米少弁務使（公使）であり、開拓使の教師頭取兼顧問を北海道開拓事業推進のため招聘するのが目的であった。それは当初、ケプロンへの依頼ではなく、適当な人物の推薦を依頼したのであったが、再三の交渉の結果ケプロンが出したのは、自身が就任するという結論であった。火事で失明した末息子への財政的な援助を必要としたことなどから、高額の年俸に一つの理由があったと囁かれる一方、これまでの経験を未開の地で活かすチャンス、そして日米の友好関係に貢献することに使命を感じていたとも言われている。四月の面談から数ヶ月を経て、いよいよ来日することが決まり、日本には八月二十五日に第一歩を踏み記している。

そして、北海道という実務を行うべき場所に実際に足を踏み入れる前のことになるが、ケプロンは十月九日付けで開拓使に対し開拓に当たっての必要事項を建言する。その中で、「教導ノ道ヲ開ク」には「文房《ライブラリー》」（図書館）と「博物院《ミセーム》」（博物館）が必要であると、その設立を提案しているのである。それは日本の博物館史に大きな意義を見出すことのできる建言書であり、以下、その全文を引用する。

一千八百七十一年第十月九日東京ニ於テ北海道開拓使へ呈ス

今般北海道へ大学校及ヒ開拓使官署御建築相成候ニ付、左ノ一緊要事件ニ御着意有之度奉存候．就テハ如斯教導ノ道ヲ開クニハ文房及ヒ博物院ハ欽クヘカラザル事ハ當然ナリ．一々其物品ヲ買求ムレハ其價量ルヘカラス．今斯ニ一良策ヲ設ケナハ、些少算スヘキ費ヲ以テ其全備ヲ得ル事亦難キニアラサル也．其策先ツ交易ノ姿ナリ．已ニ亜墨利加、西洋ニ於テ格物家、家穡家社ヲ結ヒ互ニ音信ヲ通シナリ候者数百人．其人々ハ著述書及ヒ各々自国産ノ地質学ニ関係セル鑛石或ハ草木、禽獣、昆虫等ヲ集メ他国産ノ物品ニ交易スルナリ．特ニ日本産出之諸品ハ外国ニ於テ最モ冀望スル所ニシテ、皇国固有ノ土木、禽獣、野草ト虽モ亜墨利加、西洋ノ好物家ニ在リテハ其珍重スル品類尤饒シ．故ニ上ニ述フル物ヲ公ニ交易スベキ令ヲ得、且其事ヲ天下ニ布告スルハ余ニ於テ企望スル所ナリ．幸ヒ余及ヒ書記官ハ如斯事務ヲ所置スルニ已ニ多少ノ検査ヲ経暦セシ事ナリ．

此事ヲ施行スルニ於テハ左ノ件々ヲ専任努力スヘシ．

第一宇内ニ布告スル事．物品採集メ方、其貯畜之法且海外へ轉輸シ博学君子又ハ好物家ニ贈リ方等允可ヲ結フニ之ヲ早速所置スヘシ．

第二布告書ハ速ニ英佛獨文ヲ以ツテ発兊シ世界中格物家、稼穡学家及ヒ博物院へ贈ルベシ．其趣旨ハ交易セン事ヲ企テ贈ル所ノ物品ヲ用意セリ．是ヲ望ム者アラハ其返酬ニ何品ヲ送ル哉報知スヘシト請求スルナリ．足下是事ヲ至善ノ要件ナリト思ヒ給ハ速ニ前ニ言フ所ノ布告書ヲ刊刻スヘシ．

余近頃マテ凡二ヶ年ノ時間、華盛頓府耕作局ト外国ヲ社友六百余人ト交易ノ事ヲ施行セシニ、我カ贈ル處ノ物、亜墨利加ニ在リテハ更ニ價ノナキ品ナルニ、之レニ頼ミテ貴重ナル物品ニ換ヘタリ．郵便及ヒ運送賃ハ固ヨリ投スルハ当然ナレトモ、唯之レノミノ費ニ因テ日本政府緊要事翰ヲ設立スルナリ．日本政府用達ヲ各所ニ定メ置、音信送答ノ品物ヲ授受シ其名宛ノ処ニ達セシムルナリ．右ノ件々謹テ告白ス．

ホラシ　ケプロン（花押）

二白　日本ニ於テ物産ヲ採集スレハ之ヲ海外へ送リ図ニ出シ日本産ノ品類ノ部ニ出シ、之ヲ草行スルハ今貴政府ノ欲スル処ナリ．加之其餘分ヲ以テ他国ノ珍物ニ交易スルハ豈其利宏大ナラス哉．

この建言書からは、博物館等の設立のみを求めたものではないことが理解されよう。即ち、資料の蒐集に当たっては日本産の鉱物・動植物を採集し、諸外国のものと交換するという具体的な方針も提言されているのである。また、自然史系の博物館を想定していたことも理解されるところである。

ケプロンの任務は広大な未開拓の土地がある北海道という地に、開拓の礎を築くことにある。それにしても、その当初に博物館設置の建言があったことは、目を見張る事実であると言えるだろう。

ケプロンは、建言とほぼ同時期にあたる九月末にアンチセルとワーフィールド（A. G. Warfield）を北海道視察に向かわせ、調査させている。と同時にケプロンは、黒田と図って東京での官園経営に乗り出す。官園は青山に二ヶ所および麻布の計三ヶ所に設置。東京官園と通称され、計四十五ヘクタールに及ぶ広大なものであった。そこではアメリカから林檎・梨などの果樹や優良種苗を輸入、試験栽培を行っている。

そしてアンチセルとワーフィールドの二人の報告書をもとに、年が明けて明治五年一月二日付けで、自らの開拓の構想を「第一次報文」としてまとめた。その中では、気候・地勢・鉱山資源の調査、交通機関の整備と拡充、農・工業の推進などの多岐にわたる提案事項を述べている。また、首府を札幌に置くことのほか、さらに農学校設立も提案している。農学校設立の提案はすぐに受け入れられ、学校掛（校長格）に荒木郁之助を任命して、まず東京に開拓使仮学校が同年五月に早くも開校している。その後は明治十八年に札幌に移り、札幌農学校となり、その翌年にはウィリアム・S・クラーク博士を迎えている。つまり、その提案した農学校こそ、現在の北海道大学につながったという訳である。

ケプロンが在日期間中に北海道に渡るのは、三度であった。

最初の渡道は「第一次報文」をまとめた四ヶ月後の五月十五日に東京を出発してからで、六月十五日に札幌に到着し、札幌本府の建設の進捗確認などした後、小樽ほか各地を視察。十月十六日に東京に帰着している。

ケプロンの二回目の渡道は翌明治六年の六月に始まる。黒田から依頼され函館近郊の七重官園（西洋りんごの初栽培地）の視察などを行う。また豊平川や石狩川の水運調査、道路工事の検査、山林利用や石狩炭山開採の見込みなどを調査。豊平川から石狩川までの運河造成工事を視察したケプロンは、閘門の稚拙さを指摘。しかし関係者はその言葉を信用することなく姑息な修正を施したが故に、開門して間もなく決壊するという事態になったという一件もあった。なお、九月十七日に帰京し、十一月一日付けで「第二次報文」をまとめ黒田に報告している。

三回目の渡道は明治七年五月から八月にかけてである。黒田は七重官園、札幌官園の視察・指導や屯田兵村に関する調査、豊平川堤防の状況調査や漁業に至る多様な調査項目を依頼している。この渡道の際にケプロンは、前年に指摘した豊平川のその後の結果（決壊）から、日本人役人の欺瞞性を感じたようである。なお、開拓使本庁舎を見たケプロンは、その大きさが適当なものであり、壮麗なものと評価している。

ケプロンの雇用期間は当初決められていた訳ではなかった。しかし、来日後四年が経とうとした時、当初の案が軌道に乗ったものと考えたケプロンは、帰国を申し出る。自己の最後の仕事として明治八年三月十五日、黒田に「ホラシ・ケプロン報文」を提出。三月二十八日には天皇の謁見を賜っている。「開拓使顧問ホラシ・ケプロン報文」は、まず明治八年の内に英文版が、そして和文版は四年後の明治十二年に出版されている。

そしていよいよ帰国の時が訪れる。五月二十三日に日本を離れ、三年十ヶ月にわたるケプロンの日本での活動が終わったのである。しかし、それで日本との関係が切れることはなかった。ワシントン郊外に居を構えてその後の人生を送ることとなったのだが、帰国後も黒田の求めに応じるなど、その後もなお日本に対するさまざまな援助を惜しみなく続け、日本の紹介にも力を尽くした。

帰国の翌年の明治九年には、ワシントン哲学会から請われて「日本」と題する講演を行っている。また同年、黒田の札幌牧羊場の護羊犬の購入依頼に応じたのに始まり、明治十二年に至っても、亜麻種の斡旋、缶詰の試作品の試食、綿羊、馬橇、種馬などの購入も依頼され、応じている。さらにその間、明治十年の日本国内における西南戦争の際には、銃砲類や弾薬の調達も請け負っていたのである。

なお、ケプロンにはその在日中の活動が認められ、明治十七年、勲二等旭日賞が授与されている。

ケプロンの博物館学的評価

アメリカ在国時においては、経営者・軍人・役人という三つの人物像を持つケプロンであり、その際に博物館研究を行ったとか、博物館に深く関わったという履歴はほとんど窺えない。農務省の新庁舎建設時に博物館の整備があったのは事実ではあるものの、博物館を第一に推進すべきものとして考えていたとも思われず、接点がそれほどあったとは言い難いのが実情である。また、ロンドンにおける第一回万国博覧会に赴いたことまではわかるが、それ以上の詳しいことは不明のままである。つまり、日本の博物館学史に登場するホーレス・ケプロンという人物は、開拓使顧問時代の博物館設置の建言をもって異彩を放っているが、その淵源がどこにあったのかは不明といわざるを得ない。

その建言では、博物館の資料蒐集の方法について、国産の鉱物、動植物、昆虫を集め、さらに諸外国と交換するという具体的な提案がなされており、日本の博物館史上、博物館設置の提案とともに重要な意義を持つと認識されるところである。今でこそ博物館の蒐集機能は寄贈、寄託、採集、交換、購入、借入、発掘などの方法が理論化され確立されているが、そもそも近代博物館の基礎理論すら確立していない時代に、その資料蒐集の方法論に及ぶ建言がなされたことの意味は極めて重要であろう。

さて、この建言がその後どのような効果を発揮したかによって、さらにその評価が分かれるところだろう。ケプロンがなしたのはあくまで建言であって、その後北海道の博物館建設に直接関わったという記録はない。ただの建言で終わったのであれば、さほどの評価にはならないが、では実際にその後どうなったのかを述べる。

ケプロンの建言の翌年、開拓使は北海道物産取調掛を置く。それは、翌年のウィーン万国博覧会に出品する資料収集の一環としてのものであった。万国博覧会への出品は、「澳国博覧会ニ供スル北海道物産取調方之綱領」という伺いにおいて、「其形之儘永保可仕」分について「一品モ御使博覧物局ニ取収メ、今日ヲ基立ニテ追々広御取集メ、他日博覧之用ハ勿論、北海全島開化之進歩ヲモ御証明可被成事」となっており、収集した資料を通じて「北海全島開化之進歩ヲモ御証明」するという目的が付与されていた。また翌明治六年（一八七三）六月には、札幌本庁物産局内に博物課が設置される。その掌る内容は「物品ヲ採蒐シ、博覧ニ供スル」、「凡物品ハ其種類ヲ分チ名称ヲ明ニシ出産ノ地発見ノ時ヲ記シ之ヲ産物明細録ニ編ム」、「物品ハ常ニ之ヲ展列シテ博覧ニ供シ或ハ博覧會ニ送リ之ヲ展覧雑記ニ編ム」とあるように、およそ博物館が行うべき事業の諸要素を持っていた。またウィーン以降の国内外の博覧会・博物場、展覧場等の展示施設への出品を念頭に置いたものでもあった。そのとおり、収集した資料は京都府博覧会（明治八・九・十二年）、大阪府博物場（明治八年）、愛媛県物産博覧会（明治十一年）など、全国各地に貸し出されている。そういった経験が、博覧会に留まらず、博物館設置の動きへ変容していった可能性は高い。

そしてこれら資料の集積などの動向を受けて、ケプロンが帰国した翌年の明治八年六月、東京芝山内の開拓使東京出張所内・旧仮学校跡に、北海道物産縦観所が設置された。その目的は「北海道ノ物産及開拓ノ参考ニ供スヘキ内外ノ物品ヲ展列シ衆庶ニ縦覧セシム」ことであった。右記した諸物産の貸し出しには当初開拓使東京出

新築間もない札幌博物場

張所が当たっていたが、縦観所設置後は、同所がその任に当たっている。翌明治九年二月には「東京仮博物場」と改称。ここに、ケプロンの考えた「博物院」がまさに具現化されたと考えるところである。さらに翌明治十年、札幌の偕楽園内に札幌仮博物場が、その二年後の明治十二年には函館仮博物場が開場する。東京仮博物場は明治十四年の東京出張所閉鎖に伴い閉場となったが、その資料は札幌博物場や函館博物場などへと移管され、札幌仮博物場は現在の北海道大学内の博物館へ、函館仮博物場は現在の市立函館博物館へと発展したのである。

ここに至り、果たしてこのケプロンの建言があって地方初の博物館開設に至ったと、本当に認めることができるかどうかが改めて問題となる。建言が明治四年八月、ウィーン万博への参加を目的に墺国博覧会事務取扱が置かれたのが同年十二月であり、建言の方が時期の早さにおいて上回っているものの、北海道物産縦観所の創始について、ウィーン万博に根拠を求めるとすれば、ケプロンの建言が功を奏したとは必ずしも言えないことになるからである。しかし、その後東京仮博物場と改称された際、黒田清隆が「北海道産物ノ義ハ、広ク衆人ノ見聞ニ触レサル者有之候ニ付、専ラ該道動植鉱物ノ類其他有益ノ物品ヲ蒐集シ」と太政大臣に改称の上申書をあててその意義の理解を得ようとしているところからしても、黒田の「博物場」への改称が、ケプロンからの建言を意識したものとの推定は十分に可能なものと言えよう。そして、札幌や函館に仮博物場ができたことは、東京での資料の集積というだけでは理解しがたいものと思われる。まさしく北海道の大地にあってこそ、その意義を発揮する博物場であって、それはケプロンが想定した「博物院」が遠因であると思われるのである。また、それ以前の開拓使の資料蒐集の軌跡において、開拓事業の促進のためケプロンの進言でアメリカから輸入した果樹・種苗などを開拓使官園で試験栽培し、その栽培品の一部が仮博物場で展示されるなどの密接な関係を持ったという事実も、やはりケプロンとその後の博物館とが遠回しながらも関係していたことを窺わせるものと考えるのである。

以上のように、日本の近代博物館史のごく初期に、中央における設立論とは違い、地方における博物館設立が論じられ、当該理論が結実したのであり、その重要な意義もここに改めて認めることができるのである。

ケプロンの横顔

「北海道開拓の父」と言われることのあるケプロンであるが、その人間性の真実まで見渡そうとすると、必ずしも高い評価だけではすまない一面がある。開拓使長官として招聘した黒田清隆は、ケプロンに対し厚い信頼を寄せていたことは間違いないが、逆に他方、特に開拓使の部内からの不信感があった様子が見られるのである。

エドウィン・ダン（Edwin Dun）はケプロンが多くの人間を組織・指導する能力はゼロであり、信頼すべき判断を持った有能な人間ではなく、北海道の天然資源とその開発に何の考えも持たない役立たず、といった旨の言い方をしているし、また、ケプロンがアシスタントとして、自身が選び出したブラウンやアンチセルとの間にトラブルが起こったのも事実である。アンチセルは「セネラルケフロン氏ハ、農業ノ儀ハ心得居候得共、其外ノ学術ハ更ニ出来不申人物」という評価をしているほどである。

このような人間関係になった原因は、さまざま推測されているところであり、ケプロンとその批判者のどちらが正しいとも、今となっては確実なことは言えないのであるが、そのようになった要因の一つに、ダンが言っているように「物々しい官僚的上役風」という、ケプロンの性格からくるその態度にあるのも確かなようである。

終　焉

一八八四年、ケプロンは日本に渡る前までの人生をつづった自伝をまとめ上げた。その翌年の二月二十一日、一八四八年に起工しながらも、その後の中断を経てようやく完成したワシントン記念塔の建設祝賀式典に出席。工事にかかった長い歳月と自分の人生とを重ねたケプロンであったのではないかと思われる。ところが式典から帰宅後、気分の不調を訴え、そのまま翌二十二日に八十年の生涯を閉じた。その亡骸は、ワシントンのオークヒルに葬られている。また、札幌市大通公園にはホーレス・ケプロンの銅像が建っている（一九六七年建立）。

主要著書

前記した開拓使に関する報告書としての『開拓使顧問ホラシ・ケプロン報文』のほかでケプロン自身の著になるものは、『ホーレス・ケプロン自伝』（西島照男訳　一九八九　北海道出版企画センター刊）、『ケプロン日誌　蝦夷と江戸』（西島照男訳　一九八五　北海道出版社刊）の二冊がある。しかし、これらは日本における開拓使研究の中でケプロン研究を進める上で企画され、日本国内においてのみ公表されているものである。なお、自伝はタイプ版にされて、米国農務省やエール大学など数ヶ所に保管されている。

（山本哲也）

写真／北海道大学附属図書館所蔵

佐野　常民

（さの・つねたみ）

文政五年（一八二二）〜明治三十五年（一九〇二）

慶応三年（一八六七）のパリ万国博覧会に派遣された佐野常民は、政治家として、また博愛社（日本赤十字社の前身）の創設者として著名である。しかしそれだけではなく、パリとウィーン万国博覧会に派遣されたことにより、博覧会の功用を認識して芸術奨励や勧業の必要性を感じて、内国博覧会を主導するなどの功績により「博覧会の父」と呼ばれている。

生い立ちと学問

佐野常民は、文政五年（一八二二）十二月二十八日、肥前国佐賀郡早津江（佐賀市川副町大字早津江）に、佐賀藩士下村充賛《みつよし》の五男として生まれた。幼名は、鱗三郎といい、天保三年（一八三二）九歳の時に、下村家の親戚佐野家の養子となった。佐野家は、佐賀藩の藩医の家柄で、養父の佐野常徴《つねみ》（孺仙《じゅせん》）の後を継いで、鱗三郎も医師となることが決まっていた。当時、養父は城の東側の枳小路に住居を構えて、隠居した前藩主の鍋島斉直に仕えており、鱗三郎は斉直から栄寿の名を賜っている。栄寿は、養子となって二年後、養父が斉直に従って江戸に赴くことになったため実家に預けられた。栄寿は、ここから藩校弘道館に通うこととなった。

弘道館は、天明元年（一七八一）に八代藩主鍋島治茂の時に開設され、通学の外生で基礎を学び、その修了後に寄宿の内生に進学する仕組みであった。栄寿は、一年間の修学で内生に進むほど秀才の誉れ高く、すでに将来開花する素養が認められる。同八年には、江戸の養父の元に行き、翌年、幕府の儒官を務める佐賀藩出身の古賀侗庵の塾に入った。しかし、同十年には、前藩主の斉直が江戸藩邸で死去し、養父も霊柩に従って佐賀に帰国することになったため、栄寿も佐賀に戻って再び弘道館で学ぶとともに、親戚の松尾家の塾で外科学を学んだ。

二十歳を迎えた天保十三年（一八四二）、栄寿よりも先に佐野家の養女となっていた佐賀藩士山領円左衛門真武の娘駒子と結婚した。

弘化三年（一八四六）、藩主鍋島直正は、藩政立て直し政策の一つとして、人材育成のために江戸や京・大坂などへ優秀な藩士を遊学させた。栄寿もそのひとりに選ばれ、京の蘭学者・広瀬元恭の時習堂に入門し、蘭学を学ぶこととなった。さらに二年後には、著名な蘭学者、大坂の緒方洪庵の適塾に入門を許されている。適塾では、洪庵の説くドイツの医学者フーフェランドの医の倫理に共鳴した。適塾の経営には、洪庵の妻八重の内助の功もあった。高林寺（東京都文京区駒込）にある洪庵夫妻の墓のうち、八重夫人の墓碑銘を起草したのは佐野常民である。碑文には、八重夫人の塾生たちへの愛情は深く、塾則を破る塾生には洪庵に知らせずにそっと諭し、母のように温かったと塾生への思いやりが刻まれている。

嘉永二年（一八四九）には、本邦初の麻酔手術を行った華岡青洲が開いた紀州の春林軒塾に入門。ここで華岡流外科について学んだ。次いで藩命で、江戸の伊東玄朴の象先堂塾に入門した。伊東玄朴は、肥前国生まれで佐賀藩士の養子となり、長崎でシーボルトに学んだ蘭方医である。ここでも栄寿は、努力を惜しまず塾頭となっている。

佐賀藩主の鍋島直正（閑叟）は、蘭癖大名といわれるほど蘭学、そして西洋文化への関心が強く、藩校弘道館を拡充して、学問を興すなど名君として知られる。直正は、しばしば伊東玄朴に対して西洋事情を尋ねたが、時には栄寿が師に代わって報告することもあったという。栄寿は、からくり儀右衛門として知られる西洋器械師の田中久重父子や理化学に精通する中村奇輔、石黒寛次の佐賀藩出仕を、藩主に進言し認められている。

嘉永四年、栄寿は藩主から長崎での修学を命じられた。ここで家塾を開いて蘭学を講義したが、一年足らずで帰国命令があり、断ったものの主命に逆らえずやむなく帰郷した。わずか一年にも満たないうちの帰国命令の理由は、佐賀藩精錬所創設にあった。前年十一月に創設された精錬方では、蘭書に記された化学実験、薬品、銃や大砲などの器械製造、汽船や汽車の雛形の製作と研究などを行うことを目的としていた。そして同六年、帰国した栄寿は、早速佐賀藩精錬方主任を命じられ、これをきっかけに医師の道をやめて、海軍創設に向かうこととなり、名も栄寿左衛門と改めた。

一方、佐賀藩では、安政二年（一八五五）開設の幕府・長崎海軍伝習所に伝習生を参加させている。これは、ペリー来航に危機感を抱いた幕府によって創設されたもので、オランダ人から伝習をうけた。栄寿左衛門も第二回から参加して、佐賀藩学生長として講義と実技の教授を受けた。また藩主鍋島直正は、長崎警備を命じられていることからオランダ船に乗船して、軍事教練や操船などを見学し、早津江に御船手稽古所を設置した。これを三重津海軍学寮として栄寿左衛門が監督を務め、海軍伝習所で得た知識を藩士に広く教授している。また佐賀藩では、オランダからの蒸気船購入だけではなく、自力で蒸気船を建造し、慶応元年（一八六五）には国産初の蒸気船「凌風丸」を完成させている。

このように佐野常民は、医師の家に養子となり、幼い頃から蘭学に触れる環境で育ったことから、海外へ目を向けた先進的な思考を涵養することとなった。さらに藩主から各地への遊学を命じられるなど秀才の誉れも高く、常に先頭に立って行動したことは、後に「博覧会の父」と呼ばれる素質が充分であったことを物語っている。

佐野常民と博覧会

栄寿左衛門は、佐賀藩精錬方の中心であり、佐賀藩海軍の牽引者であった。

慶応元年（一八六五）、フランス政府から幕府に対して、二年後に開催するパリ万国博覧会への参加打診があった。幕府は参加を決定する一方、各藩からの参加を募った。ところが、それに応じた藩は、佐賀藩だけであった。薩摩藩も参加することにしていたが、幕府とは別に単独の参加であった。佐賀藩が参加に応じたのは、藩主の鍋島直正が先進的な考えを持っていたことによる。そして派遣団に佐野栄寿左衛門を代表に五人が選ばれた。栄寿左衛門、四十五歳のときである。佐賀藩は、陶磁器などの藩内の物産を出品するだけではなく、栄寿左衛門にオランダに軍艦を発注する交渉も命じている。精錬方のトップである彼を派遣したのは職務上から当然であるが、それとともに彼に西洋文化に触れさせ、それを藩内に移入したいという考えもあったのであろう。

慶応三年三月、長崎を出港した一行は、二ヶ月後、ようやくパリに到着した。パリ到着後に一行のうち一人が亡くなるという不幸があったが、物産の展示と販売を行った。このとき栄寿左衛門は、薩摩藩が独立国を誇示するため、日の丸を掲げたことを見て、佐賀藩も幕府への遠慮は無用と判断。そして、日の丸と佐賀藩の杏葉の旗を掲げた。また、栄寿左衛門は、博覧会に陳列された西洋の出品物を視察し、先進の技術を吸収することに努めた。この会場で、常民の後半生に大きな影響を与えた赤十字の展示を見た。国際的な救護組織である赤十字に衝撃を受け、日本の立ち遅れを痛感した。

博覧会の会期中、栄寿左衛門は、オランダへの軍艦発注のためハーグに向かった。ここで長崎の海軍伝習所の教官と交渉にあたり、知己の協力で、日進丸建造の交渉をまとめている。この間、博覧会に持参した物産が大量に売れ残り、その処理に追われてもいる。

博覧会終了後は、イギリスにわたり、大英博物館を見学し、造船所や地下鉄など産業革命によってなった最先端の技術に触れた。このイギリス滞在中に、幕府が倒れ明治維新となったことを知り、急遽視察を切り上げてオランダに渡り日進丸建造の進捗状況をみて帰国の途につき、慶応四年閏四月長崎に着いた。栄寿左衛門ら一行は、滞在中に求めた品や万国博覧会のカタログを持ち帰った。なお、栄寿左衛門が、発注した日進丸は、明治三年（一八七〇）三月長崎に回航されて受取り、さらに佐賀藩から政府に献上されて、日本海軍の艦船となっている。

日進丸が、日本に回航された三月、栄寿左衛門は明治新政府の兵部省の兵部少丞に任じられた。これは前藩主の鍋島直正の推挙によるものであるが、栄寿左衛門のこれまでの功績に加えて、海軍創設の必要性を考えていることを知っていたからであった。五月には、兵部省から太政官に海軍創設の建白書が出され、省内で会議がもたれたが、この中に栄寿左衛門も加わっている。十月、太政官から海軍はイギリス式、陸軍はフランス式とする旨の布告が出され、栄寿左衛門は、海軍掛となった。しかし、外国船購入に不正ありとの理由から、わずか一週間で免官となってしまった。これは後に冤罪であったことがわかったのだが、藩閥政治抗争の犠牲であった。

この年、栄寿左衛門は、名を「常民」とした。そして年末には工部省へ出仕となった。工部省は、近代化政策を実現するために最新の技術や制度を取り入れる役所で、これまでの常民の経験からみれば適材適所であったといえる。翌年常民は、灯明台掛（灯台）の工部権少丞、工部少丞、次いで工部大丞兼灯台頭となった。

明治五年二月常民は博覧会御用掛兼務となり、五月澳国博覧会理事官兼務、十月博覧会事務副総裁兼務となるが、翌年一月になって灯台頭の兼務を解かれて博覧会業務に専念する。常民が博覧会に携わることとなったのは、オーストリア公使から万国博覧会参加の勧誘があり、新政府最初の万国博覧会参加が決定されたことにより、パリ万国博覧会での実績が評価されて選ばれたのである。六月に太政官正院に上申した参加目的の中に、学芸の進歩のために不可欠な博物館を創建し、また博覧会を開催する基礎を整えることを述べている。

十月に博覧会事務総裁に大隈重信、副総裁に常民が任命され、常民がウィーンに赴くことになる。出発前の翌年一月、常民は博覧会参加の目的を、五つに分けて太政官正院に上申している。要約すると①日本の物産を紹介して、我が国の「誉栄」を海外に発信する、②諸外国の列品や書物等から西洋の風土・物産を学び、機械などの技術を伝習し、我が国における学芸の進歩や物産を広める、③学術進歩のために不可欠な博物館を建設し、博覧会を開催するための基礎作りを行う、④国産の物産製造技術を高めて広めることで、海外の日用品として用いられることになれば、輸出が増加する、⑤各国で製造する有名品の原価と販売価格や、需要などの調査を行うことで、貿易に役立てる、というものである。つまり国威発揚、西洋の文物調査、西洋の技術の伝習、輸出増加を目的とするとしているが、ここで注目したいのは、③の学術進歩のために博物館建設を提言していることである。しかも今回の博覧会が、貿易振興にとどまらない近代特有の文化制度であることを見抜いていたという。(註1)

また常民は、帰国後まとめたウィーン万国博覧会の報告書である『澳国博覧会報告書』の中で、博物館も博覧会も目的は同じで、見学者の知識を開明し、学術や工業の発達のうえにも有益であり、外国人による国産品の批評が得られるため工夫がされて、輸出にもつながる。そのためにはまず博物館を建設して、将来の博覧会に備えるということを述べている。この常民の考えは、のちに内国勧業博覧会に生かされている。

さて万国博覧会には日本全国から物産が集められたが、同じ資料を二点収集し、ウィーンへ送る資料とは別に内山下町の博物館で公開された。またオランダ人医師で長崎に鳴滝塾を開いたシーボルトの子息の建言により大型の資料を出品することとなり、名古屋城の金の鯱や実物大に張懸《はりかけ》で作られた鎌倉大仏なども作製された。なお、この派遣団には、有田焼の石膏型製法による改良に功績のあった大学南校のお雇い外国人ワグネルも加わっており、未熟な工業製品よりも精巧な美術工芸品の出品が望ましいなどの助言をしている。

明治六年五月一日から十一月二日まで、オーストリアでウィーン万国博覧会が開催され、常民は当地に派遣された。このウィーンからフィラデルフィア、そしてパリでの万国博覧会での日本の出品のうち、江戸時代以前の古美術品が西洋のジャポニズムの流行をもたらしたといわれるが、一方で前回のパリ万国博覧会で赤十字活動を知った常民は、各国がジュネーブ条約に加入して国際的に活動していることに注目し、敵味方なく人道的な考えをもって救護にあたることに感動し、後半生の赤十字活動に歩みを進めることとなる。

同八年、常民は十六部九十六巻に及ぶ『澳国博覧会報告書』を政府に提出したが、このなかの博物館部で「東京博物館創立の報告」「芸術百工上美術博物館ニ付イテノ報告」を述べ、日本の近代博物館建設の必要性を訴えている。常民の報告は、博物館は物品を見せることにより智巧技芸の進展を促し、物に触れることで感動を得る、諸外国と交流して殖産興業に利すると述べている。さらに博物館は建物にお金をかけるより、陳列品の充実に努めるべきとするなど、現代にも通じる内容である。

ところで博覧会を開いてから教育や文化を強く前面に出して博物館建設をするという方針は、文部省博物局によるものである。一方、常民は、若い頃から国づくりのために工業技術に関わり、まず博物館を作って富国強兵や殖産興業など技術の開発と産業振興をはかって足元を固め、そののちに博物館を基盤として博覧会を開催するという考えであった。こうした流れのなかで明治六年の博覧会が、やがて山下門内博物館に移行することになる。

明治十年八月、東京上野公園で、第一回内国勧業博覧会が開催された。これはウィーンとフィラデルフィアの万国博覧会での参加経験から、富国と殖産興業に大いに利があると政府が考えたからであるが、常民の建言が大きかったことは言うまでもない。この第一回と第二回の内国勧業博覧会は、欧米の万国博覧会にならって真似た博覧会で、国内向けといったものであった。

明治十三年五月、大隈重信によって建議された「三議一件」の一件の中に内務省博物局を宮内省所轄とすることが加えられ、大隈の後任として大蔵卿となった常民がこれを推進した。建設される上野の博物館は、町田久成が構想したものであるが、これにより第二回内国勧業博覧会後に博物館として使用されることとなった。

明治十四年、常民が副総裁兼審査総長を務めた第二回内国勧業博覧会終了後、同十八年の第三回内国勧業博覧会を「亜細亜大博覧会」とする構想を打ち出した。万国博覧会は欧米主導で、出品も対等の機械技術などを紹介できなかったことから、国内に限らずまずはアジアレベルで底上げを図ろうとし、将来の万国博覧会の招致を目指したのである。

実は常民は、すでに明治六年のウィーン万国博覧会副総裁の時に四年後を目途に、東京日比谷において日本と条約を結んだ国々を招致した国際博覧会を提言していたのである。翌年には、「東京大博物館建設之報告書」を政府に提出し、博覧会開催と博物館建設を訴えた。この中で常民は、当初の国際博覧会を三年延期し、そのための準備として、博物館や術業伝習場を設置し、各地に博物館の「支館」と伝習の「支場」を設置、各地での小博覧会開催を提案した。ここに常民の博物館を建設して基礎固めをしたのち、博覧会を開催するという考え方が示されている。これを見ると常民の博物館は、富国や殖産興業といったことを理念とするものであることがわかる。この提案は、内務卿大久保利通により却下されて博物館建設には至らなかったが、この案が参考にされて第一回内国勧業博覧会となった。

残念ながら国際博覧会の構想は、常民の元老院副議長の転任により日の目を見ることはなかったが、亜細亜大博覧会構想が再び浮上する。明治十八年に予定されていた第三回内国勧業博覧会は、財政難等の理由から延期を余儀なくされ、農商務省卿の西郷従道は、明治二十三年に亜細亜大博覧会を開催することを建議した。この年がちょうど紀元二千五百五十年にあたることから、これを記念することも理由とした。計画は、常民案を修正した構想となり、亜細亜大博覧会組織取調委員の委員長に元老院議長となった常民が就任した。しかしながら、財政悪化の情勢から大蔵大臣松方正義は、亜細亜大博覧会がアジア諸国の参加が少なく、アジアに植民地をもつヨーロッパ諸国の参加は、博覧会の趣旨に不適当であること、また日本の国力からしても時期尚早であるとし、常民案の欧米の物産を紹介する貿易館設置を認めたものの内国勧業博覧会とする意見を提出し、総理大臣伊藤博文もこれを支持した。ここに貿易館という欧米の物品を紹介する施設は実現したものの、内国勧業博覧会に大幅に規模が縮小された。「大久保も松方も、外国を招致した博覧会開催を認め」ず、「産業の近代化に貢献しないことはマスコミも見抜」いており、「アジア博は国力不足とともに、その企画性の乏しさにより挫折し」[註2]た。やがて、遠大な常民の大博覧会構想は、内国勧業博覧会の拡充へと向かうのである。

明治二十五年七月、松方内閣の下で農商務大臣に就任した常民は、京都での第四回内国勧業博覧会の開催を提案し、閣議で了承を得た。だが、翌月内閣が倒れたため、常民は博覧会行政から去っていく。

博覧会行政という文化的な仕事から離れた常民であったが、私的な面では、「竜池会」を組織して、日本の美術工芸の保護と振興に努めた。明治十一年にウィーン万国博覧会に派遣された者が中心となって古美術の合評会が開かれ、翌年に常民を会頭として正式に発足する。同二十年に日本美術協会と改称し、常民は没するまで会長を務めた。当初から始まった観古美術会は美術展覧会と改めて、列品館を建設して新旧美術工芸品を展示している。

佐野常民の博物館学的評価

常民については、これまで述べてきたように万国博覧会や内国勧業博覧会を主導し、「博覧会の父」と呼ばれたことは前述のとおりである。特に文部省が、博覧会を開いてのちに博物館を建設する考えであったのに対し、常民はまず博物館を作って博覧会開催を行うという考えを持っていた。

しかし、常民の博覧会行政における功績は、正当に評価されてきたとは言い難い。それは常民が中心となったウィーン万国博覧会について、明治三十年（一八九七）に、同博覧会の記録を後世に残すためにまとめられた『澳国博覧会参同記要』が田中芳男により編集されていることや、博覧会後に出版された印刷物の多くが田中に関するものであったことがあげられる。このことから万国博覧会の業績は田中によるものとされることが多いが、常民は報告書の編集も重要な役職にあって多忙で執筆できない状況であり、また自身にウィーンからの帰路、伊豆半島沖でニール号が沈没して出品物が失われたことへの自責の念があったとされる。（註3）そのために博覧会の計画と実施についての、常民の業績が忘れ去られてしまったといえよう。（註4）

常民は、明治十年に大蔵卿、同十五年元老院議長、同二十年日本赤十字社社長に就任しているが、これらの功績に対し子爵を授けられ、さらに同二十一年枢密顧問官、同二十五年農商務大臣などの要職を務めた。これに加え、赤十字活動に尽力したことにより同二十八年に従二位、伯爵に昇叙している。

佐野常民の横顔

常民は、「博覧会の父」と呼ばれているが、さらに彼の名を高めたのが「日本赤十字社」の創設である。常民は、パリとウィーンの二回の万国博覧会で、スイスのアンリ・デュナンが創設した「国際赤十字社」を知り、帰国後に西南戦争が起きると、「博愛社」の設立を政府に提案するとともに、熊本で敵味方を区別することなく負傷者の救護にあたった。明治二十年（一八八七）に日本が「万国赤十字条約」に加盟すると、それまでの「博愛社」を「日本赤十字社」と改め、初代社長に常民が就任している。

また伊能忠敬の顕彰にも積極的であった。佐賀藩から海軍伝習所に派遣されたとき伊能図の精密さに驚き、ウィーン万国博覧会にも展示している。さらに忠敬の贈位に尽力して追贈を得、芝公園内に記念碑「遺功碑」の建立を実現している。

常民は、よく泣いたという。特に鍋島直正から受けた恩に話が及ぶと、激しく泣いたという。常民がいない場で、直正の徳について話していると、きっとどこかで常民は泣いているだろうといわれたほどであったという。(註5)

終　焉

明治三十五年（一九〇二）博愛社創立から二十五周年を記念して日本赤十字社は、各国の社長を招待して祝賀会開催を計画した。これは、常民がかねてから赤十字国際会議を日本で開催したいと念願していたことからであった。この祝賀会は、十一月二十一日に上野公園内で開かれたが、常民は老齢を理由に出席できず、無念であったろう。この時、昭憲皇后の行啓を仰ぎ、社長の常民の名で奉謝状を奉呈し、常民は日本赤十字社創立の功績により、これまで皇族のみであった名誉社員に推された。

この頃から常民は病床に伏せるようになり、十二月七日に東京麹町の自宅で逝去した。享年七十九。また、この年の一月十七日には、駒子夫人も亡くなっており、夫人の後を追うような最期であった。

日本赤十字社は、常民の功績に報いるために社葬を行い、青山墓地の墓所に石燈籠を寄進している。故郷の佐賀市では、常民を顕彰するために「佐野常民記念館」を建設し、彼の博覧会創設などの文化的功績や博愛精神を語り継いでいる。

主要著書

『澳国博覧会報告書』一八七五　博覧会事務局

（杉山正司）

註

1　吉見俊哉『博覧会の政治学』一九九二　中公新書　一一八頁
2　國　雄行『博覧会の時代―明治政府の博覧会政策―』二〇〇五　岩田書院　一二〇頁
3　角山幸洋「佐野常民と田中芳男―幕末明治期のある官僚の行動―」『関西大学経済論集』第四十八号第三号　一九九八　関西大学経済学会　三四二頁
4　同右　三四九頁
5　福岡　博『佐賀の幕末維新　八賢伝』二〇〇五　出門堂　八一頁
　　川副町教育委員会『よみがえれ博愛精神』（第四版）二〇〇〇　九六頁

写真／国立国会図書館ホームページより掲載

福澤　諭吉（ふくざわ・ゆきち）

天保五年（一八三四）～明治三十四年（一九〇一）

福澤諭吉は、幕末から維新時にわたる新思想の先駆者として近代日本文化を牽引した最大の功労者の一人である。日本で最も長い歴史を持つ慶応義塾大学を創立、我が国の青年子弟に西洋日進の学を授け、新時代の日本を担う人材育成に尽力した。また多数の著訳書を刊行し、中でも西洋諸国の政治・文化を組織的に解説し、実情を紹介した『西洋事情』は、我が国に「博物館」・「博覧会」を紹介し、両者の違いを明確に記し、博物館の意義・活用までを論じて、広く日本国民に浸透させ、国民啓蒙に多大な功績を残した著書である。

生い立ちと略歴

天保五年（一八三四）十二月十二日、大坂玉江橋北詰中津藩蔵屋敷に、父・豊前中津奥平藩士福澤百助、母・同士族橋本右衛門の長女お順の末子として生まれる。諭吉の名は、誕生の日に父百助が入手した「上諭条例」の書名に因んだものである。天保七年、父百助が病死し、母子六人で中津に帰る。叔父中村術平の養子となり、中村姓を名乗る。内職をして家計を助け按摩の術を習う。安政元年（一八五四）、兄三之助に勧められ蘭学を志し長崎に出る。同藩家老の子奥平壱岐を頼り長崎桶屋町光永寺の食客となる。次いで、砲術家山本物次郎の書生となり山本家の用事一切を引き受けて働く。その傍らオランダ通詞、蘭方医などからオランダ語の初歩を学ぶ。学業上達が早いことを奥平壱岐に妬まれ、その企みから長崎を去ることになる。安政二年、兄三之助の勧めで緒方洪庵の適塾に入門。同年、兄三之助が病死し福澤家の家督を継ぐ。安政三年、奥平壱岐からペルの築城書を借りて秘かに写本をつくる。十一月、緒方の内塾生となる。安政五年、藩の命令で江戸に出て、築地鉄砲洲奥平家中屋敷の小さな長屋で慶応義塾の起源となる蘭学の家塾を開く。安政六年、オランダ語から英語に転向し、独学で研究を始める。万延元年（一八六〇）、咸臨丸でサンフランシスコに向かい、ウエブスターの辞書を買ってハワイ経由で帰国する。日本人の手による同辞書輸入の始まりである。帰朝後幕府の翻訳方に雇われる。増訂華英通語を刊行。文久元年（一八六一）、同藩士江戸定府土岐太郎八の次女錦と結婚。幕府の遣欧使節団随員となる。文久二年、欧米を視察。元治元年（一八六四）、幕府に召し抱えられ外国奉行翻訳方に出仕。慶應三年（一八六七）、幕府軍艦受取委員の随員としてアメリカ東部諸州を視察。多くの原書を購入し帰朝。塾を新銭座に移し、慶應義塾と命名する。明治元年（一八六八）、授業料制度を作る。明治二年、榎本武揚助命に奔走する。明治四年、慶應義塾を三田に移転。明治七年、民間雑誌発刊。三田演説会発会。明治八年、三田演説館開館。明治九年、家庭叢談発刊。明治十年、家庭叢談を民間雑誌と改題し週刊雑誌として発足。明治十一年、民間雑誌を日刊にしたが、百八十九号で廃刊。東京府会議員に選出される。明治十二年、東京学士会院（現日本学士院）が設立され初代会長に選ばれる。明治十三年、交詢社を設立。東京府会議員を辞す。明治十五年、時事新報を発刊。明治二十三年、慶應義塾に大学部が設置される。明治二十五年、北里柴三郎を援けて伝染病研究所の設立に尽力する。明治二十六年、北里の土筆ケ岡養生園開設。明治三十四年二月三日享年六十八にて永眠。法名は大観院独立自尊居士。

福澤諭吉の学問と博物館

福澤は三歳で父の死により中津に帰り、二十一歳で長崎に遊学するまでその地で成長した。「足軽よりは数等よろしいけれども、士族中の下級」と自らが記しているように下等士族の家に生まれ、「父の生涯四十五年のその間、封建制度に束縛せられて何事もできず、むなしく不平をのんで世を去り、門閥制度は親のかたきでござる」と痛感し、封建社会の克服に生涯を捧げるに至った。封建社会の武士教育の定石であったように、福澤も白石常人について蒙求・世説・左伝・戦国策・老子・荘子などの漢籍を学び、さらに独学で史記・前漢書・晋書・五代史・元明史略を読破し、漢学の素養を人一倍身に着けていたが、後にこれらを無用有害の学と非難し、洋学の必要性を説くようになる。オランダ砲術を学ぶ藩士の兄と共に長崎に遊学し、オランダ通詞からオランダ語を学び、その後大坂に上り、緒方洪庵の適塾に入門し本格的に洋学を勉強し、さらに江戸において英語の必要性を痛感し独学で習得する。このようにオランダ語・英語・医学・砲術・化学に長けた福澤は欧米への渡航によって、さらに日本近代国家形成思想の確立を明確なものにしていくのである。

万延元年（一八六〇）、第一回目の遣米使節団派遣の際は、ひそかに木村摂津守に懇願して、その従僕ということで咸臨丸でサンフランシスコまで随行したが、まだ鉄道も無い辺鄙な地を踏んだに過ぎなかった。同年、福澤にとって出版物の第一号となる『増訂華英通語』を出版した。華英通語とは清国人子卿の編集した英語と中国語との対訳単語短文集で、福澤はこれをサンフランシスコで購入し、英語に発音のかなをつけ日本語訳を施した。この時点で「博物館」なる語は見られないが、college（書院・ガクモンジョ）、accademy（學堂・タイガクコウ）、library（書楼・ショモツグラ）、school（書館・ガクコウ）など学業に関する語を訳している。

文久元年（一八六一）の遣欧使節団派遣の際にも、組頭柴田貞太郎のもとへ再三懇請していたが、一行の出発直前に通詞品川藤十朗が随行できなくなったことで、急拠その代わりに福澤の随行が許され、実現したのであった。福澤自身その役を「反訳方」と記しているが、一行の人名録には品川藤十朗の代わりとしての随行故に「通詞」となっている。晴れて幕府に雇われての視察で、一年間欧州を巡遊視察し、この経験が生涯福澤が理念として持ち続けた独立自尊たる思想を構築させていったのである。帰国後、福澤は名著『西洋事情』を刊行する。これまで鎖国時でも外国を実際に見聞した日本人は存在したが、福澤たちと比較するとその知識や意識は浅く、制約が厳しかった鎖国政策の中で、彼らの見聞談が世間に流れることは制限されていたため、我が国に与えた影響は皆無に等しかった。それに対して福澤たち知識人による西洋見聞録は当時の上層知識人たちに挙って読まれ、海賊版を含めて二十五万部が売れミリオンセラーとなった。小学校の教科書として採用されていることからも社会に与えた影響が極めて大きかったといえる。

福澤の『西洋事情』刊行により初めて日本人は、まだ見ぬ外国には「博物館」という施設があり、「博覧会」というものが催されていることを知ったのである。「博覧会」の訳語は郵政報知新聞のジャーナリスト栗本鋤雲によるとされているが、日本人の手により一冊の本としてその中に章を設けて、「博物館」と「博覧会」を紹介したのは福澤諭吉が嚆矢であることは言うまでもない。「博物館」はパリのジャルダン・デ・プラントを記述したものであり、特に温室を詳細に述べ、その他剥製標本、液浸標本、水族の飼育、医学資料等を紹介している。

今日我國一般に行はるゝ郵便法なり其他病院、貧院、盲唖院、癲狂院、博物館、博覧會等目に觀て新奇ならざるものなく其由來其功用を聞て心酔せざるものなし其有様は恰も今日朝鮮人が始めて日本に來りて觀る毎に聞く毎に驚くの情に異ならず朝鮮人は唯驚き去る者多けれども當時の吾々同行の日本人は驚くのみに止まらず其驚くと共に之を羨み之を我日本國にも實行せんとの野心は自から禁じて禁ず可らず即ち余が歐羅巴滞在一箇年の間到る處に筆記して歸來これを取纏め又横文の諸書を参考して著述したるものは西洋事情の一部なり　右の如く様々に見聞筆記したるは唯日本に歸り西洋出版の原書を讀んで解す可らず辭書を見ても分らぬ事柄のみを目的として一筋に其方向に心を寄せたることなれば固より事の詳なるを盡すに足らず都て表面一通りの見聞にして極めて淺薄なる記事なれども此淺薄なる記事が何故に大勢力を得て日本全社會を風靡したるやと云ふに當時我開國匆々上下共に適する所を知らず

西洋を訪れた日本人は必ず博物館見学をしており、ひとつの観光場所になっていたと思われるが、見学した多くの日本人は福澤のように「博物館」についての詳細な記録を残していない。また福澤自身が博物館の専門家でなかったことから、逆にその描写は素直に鋭く、一般庶民にも理解しやすいものになっている。「博物館」と「博覧会」の記述は、次の通りである。

博物館

博物館は世界中の物産、古物、珍物を集めて人に示し見聞を博くする爲めに設るものなり「ミ子ラロジカル、ミュヂヱム」と云へるは礦品を集むる館なり凡世界中金石の種類は盡く之を集め各〻其名を記るして人に示す「ゾーロジカル、ミュヂヱム」と云へるは禽獸魚蟲の種類を集むる所なり禽獸は皮を取り皮中に物を塡て其形ちを保ち魚蟲は薬品を用て其儘干し固ため皆生物を見るが如し小魚蟲は火酒に浸せるものもあり〇又動物園植物園なるものあり動物園には生ながら禽獸魚蟲を養へり獅子、犀、象、虎、豹、熊、羆、狐、狸、猿、兎、駝鳥、鷲、鷹、鶴、雁、燕、雀、大蛇、蝦蟇、總て世界中の珍禽奇獸皆此園内にあらざるものなし之を養ふには各〻其性に從て食物を與へ寒溫濕燥の備をなす海魚も玻璃器に入れ時々新鮮の海水を與へて生ながら貯へり植物園にも全世界の樹木草花水草の種類を植ゑ暖國の草木を養ふには大なる玻璃室を造り内に鐵管を横たへ管内に蒸氣を通じて溫を取る故に此玻璃室内は嚴冬も常に八十度以上の溫氣ありて熱帯諸國の草木にてもよく繁殖す○「メヂカル、ミュヂヱム」とは専ら醫術に屬する博物館にて人體を解剖して或は骸骨を集め或は胎子を取り或は異病にて死する者あれば其病の部を切取り經驗を遺して後日の爲めにす此博物館は多く病院の内にあり

博覽會

前條の如く各國に博物館を設けて古來世界中の物品を集むと雖ども諸邦の技藝工作、日に闢け諸般の發明随て出で随て新なり之が爲め昔年は稀有の珍器と貴重せしものも方今に至ては陳腐に屬し昨日の利器は今日の長物となること間〻少なからず故に西洋の大都會には數年毎に産物の大會を設け世界中に布告して各〻其國の名産、便利の器械、古物奇品を集め萬國の人に示すことあり之を博覽會と稱す凡そ當時世に行はるゝ諸種の蒸氣機關、越列機、瓦兒華尼の器械、火器、時計、龍吐水、農具、馬具、臺場、軍艦、家作等の雛形、衣服、冠履、文房具、化粧道具、古代の名器、書畫等一々枚擧するに遑あらず之を概すれば人間衣食住の需用、備はらざるものなしと云て可なり斯く千萬種の品物を一大厦の内に排列して五六ヶ月の間、諸人の展觀に供し器品の功用は各〻其主人ありて之を辨解す諸人之を觀て買はんと欲すれば直に博覽場の物は得べからざれども之を産し之を製する所より定價を以て買取るべし又博覽會の終に至れば會に出したる品物も入札の賣買あり○都會に博覽場を開く間は諸邦の人皆是に輻湊して一時都下の繁昌を致す千八百六十二年龍動に博覽場を設け毎日場に入るもの四五萬人に下らず來卯年は佛蘭西の巴里斯に之を設くと云ふ○博覽會は元相教へ相學ぶの趣意にて互に他の所長を取て己の利となす之を譬へば智力工夫の交易を行ふが如し又各國古今の

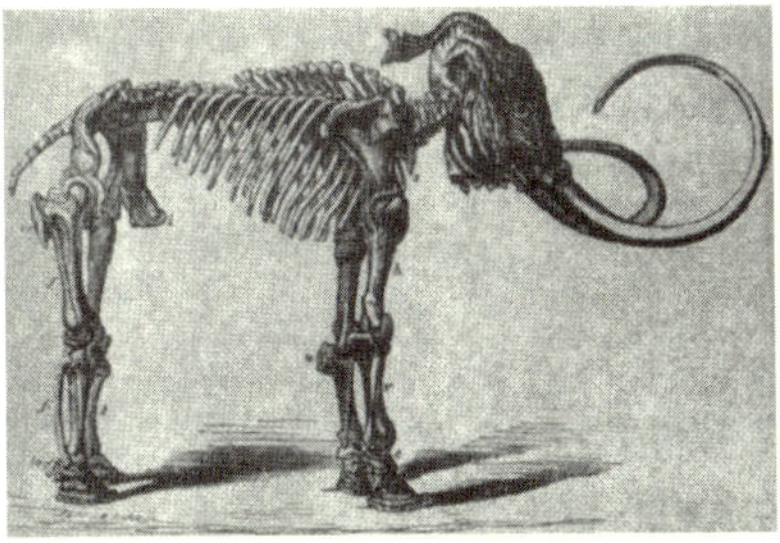

アダムスのマンモスから作図された
ティレシウスの図版

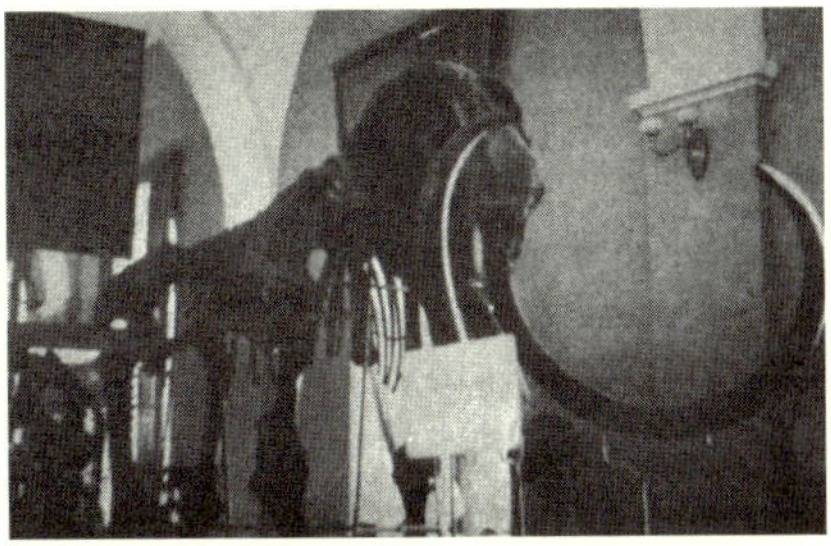

福澤が見たアダムスのマンモス

品物を見れば其國の沿革風俗、人物の智愚をも察知す可きが故に愚者は自から勵み智者は自から戒め以て世の文明を助くること少なからずと云ふ

この「博物館」という語の発生については、万延の欧米使節団の際に通詞名村五八朗元度が『亜行日記』の中で、Museumを「博物館」と訳したのが、「博物館」の語の濫觴とされている。その他の者は「百物館・器械局・名器宝物収蔵所・パテントオヒス・古物有ノ館・究理ノ館・宝蔵・百貨貯蔵ノ所」と各々が各々の思うがままに自由に訳しており、福澤自身も博物館の語を使用するのは文久二年からであった。また特筆すべきことは、福澤は単に「博物館」を紹介しているだけではなく、『西洋事情外編　巻之二「政府の職分」』でその設立目的と見学者に与える影響力までも論じている点である。それには『西航記』に記述されたペテルブルグの博物館でマンモスを初めて見た時の驚きと発見が込められている。福澤は洋書研究をする中ですでにマンモスの存在は知識として得ていたが、あくまでも机上の学問であり実際にマンモスを見ることは無かった。それまで想像の域でしか知らなかったマンモスの実物を見ることで様々な疑問が解けていったのである。

其他國内に書庫を設け、本草園を開き、博物館を建て、遊園を築く等のことは人民を開化するの一大助なるが故に政府より其施行を助けざる可らず其法、或は富人の私に財を散じて之を設るものあり、或は官府より之を建るものあり。何れも皆廣く國人に恩を施すの趣意なり。國に是等の場所あれば、自から人心を導て放僻邪侈の風を除き悪業に陥入る者少し。行て其場所に逍遥すれば人の健康を助け、行て其實物を観れば人の智識を博くす。職人役夫の如きは、多くは活計に逐はれて、旅行し山に登るの機會を得ざれば、地球の土性を目撃するに縁なし。故に博物館に行き化石の類を見て、平生研究せし書中の説に参考するときは、疑團忽ち氷解して其人に益あること擧て云ふ可らず。「オールド、レット、サンドストン」と名くる地皮の中より掘出だせる巨骨の古怪なるものを見れば、嘗て人の言に聞きし前世界の有様をも現に想像するを得べし。右の如く其場所に行き其物を観て、人の智識を博くするのみならず、斯く巨萬の財を費し珍品奇物を集めて自由に人に示すは富豪の賜にて、貧人と雖ども之を見ることを得れば即ち其富を興にするの姿なるが故に、自から満足して他を羨むの悪念を絶つ可し。

これまで福澤は『西洋事情』に「博物館」と「博覧会」を紹介したという功績の評価はなされていたが、それ以上の博物館学的評価はあまり取り上げられなかった。しかし福澤は、西洋では政府・富豪・官府により広く国民に恩恵を与える目的で図書館、植物園、博物館を建設し、これらの施設に国民自らが訪れるように導いた。その場所を逍遥すれば身体は健全となり、実物資料を見れば知識が深まり、この結果悪業に陥る者は少なくなる。職人役夫などは生活に追われ旅行に行く機会がなく地球の風土を見ることができないが、博物館に行って化石など実際にモノを見ることで、書物を読んだだけでは理解できなかった疑念も忽ち氷が解けるがごとく理解できるといった有益をもたらすことは言うまでもない。地中から発掘された巨骨を見れば昔の生活を想像することができる。博物館に行って実物を見て知識を深くするのみならず、富豪のコレクションを自由に庶民に見せることは、貧民にも同じ富を与えることになり、貧民自ら満足し、富豪に対しての羨望なる悪念も消失するものであると論じている。このように、博物館は学校教育とは違い、半ば強制的に行かなくてはならない場所ではなく、あくまでも自学自習の教育機関であること、博物館の最大機能である展示に焦点を当てて、実物資料を見ることの重要性を具体的に述べていること、コレクションの公開、富の平等、さらに博物館は健全なる精神を形成する場所であることを強く論じており、現代博物館意識に通じるかなり卓越した博物館意識を持っていたことが理解できる。したがって我が国の博物館の博物館学的考察の濫觴は福澤諭吉であるといっても過言ではなかろう。

さらに、大学校の中に博物府の設置が記載されていることも重要である。書庫、つまり図書館の設置のほかに大学博物館の存在をここで明らかにしたものであり、大学博物館についての記載の濫觴と見做すことができる。『西洋事情初編』冒頭に「ヨーロッパ政学家の説に、およそ文明の政治と称するものには六か条の要訣ありといえり」として「学校を建て人才を教育すること」を挙げ、また、『西洋事情外編　巻之三「人民の教育」』においては大学教育の必要性を説いている。さらにまた、学校制度の紹介では「或は一所の学校にて大小相兼るものあり」として龍動のキングスコルレージは楼上は大学校の教を授け、楼下は小学校の教を設くと述べている。このように西洋巡遊による見聞が歴史ある慶應義塾大学設立構想「一所の学校にして大小相兼るもの」つまり一貫教育の礎になったことは明白である。

古來富豪の家に生れ百般の需要不自由なくして斯る大志を抱く者は甚だ稀なり少年にして大業を企る者は多くは父母の助力を得ざる貧家の子なれども其志を達するに至ては國中一般の爲に大裨益を起すが故に國中の人も亦平生より此寒書生を助けざる可らず即ち國に大學校等の設あるもこの趣旨なり大學校の内には書庫あり博物府あり又窮理學に用ゆる器械等も備はりて寒貧書生と雖ども自由に此物品を用ひて志す所の學業を研究す可し大凡人民教育の爲めに右等の法を設け多く金を費して其處置を誤ることなくば一國の繁榮を致す

こと更に疑を容る可きに非らず

欧米使節団に随行した多くの者は、行く先々で博物館を見学しており、その日誌には博物館を見学したことを書き留めているが、詳細に論じた者は皆無である。福澤によって初めて博物館なる施設の紹介がなされ、広く日本国民に浸透した意義は大きく、さらに博物館学的思想が強かったことは高く評価される。

明治三十四年（一九〇一）二月三日長逝。大崎村本願寺墓地（のち常光寺）に埋葬。墓を麻布山善福寺に移す際、埋葬された福澤諭吉が死蠟として発見され学識者たちが永久保存を唱えたが、遺族の意思により荼毘にふされた。偶発的にも自らが博物館資料となって保存されたのはまさに福澤諭吉らしいといえよう。

日本国民の一員として大衆とともに生き、大衆のうちに行動することを喜びとし、世俗的な栄誉の箔を付けることを嫌った。政府仕官への道にも応ぜず、生涯の業績に対しての学位称号勲章爵位の贈与にも予防の策を講じて実現させず、明治三十三年、著訳教育の功労により皇室から金五万円を下賜されたが、直ちに慶應義塾基本金中に寄附したというように一生涯を民間人として独立自由の精神を徹底させた。

（落合知子）

主要著書

『西洋事情』一八六六

『学問のすゝめ』一八七二

写真／慶應義塾福澤研究センター提供／山口一夫『福澤諭吉の西航巡歴』一九八〇　福澤諭吉協会より転載

蜷川　式胤（にながわ・のりたね）

天保六年（一八三五）～明治十五年（一八八二）

幼名与三郎、親胤《ちかたね》改め式胤と称す。天保六年（一八三五）、京都東寺の公人《くにん》蜷川子賢の長男として京都で生まれる。

明治二年（一八六九）五月に太政官取調掛となり出仕し、新政府の制度を立案し、権小史を経て後に少史となるが、明治四年七月にこの掛が廃止になり辞職する。一時京都に帰っていたが、再び上京し外務大録となる。太政官取調掛に出仕する以前、蜷川は慶応四年（一八六八）二月に服制に関して明治政府から諮問を受けて四月と明治元年十月に「服制に関する建言書案」を提出している。

太政官取調掛出仕後、明治四年五月十四日から七日間開催された大学南校物産会には出品者として、東大寺綾蘭笠、法隆寺古竹帙、古鞍、古銭など約十一点を出品している。ただ、この物産会は鉱物部門、植物部門、動物部門など自然科学系の出品物が多く、人文科学系の出品物は古物之部、陶器之部だけにすぎなかった。その二ヶ月前には写真家横山松三郎と共に旧江戸城の写真撮影を願い出て許可されている。また、同じ年に外務省外務大録として博物館御用掛を兼務し、町田久成、田中芳男などと共に文部省博覧会の準備を行い、明治五年三月十日より湯島聖堂の大成殿を会場として博覧会を開催させている。

文部省博覧会と古社寺宝物調査

文部省博覧会は、当初、明治五年（一八七二）三月十日から二十日間行われる予定であったが、名古屋城の金の鯱や御物などが出品されたために入場者が多く、開催期日を大幅に延長し四月晦日に終了した。博覧会開催のための文部省博物館の布達には「古代ノ器物天造ノ奇品漢洋船載新造創製等ヲ論ゼズ之ヲ蔵スル者ハ博物館ニ出シテ此ノ会ノ欠ヲ補ヒ以テ世俗ノ陋見ヲ啓キ」として、自然科学系の出品物が多かった物産会と異なり古器旧物を展示物の中に加えている（東京国立博物館編『東京国立博物館百年史資料編』一九七三）。蜷川はこの博覧会に古大和鞍、雷斧など十七点を出品している。

明治四年四月に、大学より太政官弁官に対して古器旧物保存についての献言を行っている。それには「戊辰干戈ノ際以来、天下ノ宝器珍什ノ及遺失候モノ儘有之哉ニ伝承致シ、遺憾ノ至ニ有之候処」とあり（東京国立博物館編前掲書）、明治維新以来古器旧物が散逸したり破壊されたりして失われるものがあり、保護することが急務であると言っている。保護に当たっては集古館を建設して専門の者に模写をさせて集成することを献言している。これに対して太政官は、明治四年五月二十三日に古器旧物保存の布告をしている。古器旧物保存の布告には各地方に歴史的に代々伝わっている古器旧物は品目、所蔵者名を記載して官庁を通じて提出するように命じている。この布告の品目は三十一項目に分類されていて『集古十種』などの江戸時代の物産学などを参考にしたものであった。このような布告もあり、文部省博覧会の出品物には古器旧物が多くなっていた。

この布告から一年後の明治五年、文部省は町田久成を中心として伊勢、京都、大阪、奈良などの関西地域に古器旧物の調査を実施する。この調査にあたっては文部大丞町田久成、文部省六等出仕内田正雄と蜷川式胤が出張を命じられている。この調査は一年後に行われるオーストリアの皇帝フランツ・ヨーゼフ一世の治世二十五周年記念ウィーン万国博覧会のための準備調査でもあった。三人のほかには調査先の古器旧物や建物の写真を撮影するために写真師横山松三郎、スケッチを記録として残すために高橋由一を同行している。彼らの旅費はウィーン万国博覧会事務局から支払われていた。特に写真は当時における最新の技術であり、それを採用して多くの建物や古器旧物を撮影するのは技術的にも大変なことであったろう。写真師や画家を同行し古器旧物や建物の写真を撮影し、スケッチを描かせることは現在行われている考古学や美術史の調査と同じもので、当時としては画期的な調査であった。蜷川はこの調査の二年前に横山松三郎とともに旧江戸城の現状を写真撮影し、画家の高橋由一がその写真を彩色していて、学術調査に写真を導入することをすでに行っていた（原田実「東京国立博物館保管「江戸城写真帖」」『MUSEUM』三三四　一九七九）。この江戸城の写真撮影をするにあたって蜷川自身が弁官に宛てて書いた文書は、江戸城が破壊に至る前に写真に留めて置きたいとして、後世になって博覧の一種にもなるので写真撮影を許可してほしいという内容であった。蜷川は古器旧物の保存や保護を考えていた。この江戸城の写真は「旧江戸城写真帖」として現在独立行政法人東京国立博物館に収蔵されている。古器旧物の調査は博覧会終了後の五月二十七日に東京を出発して大須の真福寺、熱田神宮を初めとして中部関西地区の御所や神社仏閣を回り、十月七日までの約四ヶ月にわたり行われた。

蜷川の日記『奈良の筋道』（米崎清実『蜷川式胤「奈良の筋道」』二〇〇五）によると、八月十二日に正倉院の開封を行い、二十日まで宝物調査を実施している。蜷川は正倉院の建物に関して「蔵ノ内ハしけ少々も無し」として八月の湿気の多い季節にもかかわらず正倉院の収蔵庫としての機能が良いことを記述している。正倉院の宝物に関しては「今日琵琶ヲ一覧スルニ宜敷、圖ヲ是迄見而居よりハ勝り而、驚き申候、又柄香炉一覧すれハ、純金等ヲ切り入レテ、極テ宜敷ナレハ、実に驚申候、一統驚きさわぎ而、市場ノ如シ」とし、琵琶や柄香炉があまりにすばらしい作りで、保存が良いので皆が驚いて騒ぎ立てたことを記録している。そして、正倉院の調査は「芝居ヲ見ニ行ク心ちニテ、休日も無ク、又早朝より楽しミテ行、又向ニテハ楽シミテモアカズ、又夕方ニ及ブニ、ヲソシトセズ、ホコリヲカフル共、更ニ不困也」として、調査に行くのが楽しみで、夕方遅くなることも、埃をかぶるのも苦にならないと記述している（米崎清実前掲書）。

文書、経巻、武器、楽器、衣服などの調査が行われたことが目録でわかるが、現在東大寺などの寺院で見られる彫刻類の記載が大仏以外ほとんどされていないことが注目される。例えば、東大寺戒檀院においては古経類だけが記入されていて、有名な四天王の像の記入は見られない。東大寺三月堂などの彫刻の記入も全くない。蜷川は横山松三郎に大仏殿、二月堂、三月堂などを撮影することを申し付けていることを考えると、彫刻類があることは知っていたはずであるから、彫刻類がこの調査の対象になっていなかったのかもしれない。この調査の最中に蜷川の父親が亡くなり、喪中のために大阪住吉社や上加茂神社、下加茂神社などの調査を町田、内田の両氏に任せているが、その調査目録にも文書、経巻、武器、楽器、衣服などの記載はあるが、彫刻類の記載がないことも関連することだろう。明治五年に行われた文部省博覧会の出品目録にも彫刻類が見当たらない。また、博物館の列品区分を見ると明治八年、佐野常民が太政大臣宛に上申した博物館設置の建議の列品の分類表を見ると、明治九年の修正されたものの中に芸術部として彫刻の文字が見えるので、この頃になってやっと博物館の展示物として受け入れられたのであろうか。

この中部、関西地区の古器旧物の調査は約四ヶ月内に百箇所以上の神社仏閣、御所などを調査するハードなものであった。

集古館と博物館

次に明治六年（一八七三）に蜷川は「古社寺宝物検査、博物館建設に関する上書草案」を書いている。それには明治維新以来古器旧物が散逸したり、破壊されたりして失われており、保護することが必要であると書いている。そのためには博物館を建設して古器旧物を保存することが必要であると述べている。博物館は東京、京都、大阪の三都と大和（奈良）に設置して、各館の取締りを東京博物館にすることを考えていた。

それは明治四年四月二十五日に大学が太政官弁官に対して行った献言に「抑西洋諸国於イテ集古館ノ説有之候ハ古今時勢ノ沿革ハ勿論往昔ノ制度文物ヲ考証仕候」とあり（東京国立博物館編前掲書）、集古館の建設について各府県に布告するように言っている。ここで集古館と言っているのは博物館のことであり、集古館建設に関して大学より外務省が先に献言したことが同じ大学の献言に述べられていて、外務省は集古館の建設を望んでいたことが明らかである。この時代、西洋各都市には博物館があり、これを知る幕末から明治初期に視察に行った人々や、留学した人々によって集古館の建設が望まれたのであろうと推測されよう。このような外務省や大学の献言は文化財保護の最初の献言であり、これを受けて古器旧物保存の布告が実現するのである。ただ、この時期の伝統的な工芸品や仏像などのいわゆる古器旧物は、廃仏毀釈や西洋の文物の急激な流入などでさらに悲惨な状態になっていたことが推測される。古器旧物調査で奈良や京都の寺院を調査した蜷川はその惨状を見て、さらに博物館を建設することが急務であると考えたのであり、「古社寺宝物検査、博物館建設に関する上書草案」を書いたのであろう。

明治五年三月に行われた文部省博覧会以来、文部省は博覧会から将来常設の博物館を開館することを決めて、終了後一と六の日に開館し、東京に博物館が開館することになった。古社寺の古器旧物調査の「巡行ノ者出張心得方」には、博物館を京都、大阪に古物館を奈良に建設する構想を挙げている。このような構想は蜷川や町田久成などの考えを反映しているものと考えられよう。この考えは明治二十年代に入ってから岡倉天心が東京、京都、奈良に帝国博物館を設置して、各地方都市に地方博物館を建設する構想にもつながっている。京都、奈良の博物館に関しては九鬼隆一によって明治二十八年、奈良帝国博物館、明治三十年、京都帝国博物館として開館している。蜷川や町田の博物館構想は明治二十年から三十年代に入りやっと実現し、やがて国家の博物館としての地位を築いていく。

蜷川式胤とモース

蜷川は幕末に来日したシーボルトの息子のアレキサンドル・フォン・シーボルトや大森貝塚を発掘したエドワード・S・モースなどの外国人と親交があり、日記にもたびたび「シーボルトへ参ル」などと書かれている。蜷川とモースが会ったのはモースが二度目に来日した時で、モースが入手した陶器を蜷川に鑑定してもらうために蜷川の家を訪問したことが始まりであった。モースは日本の陶器をちょっとしたきっかけで収集しはじめたが、最初「横浜もの」と言われる外国に輸出されるために作られた陶器を買い求めていた。しかし、それが輸出用と知り、モースは蜷川の著書『観古図録陶器之部』に描かれている陶器に似た陶器を購入し、蜷川に鑑定してもらうようになった。また、蜷川もモースの進化論の講演会を聞きに行ったりしていた。そして、蜷川は日本の収集家や収集に関する話をモースに話し、深い親交を結ぶようになっていった。

モースは明治十五年（一八八二）にウィリアム・S・ビゲローとともに三回目の来日をしているが、その目的は、主に日本の陶器を収集するためのものであった。モースは来日してすぐに蜷川を訪問している。「私は蜷川を訪問した。彼は私にあって憂鬱的な愉快を感じたらしく見えた。彼は最後にあった時にくらべて少しも年取っていない。私は彼から陶器を一二七個買ったが、その多くは非常に珍稀である」と『日本その日その日』（エドワード・S・モース・石川欣一（訳）一九七二）に記述していて、蜷川がモースのために大量の陶器を収集してあげていたことが明らかである。蜷川の日記や記録されている資料からモースに渡った陶器の資料は、八百三十個以上にも及んでいる。モースはその後も蜷川の著作の中にある陶器の収集に励んだ。

アメリカで荷ほどきするモースを見る蜷川式胤

また、蜷川は陶器の窯元、窯印、烙印、陶工など陶器に関する研究方法を教えている。モースはその方法を会得し、陶器の収集と研究に励んだ。モースは少年の頃から生物学者のアガシイについて腕足類を研究していたので、モースは陶器の分類方法をすぐに理解した。さらに熱心に京都の窯元を訪れて、陶工の歴史と起源、代々の各異の刻印の形状などを質問している。陶器の鑑定会では自分が最も多くの正しい鑑定をしたことや自分の間違いがほかの人と同じ間違いなのを知って喜んだこと、箱書きをあまり信用してはいけないことなども著書に記述している。

モースは蜷川の『観古図説陶器之部』を陶器研究の基本として、アメリカに帰国後も陶器の研究を続けた。モースが日本で収集した陶器のコレクションは後にボストン美術館が購入した。モースは週三日ボストン美術館でこの資料の整理に当たり『日本陶器目録』を出版した（蜷川親正「モースの陶器収集と蜷川式胤」『共同研究モースと日本』一九八八）。このモースのコレクションについて岡倉天心がボストン美術館の中国・日本部長に就任したとき、日本の陶器の所蔵品はあまり優秀な作品がないので産業博物館におくべきものであるといっているのは、蜷川やモースと岡倉の研究方法が異なるためである（アン・ニシムラ・モース「正当性の提唱―岡倉覚三とボストン美術館日本コレクション」『岡倉天心とボストン美術館』展図録　一九九九）。蜷川やモースの研究は日本の陶器の体系的な研究であり、岡倉の研究は美術史的な研究という違いがあった。

蜷川は、モースの滞在していた明治十五年にコレラで亡くなった。コレラの流行はモースの著作の中や他の外国人の著作にも記述されていて、明治時代に日本各地でコレラが流行したことがわかる。モースは三ヶ月後に行われた蜷川の葬式の様子を『日本その日その日』に記述している。

主要著書

蜷川の著書には『観古図説』『徴古図説』『好古図説』がある。蜷川は明治十年（一八七七）に博物館を辞職した。それ以前より自宅に印刷機を導入して著作を編纂した。蜷川の研究方法は陶器の美術的な価値を追及するものではなく、むしろ考古資料の分類方法に似ているもので、必ずスケッチを入れる方法は現在の実測図や写真に代わるものであろう。

（石渡美江）

写真／ピーボディ・エセックス博物館所蔵／守屋毅編『共同研究モースと日本』一九九八　小学館より転載

大倉　喜八郎

（おおくら・きはちろう）

天保八年（一八三七）～昭和三年（一九二八）

天保八年（一八三七）、新潟県新発田に大倉千之助の三男として生まれる。幼名鶴吉、後に喜八、鉄砲店を開業すると喜八郎に改める。号を鶴彦と称す。喜八郎は、安政元年（一八五四）、江戸に出て麻布飯倉の中川屋鰹節店で奉公をするが、二年数ヶ月で辞めて、上野にて乾物店大倉屋を開業する。その頃詠んだ歌に

今日からはおぼこもじゃこのととまじりやがてなりたや男一匹

とあり、商売に対して並々ならぬ大志を抱いていたことが明らかである。慶応三年（一八六七）、神田和泉橋に鉄砲店を開業し、官軍に銃器を提供していた。翌年、函館の五稜郭の篭城軍を追討するための武器を津軽藩に海上輸送する仕事などを行った。明治五年（一八七二）、喜八郎も商業の視察をするために明治政府の岩倉使節団に五ヶ月遅れて、アメリカ、欧州へ出発する。ロンドンでは先に出発していた岩倉使節団の人々に会い、大久保利通、伊藤博文、木戸孝允などと知己になり、以後彼らとの人脈によってつぎつぎと商業活動を展開していく。

帰国後の明治六年、大倉商会を発足させ、翌年にロンドンに支店を開設する。喜八郎は大倉商会を通じて政治家や軍部と結びつき、官営事業の払い下げ、日清戦争、日露戦争の軍事物資の用達や輸送などの事業を展開する。その一方で大倉土木組、東京電灯会社、帝国ホテル、大日本麦酒会社、日清豆粕会社、日本皮革会社、大倉

鉱業株式会社など、多くの会社の設立に関わり、事業を拡大していき、三井、三菱、住友、安田などにつぐ大倉財閥の基礎を築いていくのである。第一次世界大戦後には中国への投資を行い、事業を拡張していくが、中国国内の政情不安から多くは成績不振になっていった。昭和二年（一九二七）、家督を長男喜七郎に譲り隠居する。

一方、教育関係の事業に関しては、明治三十二年（一八九九）、大倉商業学校（現、東京経済大学）を創設している。喜八郎は還暦になって本卦還りに何か国のためになることをしたいと思い、条約改正で内地雑居となったときに、外国人との競争が激しくなると外国人に実利を握られてしまうので、商業学を教える学校を建てたいと、自宅に隣接して商業学校を開校させた。

その後、明治三十九年、大阪に大倉商業学校（現、関西大倉学園）、ソウルに財団法人善隣商業学校（現、ソウルの善隣インターネット高校）を創立している。

大正六年（一九一七）、自宅の旧館に財団法人大倉集古館を創設し、翌年一般公開を行うが、関東大震災で焼失した。しかし、直ちに復興計画が行われ、伊藤忠太に依頼して耐震の建物を建設して、昭和三年（一九二八）再び開館した。

大正四年、男爵。昭和三年、九二歳で死去。

大倉喜八郎の美術品収集

大倉喜八郎が美術品を蒐集するきっかけとなったのは明治維新も間もないころ、芝増上寺にあった徳川五代将軍綱吉の母である桂昌院の御霊屋が売りに出ていたのを購入したことであった。明治元年（一八六八）三月、明治政府から神仏分離が命じられ、寺院の中にある神社の独立や神社からの仏像、仏具などの除去、寺院の廃合などが全国的に行われていた。このような廃仏毀釈の激しい運動によって、寺院の仏像、仏具などが売りに出されたり、破壊されたりしていた。桂昌院の御霊屋も例外ではなかった。桂昌院の御霊屋の購入に関して喜八郎の回顧録である『鶴翁餘景』（鶴友会編　一九二九）に友人の石黒忠悳が「維新後間もなく翁が上野に行くと、今西郷の銅像の建って居る所に金壁燦爛たる山王社があったが、其社を解いて、荷造して居るので、ドウ言う譯かと聞くと外国人が買って横浜へ運搬するのだと言うことを聞いて、翁は憤然として惜しんだ。その後芝の御霊屋が売りに出たのを聞き、金を払ふて其れを買う約束をした」と購入の経緯を記述している。その頃はまだ喜八郎もそれほど金が有る時代ではなかったので、桂昌院の御霊屋を購入するのに利子のつく金を借りてまで、無理をしても御霊屋を購入したのであった（宮下東子「大倉集古館コレクションの礎、その精神―大倉喜八郎」『大倉集古館の名宝』二〇〇七　茨城県天心記念五浦美術館）。喜八郎の美術品収集は明治維新後の廃仏毀釈で仏像や仏具、仏教寺院の建物の破壊や外国人が解体して国外に持ち去ることを保護するためであった。

明治二十年代から三十年代になると喜八郎は官営事業の払い下げや日清・日露戦争の軍事物資の調達や輸送などで事業を拡大して、大倉財閥の基礎を築き、その豊富な資金力を元に美術品を購入した。また、事業が中国に拡大すると、中国国内の混乱で文化財が破壊されたり、散逸したりしているので、中国の仏像や道教像、堆朱などの美術品を収集した。美術品の購入方法も中国の古道具屋の店の品を全部購入して、後で専門家によりわけてもらう様なこともあったようである。岡倉天心はこれらの美術品を秀逸で貴重なものであり、総額百万ドルの価値があるとニューヨーク・タイムズのインタビューで語っている（『岡倉天心全集別巻』一九八一）。そして、日露戦争の戦費調達のためにこれらの美術品が日本から海外に流失することを心配している。当時岡倉天心はボストン美術館の中国・日本部部長をしていたが、日本では古社寺保存法の委員をしていたので、大倉集古館の美術品のことも当然知っていたものと考えられる。

大倉集古館の開館

大倉喜八郎は大倉集古館を開館する以前、明治三十二年（一八九九）頃から、赤坂葵町の自宅旧館に収集した美術品を陳列して大倉美術館として客人に展覧させていた。その頃館内に掲げた第十五代将軍徳川慶喜が揮毫した「博物館」の額が現在も残されている。その頃のことを内田謙吉が『鶴翁餘景』（前掲）に「我美術品は多年に亘り随時蒐集したるものにして、国宝的のもの尠しとせず、過って祝融氏の為めに之を失はんか、再び得んと欲するも能はざるなり、之を思へば一日と雖、美術品と共に同一館中に起居して、厨房、浴室等に火気を用ゆるに忍びず、即ち本邸の竣工を待つの遑なく、居を茲に移したる所以なり」として、当時の大倉喜八郎の心情を記述している。多数収集した貴重な美術品は火災などで失ったら再びこのような美術品を得ることは困難であり、すでに国宝に指定されているものなどがあるので、美術品を旧邸において自分が新しい邸宅に移ったことが明らかである。

集古館の名称は明治四年四月二十五日に大学が太政官弁官に対して献言した、古器旧物保存に関する文書の中に「集古館」とあり、古器旧物の保護にあたっては集古館を建設して専門の者に模写させて集成することであるとしている（東京国立博物館編『東京国立博物館百年史』一九七三）。即ち集古館は古美術や歴史資料を収集する博物館を指している。大倉喜八郎の美術品収集のきっかけはまさに古器旧物の保護であり、集古館の名称にふさわしいものと考えられる。

その後、大正四年（一九一五）、男爵を授与された記念に、大正六年、財団法人大倉集古館を開館させた。日本で最初の私立美術館であった。

大倉集古館の美術品の着眼について正木直彦は『鶴翁餘景』（前掲）に「翁の寄付になる大倉集古館は自分も度々見ているが、個人としてあれほど集め得たものは稀である。勿論その中には非常に結構なものがあると同時に時にはそれほどでもないものもあったろう。しかし他人の集め得ないものを大たばに大づかみに集めたのは大倉翁なればこそである」と記述している。また、その収集方法についても「翁は勿論優れた鑑賞眼は持っていなかったが翁一流の美術眼を持っていて、なかなか他人の容喙を許さず集古館の陳列なども自分の考でやり、それに対して他人が何を批評しようとも更に頓着しなかった」としていて、美術品の収集展示についても、自分で良いと思ったものは他人にどのように言われようが、収集展示していたことが明らかである。また、収集した美術品の公開についても一人で楽しんでいる人が多い中で、皆で見ることにしたいと集古館を一般公開したのであった。

大倉集古館外観

しかし、このようにして一般公開された大倉集古館は大正十二年に起こった関東大震災において焼失したが、直ちに復興計画が行われ、東京帝国大学教授で建築家の伊東忠太の設計による耐震耐火の建物が建築され、昭和三年（一九二八）、再び開館した。しかし、大倉喜八郎は再建した集古館を見ることなく、同じ年の四月に死去している。

大倉集古館の収蔵品は日本、中国、東南アジアなど東洋の美術品が収蔵されていて、そのジャンルも仏教美術、絵画、書、漆工、染色、図書など多岐にわたる。その後、長男喜七郎の収集した近代日本画などの資料を加え、現在、国宝三点、重要文化財十二点、重要美術品四十四点が収蔵されている（田邊三郎助「大倉集古館・美術品収集の軌跡」『大倉集古館の名宝』前掲）。

狂歌と一忠節

大倉喜八郎は生涯を通じて狂歌を詠み、浄瑠璃節の一種である一忠節を語っている。狂歌は若い頃から学び、事在るごとに詠んでいて、大正十三年（一九二四）、一千首を選んで『狂歌鶴彦集』を出版している。現在、大倉集古館の屋外には「渡り来し浮世の橋のあとみれば命にかけてあやうかりけり」の歌碑が展示されている。

（石渡美江）

写真／大倉集古館蔵

町田　久成

（まちだ・ひさなり）

天保九年（一八三八）～明治三十年（一八九七）

東京国立博物館の裏庭の片隅にひっそりと佇むひとつの石碑。篆額は井上馨が、文章は重野安繹が撰し、杉重華（孫七郎）の書になるこの石碑。これは誰あろう、わが国最初の博物館を創設した中心的人物、町田久成の業績を称える顕彰碑である。そこには町田の生涯とともに、博物館創設にかけた町田の人となりが表現されている。「博物館則君所提議創設也」、重野のこの簡潔な一文に町田の業績が凝縮されているといってよい。

薩摩藩の名家に生まれ、若くして海外に赴き、西欧の新しい文化に接した町田。帰国後、明治新政府にあって要職に就くが、ある事件がもとで外交官としての職を外される。しかし、それがきっかけとなり、わが国初となる博物館創設に邁進した町田。ここでは幕末から明治というまさに激動の時代の中、崇高なる思想のもと博物館づくりに取り組んだ町田の業績を追う。（註1）

その生涯

町田久成は天保九年（一八三八）正月、薩摩国日置郡の石谷城第二十八代城主、町田少輔久長と日置吉利城主、小松清穆の長女国子の長男として鹿児島城下に生まれた。幼名五郎太郎、元服して助太郎、家督を継ぎ民部久成と改め、晩年は郷里の石谷城にちなんで石谷と号した。四人の弟をもつ。安政三年（一八五六）九月二十三日、久成は十九歳にして母を失う。孟母を敬愛し、自らも学問を好んだ母国子は、遺言で久成に江戸での勉学を勧めている。これを受け、久成は十九歳で江戸に上り、昌平黌に学び、また、碩学鴻儒の林大学頭の門に漢学を、平田篤胤の門に国学を修めた。その三年後の安政六年、帰藩。當番頭となり、進んで御小姓組番頭となり、元治元年（一八六四）には二十六歳の若さで大目付に昇進している。この年、図らずも薩英戦争が勃発。薩摩藩はこの時、英国軍の力をまざまざと見せ付けられる。しかし、それは薩摩藩をいち早く世界の先進地としての英国に目を向けさせる契機ともなった。薩摩藩は軍事・英蘭学をはじめとする洋学教育に強い関心を示し、その教育機関としての開成所を設置。町田にその学頭を命じ、全体の統括に当たらせたのである。その後、薩摩藩はイギリスと接近し、五代友厚の発案によりイギリスに使節と留学生を送ることになり、慶応元年（一八六五）、町田は家老新納刑部とともに使節兼監督として、森有禮、鮫島尚信、吉田清成、畠山義成らの俊英を率いてイギリスに渡った。しかし、この渡英は幕府の許可を得ず行われたものであり、脱藩の形を取らざるを得なかったという。それゆえ、参加者はそれぞれ名前を変え、町田も「上野良太郎」と名乗り渡英したのである。（註2）後に、東京・上野の地に博物館を建設することを暗示するかのような名前である。

町田はイギリスに渡り、およそ二年余り滞在する。その間、確かな記録はないが、大英博物館をはじめ多くの博物館や植物園などを見学したであろうことは想像に難くない。また、町田はこの間を利用し、二度にわたりパリを訪問している。最初は、慶応元年、薩摩藩の使節として派遣された松木弘安とともにパリを訪れ、ルーヴル美術館やパリ植物園などを見学したものと思われる。二度目の訪問は、慶応三年、パリ万国博覧会に赴くためであった。この博覧会は日本が初めて参加した国際博覧会であるが、この時、日本からは幕府のほか、薩摩藩、佐賀藩がそれぞれ独自に参加するという歪んだ形態をとっている。とくに薩摩藩は「日本薩摩琉球国太守政府」という奇妙な名で参加。こうした点にも幕末の政争が如実に反映されていたのである。しかし、この時、幕府方の出品物の庶務に当たるため日本から派遣されていたのが、町田とともに日本の博物館創設事業に多大な貢献を果した田中芳男であった。二人は立場こそ違え、パリ万国博覧会を経験することで日本の将来のあり方に対する指針なるものを掴んだに違いない。とくに町田は、この渡欧によって、博物館や博覧会に対する認識を確実に深めたことは間違いなかろう。

慶応三年に帰国した町田は、明治新政府のもと、外国事務掛、外国官判事等を経て明治二年（一八六九）、外務大丞となる。この間、町田は岩倉具視、木戸孝允、東久世通禧ら中央政府の要人と共に外国事務に携わっている。しかし、思わぬ事件が町田をあらぬ方向に導いてしまう。明治政府はこの年の七月、はじめての海外からの賓客として英国アルフレッド王子を迎えている。その接待役の事実上の責任者だったのが町田である。接待そのものは成功裏に終了したものの、なぜか、町田はその後、一週間の謹慎処分を受けている。詳細は明らかではないが、英国第二王子に対する厚遇が、薩長の急激な開化政策に異を唱える、時の尊皇攘夷派の反感をかい、とくに大久保利通の権威を笠にその旗頭となって行動を起こした町田への嫌悪感がこうした事態を巻き起こしたとの見方がある。(註3)

帰国後一貫して外国事務に心血を注いできた町田であったが、この事件をきっかけにその要職から外され、大学への異動を命じられる。不安定な政局に翻弄された町田の思いは如何ばかりであったか。しかし、皮肉にもこのことが町田を博物館創設に向かわせる第一歩となったのである。

明治三年九月、外務大丞であった町田は大学大丞となり、大学南校物産局出仕を命じられている。そこにあの田中芳男が赴任。二人は博覧会準備を開始するが、それは大博物館建設に向けての序章であった。その翌年四月、町田は明治維新の混乱で広がる神仏分離・廃仏毀釈等の動きの中で散逸破壊される古文化財の保護を訴えるべく、太政官弁官に対して「集古館」建設ならびに「古器旧物保存」について布告を求める献言を行っている。この点については町田の業績として極めて重要であるため後で詳述する。

こうした状況のなかで、町田は田中と諮り、五月五日、九段三番薬園（招魂社）で物産会を開催。これがわが国博物館事業の端緒となる。また五月二十三日には「古器旧物保存方」が布告されている。九月には文部大丞となり、博物局を設置、物産局の備品を引き継ぐ。明治五年、ウィーン博覧会出展の責任者ならびに博覧会事務局長となり、三月十日、湯島聖堂内の大成殿にて日本最初の博覧会を開催。明治六年、太政官に進言して「大博物館建設の要」を説き、上野寛永寺跡を博物館・書籍館建設予定地とするよう建議する。翌年、米国博覧会事務局長に就任。これ以降、政府の動きに連動し、短期間で町田の役職は目まぐるしくかわっている。明治八年、博覧会事務局は博物館と改称、内務省所管となり、町田は内務省に転属、内務大丞となる。同年五月、博物館は第六局と改称され、町田が局長に就任。明治九年、内務省第六局が再び博物館と改称され、町田は初代博物館長となる。明治十四年一月、上野公園に博物館新館竣工、四月内務省博物局およびその所属博物館は農商務省に移管され、上野も農商務省に転属。明治十五年、博物館、動物園、書籍館を含む新博物館の全組織が完成し、常時一般公開となる。十月十九日、町田は博物局長を辞任。田中芳男が後任として局長に就任。明治十八年、元老院議官に就任。明治二十二年、元老院議官を辞職し、僧籍に入り、近江国三井寺光浄院住職となる。明治三十年九月十五日、東京上野法明院にて死去。享年数え年、六十。波乱に満ちた生涯を閉じる。

業績と評価

町田の最大なる業績は、冒頭にもあげたわが国初となる博物館を創設したことにある。もちろん、その実現に当たっては多くの人々の努力があったことは言うまでもない。しかし、常に中心的存在としてこの事業を牽引したのは町田であった。そして町田は、博物館創設の過程で文化財保護を推し進め、また、博物館資料分類法、資料収集法等に関わる重要な提言を行うとともに古文化財の調査を精力的に行い、わが国の博物館史に偉大な足跡を残した。以下、その主要なものを博物館の動きとともに見ていこう。

町田は明治三年（一八七〇）、ウィーン万国博覧会の担当官として「大学」に異動を命ぜられる。町田を大学に送り込んだのは、大久保利通と寺島宗則であった。パリ万国博覧会を視察した経験が買われたのであろうが、町田がその職を了解するまでにかなりの時間を要したという。外交事務から外された思いの消化にはそれなりの時間が必要であったのだろう。町田は、以後、「日本」「日本人」を強く意識した博物館づくりへと傾倒していく。

ウィーン万国博覧会に触発され、富国強兵、殖産興業をスローガンに掲げた明治新政府にとって、農工業製品の商業見本市としての内国勧業博覧会の開催は急務であった。町田はこうした状況を博物館づくりに巧みに利用した。すなわち、国策である殖産興業を目的とする内国勧業博覧会の開催と博物館建設作業を連動させ、博物館資料の確保とその公開施設（博物館）の創設に向かったのである。その第一歩が大学南校博物局で田中芳男とともに開催した「物産会」であった。明治四年五月に行われたこの物産会（田中によれば日本初の博覧会）は、九段坂上の招魂社で開催された。これはもともと博覧会の名称で、しかも「大学南校博物館」の名で開催する計画であったという。大学から出された太政官弁官への伺書には次のようにある。

博覧会ノ主意ハ宇内ノ産物ヲ一場ニ蒐集シテ其名称ヲ正シ、其有用ヲ弁ジ、或ハ以テ証徴ノ用ニ供シ、人ヲシテ其知見ヲ拡充セシメ、寡聞因陋ノ弊ヲ除カントスルニアリ、然レドモ皇国従来此挙アラザルニヨリ、其物品モ亦随テ豊贍ナラズ。故ニ今者此会ヲ創設シテ百聞ヲ一見ニ易ヘシメント欲スルトイヘドモ、顧ミルニ隆盛ノ挙ニ至ツテハ、之ヲ異日ニ待サルヲ得サルモノアリ、因テ姑ク現今官庫ノ蔵スル所及ヒ自余ノ物品若干ヲ駢列シテ暫ク人ノ来観ヲ許シ、以テ其開端トナス。(註4)

とその開催目的を明示し、その後には、今後毎年、年一回開催すること、一般の出品を求め、「最奇ノ物品」には賞を出すこと、男女貴賎の差を設けず、広く多くの来場を求め、一時の雑踏を避けるために予め切手（観覧券）を発行するとしていること、さらに出品の売買を許可することが書かれており、外国の博覧会・博物館を目の当たりにしてきた町田と田中が描く大博物館構想の基礎がここに見られるのである。さらに注目すべきは、彼らがこの物産会において、すでに挿絵入りの出品目録を制作していたことである。残念ながらその実物は今のところ確認されていないが、東京国立博物館に残る『明治辛未物産会目録』と書かれた全体の出品目録稿によれば、部門別、出品者別にすべての品名が記されている。これによってこの物産会の全容を類推することができる。すなわち、鉱物門、植物門、動物門の三部門を設け、その中にさらに細分化した複数の部を設けている。そして以下、測量究理器械之部、内外医科器械之部、陶磁之部（国窯、外国窯）、古物之部、雑之部が続いている。これをみても物産学が主体をなした分野別の展示が行われたことが推測できるが、そこには現在の博物館資料の分類の基礎がすでにできあがっていたことが示されているのである。

町田は、こうした物産学に機軸を置いた博覧会を計画しつつも、その一方で着実に自分の理想とする博物館創設に向けての行動を積極的に展開している。その象徴が次にあげる「大学献言」である。

> 集古館建設ヲ建設致候一大要件ハ既ニ外務省等ヨリ及献言候旨ニ付更ニ贅言不仕候へ共、戊辰干戈ノ際以来、天下ノ宝器珍什ノ及遺失候モノ儘有之哉ニ伝承致シ、遺憾ノ至ニ有之候処殊ニ近来世上ニ於テ欧州ノ情実ヲ悉知不仕候輩ハ彼国日新開化ノ風ヲ以テ徒ニ新奇発明ノ物耳貴重仕候様誤伝致、只管厭旧尚新ノ弊風ヲ生シ経歳累世ノ古器旧物敗壊致候モ不顧既ニ毀滅ニ及候向モ有之哉ニ相聞へ考古ノ徴拠トモ可成候物逐日消失仕候様成行、実以可惜次第ニ有之候。抑西洋各国ニ於テ集古館ノ設有之候ハ古今時勢ノ沿革ハ勿論往昔ノ制度文物ヲ考証仕候要務ニ有之、大学ニ於テモ必要ノ要件ニ候間何卒右等ノ物品遺失不仕候様致度、併当時内外御用途御多端ノ折柄ニ付、若集古館御建設ニ儀速ニ難被為行儀モ有之候ハバ姑ク府藩県へ御布告相成、歴世相伝仕居候宝器ハ勿論自余ノ雑品ニ有之候共考古ノ徴証ニ可相備品物ハ精々保護相加候様御沙汰有之且夫々専務ノ者被命右旧物ヲ図面ニ模写致シ羅集編成ノ儀被仰付候様有之度、若シ当時ノ世態ニテ更ニ一歳有余ヲ打過候ハバ天下ノ古器旧物ハ大概壊滅仕、竟ニハ其形似モ不存候様相成行候患害無之トモ難申候間、何卒至急御処置有之候様仕度此段献言仕候　以上（四年四月廿五日　大学）[註5]

当時、明治新政府によって行われた神仏分離そして廃仏毀釈がもたらした古器旧物（古文化財）の散逸破壊は目に余るものがあった。町田は古器旧物にこそ「日本」「日本人」のアイデンティティが潜むことを確信していたのであろう。それ故、その保護を強く訴えた。古器旧物の保護に関して具体的には、①その収蔵施設として集古館（博物館）を建設すること、②集古館の建設が財政上の理由で直ちに行われない場合は、応急の処置として速やかに各地方へ古器旧物の保護方を布告すること、③専任者を任命して、これらの器物を模写してこれを集成することをあげている。町田によって示されたこの献言は、明治期における文化財保護の歴史の端緒をなすものであり、わが国における博物館建設の必要性を論理的に説いた最初のものとして極めて重要である。

この献言によって、翌月には異例の速さで古器旧物保存についての太政官布告が発令されるが、その内容は町田らの原案に基づくものである。注目すべきは各地方に伝えられる古文化財の保全を訴えるとともに所管官庁を通じ、その品名ならびに所蔵者名を記載したものの提出を求めている点である。これは単に文化財の保護だけでなく、博物館における資料収集法においても重要な提言であった。また、これには別紙細目がつき、古器旧物が「祭器ノ部」以下三十一部に分類され、さらに部ごとに細分されている。古文化財の分類法の嚆矢となるものであろう。

明治四年九月、文部省に博物局が設置され、当時文部省があった湯島聖堂内の大成殿を博物局観覧場と定め、博物館設置に向けて準備が開始される。そして十二月二十四日には翌年三月から博覧会を開催することが決定される。翌年二月十四日に出された「博覧会ノ旨趣ハ天造人工ノ別ナク宇内ノ産物ヲ蒐集シテ其名称ヲ正シ其用ヲ弁シ人ノ知見ヲ広ムルニ在リ」で始まる「文部省布達」は、先の大学南校物産局の博覧会開催の布告文とは趣を異にし、古器旧物保存の布告を特筆しており、この博覧会を博物館に古器旧物を集めるためのひとつの方策として強く打ち出している。果たして明治五年三月十日、湯島聖堂において文部省博物館の最初の博覧会が開催される。恒常的な展示を行う博物館の誕生として、この年をもって博物館の始まりとしているが、町田の目指す博物館はもっと気宇壮大なものであった。

ところで、明治五年五月十五日からおよそ四ヶ月間にわたり、関西を中心に各地の社寺や旧家の宝物の調査が行われる。世に言う「壬申検査」である。この調査もまた町田の大きな業績のひとつである。この現地調査には博物局の町田、内田正雄、蜷川式胤、画家の高橋由一、写真家の横山松三郎らが参加。この調査にあたっては「巡行ノ者出張心得方」が示された。すなわち、①宝物の登録を行う。必要に応じ封印し散逸を防ぐ。②宝物の現地保存を行う。複数あれば博物館に移し保存と展示に供する。必要に応じ模造品も作成。③個人所有品の調査と先買いも可能とする。④正倉院の臨時公開を行う。⑤東京のほか、京都・大阪にも博物館を建設する。⑥地方の博物館と東京の博物館との列品を有無相通ずるようにしたいというものである。そこには町田の並々ならぬ文化財保護への思いと博物館に必要な資料収集に向けての強い意志が読み取れる。

この時、町田は実際正倉院の勅封もといたのである。その後、明治九年十一月には法隆寺が皇室に対し寺宝の献納を願い出、その二年後にはこれが認められ皇室の宝物として正倉院に納められる。さらに明治十五年、これが東京に移され博物館での展示に繋がる。こうした一連の動きをすべて掌握していたのも町田であった。こうして町田は博物館に重要な美術品ならびに歴史資料を確実に収集していったのである。

さて、明治六年、ウィーン万国博覧会が開催される。これは明治政府が正式に参加した初の万国博覧会である。博物館と文部省博物局が一体となり、出品計画や収集活動を進めるが、この時、博覧会事務局は同じ作品を二点提出させた。一点はウィーン万国博覧会展示用として、他の一点は博物館の常備陳列資料用としたのである。この処置によって博物館の所蔵品は飛躍的に増加した。町田の博物館が必要とする資料収集にかける思いがこうしたアイデアを生んだのである。町田の資料収集法としてもうひとつ注目すべきものがある。それは遺失物法を適用し、埋蔵物（考古資料）を選別、確保する方法である。明治九年四月、出土する「埋蔵物」を「所有者不明ノ遺失物件」として扱う。そのために「遺失物取扱規則」を制定。翌年には発掘された埋蔵物は内務省に届け出て検査を受けることを法に定め、選別して博物館資料としたのである。これによって博物館における考古資料の収集が本格化する。現在、東京国立博物館が二万件を超える考古資料を保管しているのも町田のこのアイデアの賜物である。

明治五年八月、博覧会事務局は湯島から内山下町の旧薩摩藩上屋敷跡へ移転。明治六年四月十五日には博覧会事務局博物館で博覧会を公開。その正門には町田の直筆である「博物館」という扁額が掲げられた。そして六月五日に町田は満を持して太政官に「大博物館建設の必要」を建議し、さらに二十八日には、上野山内の寛永寺跡地を博物館と書籍館（図書館）の建設予定地として建議したのである。町田はイギリスの大英博物館のように図書館を備えた博物館を構想し、サウス・ケンジントン博物館の「実用の事ヲ旨トスル」博物館をも参考に入れ、近代的な博物館の建設を求めたのである。その内容は天産物の収集と古文化財の保存を主軸に据えながらも「天造人工ノ別ナク宇内ノ産物ヲ蒐集スル」という広汎な対象にわたるもので、これまでの博物館の枠にとらわれず、図書館、動物園、植物園を包括するものであり、また植物園の概念の中には農業試験場までが含まれるという極めて壮大な構想であった。これこそヨーロッパで見聞した数々の博物館やその他の動植物園が参考となっているのは言うまでもないが、それを実現させた町田の功績は偉大である。

その後、紆余曲折はあったものの、大久保利通をはじめとする当時の権力者たちを味方に付けた町田は、明治十五年三月二十日、晴れて上野寛永寺跡地に壮大な近代的博物館を完成させ、自ら初代館長の座についたのである。内山下町博物館時代は一・六の日、日曜大祭祝日のほか一定の時期に連日開館を行ってきたが、この開館を機に、一月五日から十二月十五日まで、月曜を除き毎日開館する体制が確立した。また、「博物館来観人心得」「動物園来観人心得」という観覧規則も定められるが、門外にはそれが日本語・中国語・英語・独語の四カ国語で表示された。町田の国際性がこんな点にも垣間見られる。

町田久成の横顔

「町田久成略伝」によれば、町田は「書を能くし、天性画技に長じ、且つ鑑識に富み、篆刻は天才に造詣深く、模造模写を巧みにす。無二と鑑する書画骨董は、国宝として宮廷もしくは博物局に納む。奈良の東大寺、興福寺、法隆寺等、帝国第一の古名刹の寺宝は、挙て国宝に編入し、局長勅封を以て開閉の制を定め、年毎に出張保存の当否を監査す」という。志賀島から発見された「金印」の模造までも手がけ、それを宮廷に奉納する町田は、文士墨客あらゆる芸術家たちとも親交を結んだという。また、音楽にも造詣が深く、雅楽は宮中の大令人山井景順に師事し、横笛を学び、年二回は必ず宮中の令人を招き、春の花、秋の月と、墨田の清流に舟遊合奏会を開催、また月ごとに文士墨客の書画会を開催することを「無上の楽」としていたようである。(註6)そこには町田の気骨でハイカラな文人という姿が浮かび上がる。

おわりに

イギリスに渡り、その国力の実態と文化・歴史の本質を見せ付けられた町田。そしてパリで視察した万国博覧会は、町田に強い衝撃を与えたに違いない。富国強兵・殖産興業を大きな旗印として掲げ、近代国家形成に向かって驀進していたときの新政府にとってウィーン万国博覧会への参加は、国の内外に日本の力を示す絶好の機会だった。しかし、その裏では「厭旧尚新」の風潮によって散逸破壊される古文化財が膨れ上がっていった。町田はそれを憂いた。それらは本来、「時勢の沿革」はもちろん、「昔の制度文物を考証する」ために役立つものだったはずである。一方、西洋では本来の姿でこれらを保存し、活用する博物館をつくりあげていた。町田は苦しみながらも博物館事業と向き合い、文化財保護に尽力した。この苦悩、そして西洋に比肩し得る博物館をつくりたいとするこの壮大な夢こそが、わが国初の近代的博物館を生む原動力となっていたのではなかろうか。

町田が創設した博物館は、百三十余年の歳月の中で、さまざまな形に変化し、現在「独立行政法人国立文化財機構東京国立博物館」として活動を続けている。しかし、その方向性はより複雑化した社会の中で、大きな岐路に立たされているように思える。今、町田の博物館創設の理念を見直すことは決して無意味なことではない。むしろ現代の博物館が抱える問題点を直視する上でも極めて重要である。

（井上洋一）

註

1　本稿は、東京国立博物館『東京国立博物館百年史』一九七三、一新朋秀「町田久成の生涯と博物館（一）・（二）・（三）・（四）—わが国博物館創設期の一側面—」『博物館学年報』第十八・十九・二十二・二十七号一九八六・一九八七・一九九〇・一九九五、関　秀夫『博物館の誕生—町田久成と東京帝室博物館—』二〇〇五　岩波書店を参考にまとめたものである。

2　註1東京国立博物館一九七三、一新朋秀一九八六・一九八七・一九九〇・一九九五および大久保利謙「わが国博物館事業創設の功労者町田久成のことども」『Mouseion』立教大学博物館研究四　一九五九、後藤純郎「博物局書籍館長、町田久成—その宗教観を中心として—」『教育学雑誌』第十号　一九七六、門田　明「町田久成略伝」『鹿児島県立短期大学紀要』第四十八号　一九九七

3　註1関二〇〇五に同じ

4　註1東京国立博物館一九七三に同じ

5　註1東京国立博物館一九七三に同じ

6　註2門田一九九七に同じ

写真／東京国立博物館所蔵　Image:TNM Image Archives Source:http://TnmArchives.jp

田中　芳男

（たなか・よしお）

天保九年（一八三八）〜大正五年（一九一六）

「日本の博物館の父」ともいわれる田中芳男は、博物館黎明期に大きな役割を果たした人物である。慶応三年（一八六七）にパリ万国博覧会へ派遣され、博覧会はもとより博物館とは何かを学び、博物館の理想像を形成し、町田久成とともに日本の博物館創設を牽引する。

現在の東京国立博物館の前身の「博物館」、現存最古の産業博物館「農業館」、国立科学博物館の前身の「教育博物館」の創設など、今日の博物館の礎を築いた人物である。

生い立ちと学問

天保九年（一八三八）八月九日、信濃国飯田榑木山支配の旗本千村平右衛門の飯田城下中荒町の千村陣屋に、医師田中隆三（如水）の三男として生まれた。芳男は三男であったが、兄たちが早世したので家督を継いでいる。

芳男が生まれた飯田は、山間にありながら向学の念の旺盛な地であり、儒学者として著名な太宰春台を生んだ地でもあることから、儒学が盛んであった。また芳男の家は、千村陣屋で重職にあり、本草学を始め諸学に通じていた市岡智寛宅と近かった。こうした土壌と環境が、芳男の人生に大きな影響を与えたことは想像に難くない。

しかし、芳男の人生に最も影響を与えたのは、やはり父隆三である。隆三は、中国南宋時代に書かれた「三字経」や四書五経を教え、さらに医師と僧侶から漢学などを学ばせている。特に「三字経」は、各句が三字から成り、一句おきに韻を踏むもので、寺子屋など教科書として用いられたものであるが、芳男は生涯この「三字経」を好み、揮毫を頼まれると、この一節を書いた。なかでも「犬守夜、鶏司晨、苟不學、易為人、蠶吐絲、蜂釀蜜、人不學、不如物、幼而學、壮而行、揚名聲、顕父母」（犬は夜を守り、鶏は晨を司る。いやしくも学ばざれば、なんぞ人となさん。蚕は糸を吐き、蜂は蜜を醸す。人にして学ばざれば、物に如かず。幼にして学び、壮にして行う。名声を揚げ、父母を顕す。）を好んだ。「人たるものは、世の中に生まれ出たからには、自分相応な仕事をして、世のために尽くさなければならぬ」を、芳男は生涯の教訓としたといわれている。

安政三年（一八五六）、芳男十九歳の時、一念発起して名古屋に出た。そして翌年、尾張洋学の大家である蘭方医伊藤圭介の門をたたいた。伊藤は、シーボルトに直接教えを受けた人物で、芳男は伊藤から本草学、医術、蘭学を学んだ。

田中芳男と万国博覧会

文久元年（一八六一）、幕府から蕃書調所への出役を命じられた伊藤に従って、芳男は江戸に出府。翌年、物産学手伝出役を命じられ、国内産物を調査する傍ら、海外の穀物・野菜・花卉などの試験栽培、洋書にある物産関係用語の和訳や植物学・動物学・金石学の洋書の翻訳と校閲を行っている。

幕府は、駐日フランス公使ロッシュの要請で、慶応三年（一八六七）のパリ万国博覧会に公式参加することになり、将軍慶喜の名代として弟の昭武を派遣した。幕府は、漆器・陶磁器・錦絵・織物・和紙などの美術工芸品や昆虫標本を出品した。昆虫標本は、パリの学者の求めによるもので、昆虫の採集から標本製作まで携わったのが芳男であった。さらに芳男は、出品資料の展示の担当も任され、このパリの万博に派遣される。この時、博覧会を巡覧するとともに博物館や動植物園などを見学したことが、我が国における博物館の必要性を考えるきっかけとなったことは明らかである。

明治六年（一八七三）に、再び芳男はウィーン万国博覧会に派遣された。ウィーン万博は、明治政府が初めて参加した万国博覧会であり、新政府として日本の国力を海外に示すものであった。芳男は、新たに太政官正院に設けられた博物館事務局で町田久成とともに一級事務官に任じられ、準備に携わった。ここでは、国内各県の産物リストを作成して展示資料の提供を求めて、収集している。明治九年のアメリカ独立百周年として開催されたフィラデルフィア万国博覧会にも、事務官として派遣されて、鮭、鱒の養殖技術を学んでいる。

一連の芳男の万国博覧会での経験は、その後の我が国の博物館の創設に大きく生かされることとなった。政府もまた、博覧会開催の意義の中に殖産興業があることを見出し、内国勧業博覧会を開催して産業振興を目論んだ。内務卿大久保利通により内国勧業博覧会開設の建議がなされて事務局が置かれると、芳男は事務局兼務となり内国勧業博覧会に関わっていくこととなる。

田中芳男と草創期の博物館

話は遡るが、徳川幕府の瓦解という時代の変革期にパリ万国博覧会から帰国した芳男は、新政府より、明治元年（一八六八）六月に開成所御用掛を、九月には大阪の舎密局《せいみきょく》御用掛を命じられて、開成所内の理化学校を移転することとなった。芳男は、その計画の中で舎密局を植物園と動物園を兼ね備えた博物館にしようという構想をもった。翌年認めた覚書には、舎密局を科学のみを対象とするのではなく、理学も研究する施設として、この施設を「博物館」と呼びたいとしている。しかし、この博物館建設計画は実現することなく、翌三年に町田久成に東京に呼び戻されて「博覧会」開催の準備を行うこととなった。この芳男の博物館には植物園が含まれるという思想は、のちに内山下町に開設された内務省「博物館」の「植物分科園」や、文部省の「教育博物館」の「植物分科花壇」となって実現している。

明治四年に我が国初の博覧会が「大学南校博物館」の名で開催されることになったが、実施段階で「大学南校物産局」となって「博覧会」も「物産会」となってしまった。陳列品は官有品が中心であったが、個人では田中芳男による出品が多く、彼の博覧会への意気込みが感じられる。しかも、この時の出品資料は、吹上御苑の庭に陳列されて明治天皇の上覧を得たが、芳男は案内役を務めている。

政府も博覧会には関心を持っており、明治五年三月に湯島聖堂大成殿を会場として、文部省博覧会を催している。これは前年五月に布告された「古器旧物保存方」の精神を啓発するとともにウィーン万国博覧会の出品資料を国内でも披露しようとするもので、展示された資料は出土品・書画などの古器旧物と博物資料であった。この博覧会の責任者は町田久成であったが、実務を担当したのは芳男であった。この博覧会は成功をおさめ、毎月一と六のつく日に公開されることとなり、「博物館」となっている。一般には、これをもって我が国の博物館の起源としている。この「博物館」が現在の東京国立博物館の前身である。

一方、明治五年四月、殖産興業を図るため芳男、内田正雄、星野寿平らがまとめた「博物学之所務」(原題「博物局・博物館・博物園・書籍館建設之案」)では、博物館は物産陳列場、博物園は動植物園、書籍館は図書館、博物局は事務系管理部門として構想されたといわれる。そして芳男は、「博物館」開館間もなく、「書籍館《しょじゃくかん》」を開館させ、案を具現化している。書籍館は、日本最初の公共図書館というべきもので、現在の国立国会図書館の前身というべき施設である。この案で注目されるのは、各施設が個々に建設運営されるのではなく、一つの組織として機能させようとしたところで、大きな意義が見出せる。

翌年「博物館」と「書籍館」は、博覧会事務局に吸収されて、内山下町に移転し「山下門内博物館」と称するが、芳男は内務省勧農局に勤める傍ら博物館博物科長を兼務し、博物局長の町田久成を助けていた。この博物館は、博物科という今でいう学芸職員と事務職員で運営されていたが、陳列に直接関係ない事務職員は休日出勤を避けていたようで、学芸職員から不満が高まった。そこで芳男は、上級職員が休日にも出勤し、博物館のことを真剣に考えて欲しいという檄文を回覧した。そこには「博物館は観覧者のためのものである」、という信念が示されている。

その後、山下門内博物館は、鹿鳴館が山下門内博物館敷地に建設されることになり、明治十五年には上野公園の現在地に再移転した。この上野公園での博物館建設は、町田久成と佐野常民とが推進したものであった。

上野公園で開館した博物館は、農商務省の所管となって動植物や鉱物などの天産部・農業林業部・園芸部・工芸部・芸術部・史伝部・動物園も含んでいた。当初の芳男の構想としては、町田の博物館構想になかった植物園と動物園の建設を考えていた。しかし、町田はこれに難色を示し、芳男の建設要求に応じなかった。芳男は、博物館が内務省から農商務省に移管された当日の業務混乱に紛れて、植物園と動物園建設案について農商務少輔品川弥二郎の決裁を得てしまった。植物園は、小石川薬園があるため認められなかったが、動物園について町田に認めさせ、現在の恩賜上野動物園を創設した。

この上野の博物館を建設した初代館長の町田久成は開館翌年七ヶ月で解任され、町田とともに開館に携わった芳男は、後任として二代目に就いたが、町田解任非難の声が高まり、芳男も間もなく元老院議官に転任して、同じく七ヶ月で博物館から離れてしまった。この農商務省の博物館は、明治十九年に宮内省へ移管され、明治二十二年には「帝国博物館」と改称され、現在のような古美術中心の展示となっていく。大正十三年（一九二四）には天産部が廃止され、自然史資料は「東京博物館」（現・国立科学博物館）と学習院に譲渡されている。

芳男は、産業博物館の構想を持っていた。一方、伊勢神宮の整備と神苑拡張を目的とした「神苑会」は、博物館建設を計画していた。明治二十三年、芳男は神苑会から農業館建設委員長を委嘱され、農業館建設を行うこととなった。当初、この農業館は我が国の農具などをもって農業の歴史を展示する博物館とする計画であったが、委嘱を受けた芳男は、これにとどまらず「自然の物産をいかに人類に役立たせるか」として殖産興業に資する農林水産業を総合的にとらえた博物館へと、その構想を修正した。農業館は、翌年五月に外宮神苑前に開館し、芳男自ら資料収集や展示、解説まで行い、晩年までその運営に関わり、資料の充実や整理に携わっている。明治三十八年に宇治山田市倉田山に移築し、同四十四年には徴古館とともに神宮に献納されたが、この時引き継がれた資料は、一一、一八五点に及んだ。農業館の展示は、天産物の利用を主眼にし、農林水産業・園芸・畜産などの最新技術や知識を、一般の人たちにわかりやすく展示するという思想から、標本の配列や模型などに様々な工夫が凝らされた。農業館は、現在でも当初の理念をもって運営され、現存する日本で最古の産業博物館として、芳男が構想した使命を連綿と受け継いでいる。

田中芳男や町田久成は、博覧会という一過性のものではなく、未来を見据えた恒久的な博物館を実現することが必要であるという認識を持っていた。この思想をもって、両者は日本の博物館黎明期の博物館建設を、両輪となって推進していった。久成は大英博物館を、芳男はパリのフランス国立自然史博物館であるジャルダン・デ・

プラントをモデルとして、上野公園に博物館建設を図った。芳男は、ジャルダン・デ・プラントから、研究し教えるための施設・設備が必要であり、そこに植物園が付設され、併せて見せる機能をもった総合的な施設を博物館の理想と考えた。その後の町田久成と田中芳男の行動から見ると、両者の博物館の思想は、大きく異なっている。つまり町田は古器旧物という美術工芸品を中心とした博物館、芳男は動植物園などの自然博物館を目指す思考が感じられる。晩年芳男は、「私の一生は博覧会とか博物館とかいふやうな品物を人に見せるといふことの方に精神を注いだ」(註1)と、まさに「博物館の父」と呼ばれるに相応しい述懐をしている。

田中芳男は、草創期の博物館創設に尽力をしているところから、一般には「日本の博物館の父」と呼ばれている。芳男とともに博物館創設に携わった町田久成もまた「日本の博物館の父」と呼ばれる。上下関係にあったものの共に「博物館」創設に尽力した。しかしながら、芳男は自然系、町田は人文系と異なる分野であり、芳男は博物館創設までに博覧会への関与も大きいことから「博覧会男」とも評されるように、(註2)あくまで「博物館」づくりを目指す町田と対立することもあった。両者は共に「博物館」への熱い思いをもっていたが、理想とする「博物館」像は異なり、ある意味では同床異夢であったともいえる。いずれにせよ、町田とともに我が国の博物館・博覧会創設の功労者であることは揺るぎない。

農学者としての田中芳男

本草学を学んだことから、蕃書調所物産方以来、輸入植物栽培にも意を注ぎ輸入植物栽培の試作、コーヒー豆の栽培を行っている。また、現在ではリンゴの接ぎ木は珍しいものではないが、アメリカから渡ってきた西洋リンゴを海棠の台木に接ぎ木をし、日本中に広めている。明治二十一年（一八八八）には、同十二年に長崎から持ち帰ったビワを育て、その中から大きな実を実らせる「田中ビワ」を発見し広めている。

芳男の学問は、本草学から始まっており、江戸に出て蕃書調所物産方で外来種の栽培などに取り組んで以来、その中心は農林水産分野にあった。内国勧業博覧会、「博物館」、農業館、そして明治十四年に農商務省ができると初代農務局長となり、その後、農書編纂掛長としての農務官僚、また大日本農会、大日本山林会、大日本水産会の創設にも尽力して、後には会長に就任している。芳男は、各会への多数の論文寄稿を行っており、著作でも『有用植物図説』『水産名彙』『林産名彙』などを著わしている。

田中芳男の横顔

農林水産研究を行う芳男の特技に、搨写法《とうしゃほう》がある。観察が欠かせない博物学という学問では、当然写生が求められる。この搨写法とは、墨・钀墨、油墨などによって対象となる物の形を写し取る技法である。芳男は、この技法によって様々な植物、野菜、乾物などを写し取っている。今も残る神宮徴古館農業館の搨写図からは、芳男の旺盛な好奇心と観察力を窺い知ることができる。

さらに好奇心旺盛で几帳面な姿勢が、芳男が作成した『捃拾帖《くんしゅうじょう》』に表れている。引札、ラベル、暦、番付、観覧券、案内状、招待状、説明書、荷札、絵葉書などが貼り込まれたスクラップブックといえるもので、安政六年（一八五九）から亡くなる大正五年（一九一六）まで九十八冊にも及ぶ。自序に名古屋の本草学者が、天産物・人工物の調査・研究のため貼込帖を作っていたのに倣ったと記している。このほか『外国捃拾帖』『博物帖』『多識帖』などあり、今日では、いずれも貴重な研究資料であるが、資料収集の姿勢は若いころから培われていたのである。

芳男が、本草学、博物学で培った研究方法は、資料収集、写生、写真、拓本など、博物館における収集やその記録作成に通ずるもので、ある意味で博物館活動の基礎を築いたともいえることは、高く評価される。

褒賞と終焉

内務省、農商務省、元老院などで多くの要職を務め、明治二十三年（一八九〇）に貴族院議員、さらに農業館建設などの芳男の功績が認められ、明治三十九年四月に勲一等瑞宝章を受章し、帝国学士院会員となった。大正四年（一九一五）十二月には、御大典に際して勲功により男爵を授けられた。

芳男は、飯田を離れてからは故郷へ帰ることはあまりなかった。父が亡くなった慶応二年（一八六六）と、信州の山々を調査する途次、父が葬られた善勝寺に墓参した明治八年、そして最晩年の大正四年六月に、父の五十年忌法要を営むための、わずか三回である。この最後の帰郷のときには、飯田尋常高等小学校で約六百人を前に、自身の経歴談から資料収集の苦心談、博覧会創設、農業館経営の実情など講演を行っている。

田中芳男・義廉顕彰碑

この最後の帰郷からちょうど一年後、大正五年六月十四日、芳男は持病の神経痛に襲われ、さらに持病であった胃潰瘍を併発、ついに同二十日、本郷の自宅で亡くなった。享年七十七。同二十二日に特旨をもって位一級を進め従二位に叙せられたので、生前贈位の形を取るために、没日は二十二日とされた。葬儀は二十四日、谷中斎場において神葬祭で行われ、谷中霊園に埋葬された。この場所は、師の伊藤圭介の墓地からほど近い場所であり、現在台東区史跡に指定されている。

また、生まれ故郷の飯田市では、市立美術博物館に芳男の展示コーナーが設けられ、また美術博物館の前庭の芳男の胸像が、ふるさとの博物館を見守っている。

こうした功績は、飯田市民に語り継がれ、日本最初の国語読本『小学読本』の編纂を行った弟の義廉とともに、昭和五十五年（一九八〇）には「田中芳男・義廉顕彰碑」が建立された。


（杉山正司）

主要著作

『泰西訓蒙図解』訳　一八七一
『文部省博物図』（掛図）撰　一八七三〜一八七八
『博物館図譜』（稿本）一八七八
「伊勢外宮神苑に新設する農業館　附展覧会審査報告に就きて」『大日本農会報告』第一一八号　一八九一

註

1　東京国立博物館『東京国立博物館百年史』一九七三　五六九頁
2　橋詰文彦「田中芳男と万国博覧会―明治期における実務官僚の役割―」『長野県立歴史館研究紀要』第三号　一九九七　六六頁

写真／椎名仙卓『日本博物館成立史』二〇〇五　雄山閣より転載

モース、エドワード・シルベスター
(Edward・Sylvester・Morse)

一八三八年～一九二五年

明治十年（一八七七）、アメリカの動物学者モースは腕足類研究のために来日し、はからずも明治政府からお雇い外国人教師として東京大学理学部初代動物学教授に任命された。二年間の滞日中、かの有名な大森貝塚の発見と発掘、ダーウィンの進化論を紹介するなどの偉業を成し遂げ、「日本の近代考古学の父」と尊称された。また、セイラムのピーボディ科学アカデミー（現ピーボディ・エセックス博物館）館長、ボストン美術館日本陶器類部長を務め、我が国では教育博物館嘱託に任命され、大森貝塚出土品の展示を行い、東京大学動物標本室の整備充実にも尽力し、さらに大学附属博物館第一号の東京大学理学部博物場を誕生させた。「もの」を収集し、整理分類し、記録するといった博物学者的天分により、日本の民具・陶器の世界有数のモース・コレクションを形成した大博物館学者でもある。

生い立ちと略歴

一八三八年、アメリカ合衆国メイン州ポートランドに生まれる。小学校の頃から退学処分を何度も受け、ハイスクールも卒業しなかった。一八五四年、十六歳でポートランド機関車工場に青写真の製図工として働くが二年で離職する。一八五九～一八六一年、ハーバード大学のルイ・アガシ教授の学生助手となる。一八六三年、ネリー・オーウェンと結婚。一八六七年、現存する全米最古の博物館で全盛期のセイラムが後世に残した最大の文化遺産であるピーボディ科学アカデミーが創立され、キュレーターとなる。エセックス研究所から博物学の一般大衆への普及図書である「The American Naturalist」創刊号を発行。モースの精緻な図版が読者の興味を惹きつけた。一八七一～一八七四年、ボーディン大学教授となる。一八七六年、米国科学振興協会副会長に就任。

明治十年（一八七七）六月、海洋生物研究のため東京丸にてサンフランシスコを出航し、十七日間の航海ののち横浜港へ上陸。文部省学監のダヴィッド・モルレー（マレー）に会うため汽車で横浜から東京に向かう車窓より大森貝塚を発見。七月、東京大学に招聘され、動物学初代教授として契約を結ぶ。江ノ島に臨海研究施設を設ける。九月、東京大学で講義を行う。大森貝塚を発掘する。十一月、横浜より一時帰米。明治一二年四月、妻子を伴い再び来日。六月、一般聴衆を対象に翌年初夏まで講演を行ない、進化論を紹介する。秋から日本陶器の収集を始める。明治一二年八月、『Shell Mounds of Omori』を出版。九月、妻子と横浜より帰国。

一八八〇年、ピーボディ科学アカデミーの館長に就任（～一九一六）。一八八二年、ウィリアム・S・ビゲローと共に来日、大日本水産会の名誉会員となる。一八八三年、帰国。一八八六年、米国科学振興協会会長に就任。

1909年当時のウェルド・ホール　日本関連展示室

『日本のすまい・内と外』を出版。一八九〇年、日本陶器コレクションをボストン美術館に移す。一八九八年、勲三等旭日章を受勲。一九〇一年、『モース・コレクション日本陶器目録』を出版。一九一一年、ボストン博物学会会長に就任。一九一六年、ピーボディ博物館名誉館長に就任。一九一七年、『日本その日その日』を出版。一九二二年、勲二等瑞宝章を受勲。一九二五年、セイラムにて永眠。翌年、遺言により全蔵書を東京帝国大学に寄贈する。

また、ボーディン（一八七一（ph.D））、エール（一九一八（D.Sc））、ハーバード大学より名誉博士を授与されている。大正十二年（一九二三）の震災後にロックフェラー財団により建てられた東京帝国大学図書館記念館には、大学の定めた歴史上の功労者四人の肖像画が掛けられているが、モースはそのうちの一人に選ばれている。また、ボストン美術館の東洋美術の委員会は「モースが三十三年の長い実り多い期間を過ごした博物館に、日本および極東の美術分野における彼の興味と活動を永続してゆくための財源」となるべきモース基金を設立した。

研究の軌跡・学問の特徴

モースは鉄道会社の製図工をしながら独学で貝の採集・研究を行い、二十一歳でアメリカ動物学の父と呼ばれた碩学のルイ・アガシ教授の助手になり、動物学者への道を進み始めた。アガシは一八五九年にアメリカ最初の動物学博物館であるハーバード大学比較動物学博物館の建設を実現しているが、モースはこのハーバード在任時に動物学研究の技術と博物館への知識を培ったものと思われる。後の東京大学での講義は「Study nature not books（自然を学び書物を学ぶな）」を標語としたアガシの教授法を踏襲したものとなる。また、ダーウィンの『種の起原』の刊行により強い影響を受け、進化論に傾倒する。

明治十年（一八七七）の来日目的は日本に豊富に生息する腕足類の採集と研究であった。しかし、この第一回目の来日の間に大森貝塚を発見し、その発掘を手がけ、東京大学初代動物学教授として教鞭を執ることになる。また、モースは日本文化への強い関心を抱くことになる。元来好奇心が旺盛で、犀利な観察力を持つモースはたちまち日本の虜になる。モースの講義は博物館学においても基本的な知識である採集法・標本の作製・ラベルの書き方など、動物学の初歩的なことを重点的に丁寧に指導した。来日して一週間目に開館準備中の教育博物館を見学し、陳列された鳥類標本・甲殻類の陳列箱・液浸標本が見事であると驚く。教育博物館はその後モースに陳列品の調査を依頼している。田中不二磨も太政大臣に「教育博物館蒐集動物類取調之儀東京大学理学部教授米人イー・エス・モールス氏へ嘱托ノ件」として報告している。これは雇用期間が明治十年七月十二日から二ヶ年、報酬は年四百円で嘱託を務め展示の準備を手伝った。館長手島精一にピーボディ科学アカデミーと教育博物館の所蔵資料の交換を提案し、明治十三年に実現している。モースは生涯に亘り博物館に特別な関心を寄せて、大学附属博物館第一号東京大学理学部博物場も誕生させた。しかし結果としてこの博物場の完成を見ずに契約切れとなり帰国する。

第二回目の来日では東京大学教授として過ごす傍ら、海産生物の採集を目的として日本各地を精力的に旅行する。鋭い観察力と正確な記憶力、さらに熟考と分析を常に心掛けて道中の観察をスケッチし、日記に書き留められ、それは『日本その日その日』として編まれた。そこには日本の庶民の生活が悉く描かれており、蔵の耐火性に着眼するなど、日本常民生活の辞典というべき著となった。この頃すでに、モースの帰国荷物の中には夥しい陶器が含まれていたのである。

生物学者としての功績もさることながら、東洋陶磁器に関しては、三大陸の博物館から相談を受けるほどの世界的権威となり、日本の美術、特に日本陶器に関心を持ち、世界一のモース・コレクション四千六百四十六点の資料をボストン美術館に遺した。そのモースに日本陶器の知識を伝授したのは蜷川式胤で、モースの著書『日本陶器目録』には「日本陶器の信頼出来る知識は大変困難であった」、「蜷川式胤の業績である『観古図説』は今までに行われた決定的な知識を多く包含している」、また一九一三年のボストン美術館月報の「蜷川タイプによる日本陶器」には「この考古学者蜷川は陶器の鑑定の技術を身に付ける私の最初の先生であった」として蜷川に絶大なる信頼を寄せていた。

第三回目の来日は日本陶器と日本民具資料の収集を目的とするものであった。収集された二千九百個の陶磁器は現在のボストン美術館東洋陶器展示の中核をなし、民俗資料はピーボディ博物館の日本資料の基礎をなすコレクションとなっている。

文明開化により消え去っていく日本の原風景を記録し、庶民の生活文化を収集し持ち帰った資料は、百三十余年経った今、我が国ではすっかり姿を消したものばかりである。当時は何の変哲もない有り触れた、誰もが見向きもしなかった生活用具は日本ではなくアメリカに渡ったが、モースの博物館学的意識と先見の眼により収集され保存され、貴重な資料となっている。

次に東京大学への貢献として臨海実験所・学会・学術出版物・博物場・標本の収集が挙げられる。明治十年七月中旬から八月末まで江ノ島（現在の藤沢市江ノ島一の六の三十二）に設立した臨海研究施設は、漁師小屋を借りた一時的な小規模の施設ではあったが、日本で初めての臨海研究施設であり、その後、箕作佳吉により本土の三崎へ移転され研究は続行された。明治十一年には北海道の函館に、翌年は九州の長崎に同様の仮研究施設を設け、大学に恒久臨海実験所の設置の必要性を説いている。

『東京大学生物学会』は矢田部良吉、浪江元吉、松村任三、佐々木忠二朗、飯島魁、石川千代松をはじめとする十二人のメンバーによって創立されたが、モースは学会創設にあたり尽力した。現在は『日本動物学会』として存続している。

また、学術出版物を刊行して他の研究機関および大学との相互交換を提案している。東京大学理学部は明治十二年から『Memoirs of the Science Department,University of Tokio,Japan』と邦文『理科会粋』を刊行するが、第一号はモースの「Shell Mounds of Omori」と「大森介墟古物編」であった。このように英文誌と邦文を同時に出版したもので、研究の成果を日本人に理解できるように邦訳したものであった。我が国で初めて大学が出版した学術雑誌としての意義は大きく、今日の大学研究紀要の嚆矢と見做せるものである。

『博物場』の建設の必要性を大学に進言し、実現させたモースは、ハーバード大学比較動物学博物館で働き、ピーボディ科学アカデミーの設計に関与した経験から、学問の発展に博物館の設置が必須であることを熟知していたのである。小規模ながら東京大学の動物標本室の整備充実に尽力し、「the first zoological museum in Japan」と誇称したもので、後にボストン図書館でも採用されたモースが考案した採光法が採り入れられた。『東京大学法理文三学部第七年報』に「明治十二年三月廿六日、往キニ東京外国語学校へ譲渡セシ其敷地内ニ在ル家屋ヲ復シテ本部ノ所管トス。博物場トナサンカ為メナリ」、「十二年六月東京外国語学校内ニ在ル旧生徒病舎ヲ修繕シテ金石列品室トス」、「九月、金石列品室ヲ増築スル事四拾五坪、以テ生物学見本陳列室トス」また『同八年報』には「明治十三年三月三十一日、東京外国語学校敷地内ニ在ル本部金石地質生物標本列品陳列場ヲ博物場ト改称シ…」と記載され、設計もモース自らが手掛けたものであった。この博物場は明治十八年、理学部の本郷移転とともに姿を消した。

明治時代のお雇い外国人教師は少なからず日本に貢献したが、モースほど多岐に亘り大きな影響を及ぼした学者は少ない。日本をこよなく愛し、宗教的偏見を持たず、あるがままを記録する博物館学者としての目で日本文化を海外に紹介し、日本の文化遺産を残した意義は大きい。特別な教育を受けず、権力や富も持たず、自分の能力だけで動物学者・陶器の権威者・博物館発展の先駆者として異彩を放ち、単なるコレクターで終わることなく、収集品を系統的に分類し詳細なデータとして残したことは博物館学者として高く評価できるものである。

モースの横顔

モースは鉄道会社の製図工という経歴を持つことから、描写が得意で著書にもその才能の一端が窺えるような挿絵を残し、戯画も描いた。

モースは死後、自分の脳髄をフィラデルフィアのウィスター研究所に寄贈する心積りがあり、それを感謝して研究所から脳髄を保存するクリスタル製の壷が送られている。それはモースの特技として、同時に両手で一匹ずつの右巻きと左巻きの蝸牛を書いたり、完全に釣合いのとれた蝶やトンボを描くことができたというように、右手と左手を同時に同じ動作ができたという特異な脳を持っていたからである。モースは能弁で絵がうまく、黒板に両手を使って縦横に描く両手使いの巧みな講義は学生たちを魅了させた。

また、日本文化を自ら体験しようと欧米人では初めて謡や茶の湯を習い、正座して自然にお辞儀が出来るほどになり、日本語もかなりの会話力を身につけていた。

主要著書

『Shell Mounds of Omori』一八七九
『動物進化論』一八八三
『日本のすまい・内と外』一八八六
『モース・コレクション日本陶器目録』一九〇一
『日本その日その日』一九一七

（落合知子）

写真／関直彦『永遠の友―ピーボディ・エセックス博物館と日本』二〇〇〇　リンガシスト・星雲社より転載・ピーボディ・エセックス博物館所蔵

手島　精一（てじま・せいいち）

嘉永二年（一八四九）～大正七年（一九一八）

手島精一は、「工業教育の父」とも呼ばれる。東京工業大学の前身である東京高等工業学校（東京工業学校）の校長を二十六年間にわたり務め、工業教育の普及、工業の発展に大きな影響を与えた。この理想を培ったのがアメリカへの留学、フィラデルフィア万国博覧会である。この時の見聞から、工業教育振興の必要性を痛感し、教育博物館創設や終生にわたり内国勧業博覧会に関与した。

生い立ちと学問

手島精一は、嘉永二年（一八四九）、江戸の沼津藩主水野出羽守忠寛の上屋敷で、藩の勘定奉行の田辺直之丞の次男として誕生した。銀次郎と名付けられ、教育には厳格であった父に、兄の貞吉とともに未明に起こされて武芸の一通りと、夜遅くまで四書五経の素読を教え込まれた。

銀次郎は、腕白であり両親を悩ませたようであるが、父の同僚である手島右源太は、そんな銀次郎を可愛がったようである。手島には、栄太郎という一人息子がいたが、安政三年（一八五六）三十歳の若さで亡くなってしまった。息子を失った手島右源太は、可愛がっていた銀次郎を養子に迎えることを、直之丞に懇望した。直之丞も銀次郎が十二歳になると、次男であることもあり、手島家に養子にやることにした。

手島家に入った銀次郎は、名を淳之助と改め、藩主水野忠寛の継嗣忠誠《ただのり》の小姓見習として藩に出仕した。この忠誠は、岡崎藩主水野忠考の次男で、天保の改革を行った水野忠邦の弟であり、海外事情に明るく、先進的な考えを持つ英邁な人物であった。文久二年（一八六二）沼津藩を継いで、幕府では若年寄、外国奉行となっている。アメリカ総領事のタウンゼント・ハリスとの日米修好通商条約締結にも、外国奉行として幕府側の一員となっている。淳之助は、このような忠誠に扈従し、時には書記などとして会合に列席することもあったという。やがて忠誠は、老中となったが、長州征討の不利を説いたものの容れられず、かえって征討軍の副総督に据えられてしまった。もともと体が丈夫ではなかった忠誠は、陣没してしまった。淳之助が、若いころから忠誠の元で海外事情に触れ、これを吸収したことが、後年の行動に生かされたことは想像に難くない。またこの間、藩校の明親館では、博学の士として藩内に知られる養父の影響もあって、成績は常に首席であったという。

明治元年（一八六八）二十歳になった淳之助は、名を「精一」と改めた。水野家が沼津から上総菊間への転封を機に、藩校明親館を江戸浜町の下屋敷に移して洋学局を設置すると、精一は塾生たちの主長に推された。やがて明親館の修学が修了すると、大学南校の大助教を務める柳本直太郎の住込みの書生として、洋学の習得に励んだ。

明治三年、師の柳本直太郎は、アメリカ・アナポリス海軍（軍官）学校に留学する華頂宮の随員となった。精一も同行を勧められ、何とか渡航費用を工面して渡米した。一行はニューヨークで解散し、精一は同行の知人からフィラデルフィアの牧師を兼ねた中学校教師への紹介状を貰った。最初は英会話から始めなければならなかったが、やがて通常の会話に不自由しなくなると、先進の学問・文化を学ばねばという焦燥に駆られ、様々な学問に触れる。地震国日本には理学を応用した構造法が重要なことを意識し、イーストンのラフェット大学に入学して、建築と物理を学んだ。そのような折に、精一に日本から父の手紙が届き、留学費用を出してくれていた藩が、廃藩置県によりなくなったことを知る。所持金がなくなり退学せざるを得なくなったが、折から岩倉具視を首班に条約改正と海外事情視察のために全権使節団が来ることを知り、その通訳を務めた。その縁で、イギリスの事情を調査する使節団員の通訳となり渡英。使節団が帰国した後もロンドンに残り、勉学を続けた。

手島精一と博物館・博覧会

明治七年（一八七四）十二月、四年ぶりに帰国し、翌年八月、東京大学の前身である東京開成学校の監事となって、製作学教場の事務取締を兼ねて生徒の指導に当たった。製作学教場は、製錬学（応用科学）と工作学（機械工学）に分かれた工業学校というべきものであった。同九年、アメリカ独立百年記念のフィラデルフィア万国博覧会が開催されるのに伴い、政府に参加招請が届く。内務省からは、事務局長に町田久成が就き、事務官として田中芳男らが派遣されることとなった。文部省の代表として文部大輔である田中不二磨らも渡米することとなり、随行通訳としてフィラデルフィアに明るいということで精一が選ばれた。精一は、この博覧会でロシアの工業教育に関心を持ち、我が国も工業力を高めるために工業教育が重要であることを悟った。また、身体障害者教育の必要性を感じ、点字読本や身体障害者用器具などの教材資料を持ち帰った。田中の提出した『米国百年期博覧会教育報告書』は、精一が書いたという。

翌年正月に帰国した精一は、二月、渡米前に婚約していた太政官出仕の杉亨二の長女・春子と結婚した。春子は、精一より十歳若かったが、横浜のミッションスクールに学んでおり、洋行帰りの精一にふさわしい相手であった。

それから間もなく、精一は上野の教育博物館長補に任命された。前身である文部省の「東京博物館」は、「東京書籍館《しょじゃくかん》」（現・国立国会図書館）を分離して、事務所を湯島大成殿から上野公園に移し、教育博物館として建設することとなった。これは精一が随行したフィラデルフィア万国博覧会の際に、政府代表の田中不二麿が、カナダのトロントの教育博物館を視察し、教育博物館の必要性を感じたことから創設されることになったものである。

「教育博物館」の初代館長は、東京大学教授の矢田部良吉が兼任しているが、実際には海外の教育博物館を知る精一が実務を行った。内務省所管の「博物館」が殖産興業を目的にした博物館であったことに対して、文部省所管の「教育博物館」は学校教育を側面から支える教職員のための専門博物館といえる。教育博物館では、学校用品や実験器具、生徒の作品と教育資料、動植物・地学の標本などの陳列とともに、館内に製作工場を設置して理化学器械を製作、全国の学校に紹介・斡旋や、教材用の博物標本の有償頒布を行っている。

こうして開館した「教育博物館」は、同じ上野公園で開催された第一回内国勧業博覧会の三日前に開館式を行い、相乗効果もあって年末までに十七万六千余人の入場者を数えた。

翌年十月の明治天皇らの行幸啓では、精一は、特別室で自ら二度目の渡米の時に持ち帰った身体障害者用の教育器械や、掛図による理科教育の講演を行う栄に浴している。現在、国立国会図書館には「教育博物館」の印が捺されている二万点近い工業技術や教育関連の書籍があり、この収集も精一の運営方針によるところが大きい。

同十一年、パリ万国博覧会には九鬼隆一に随行を命じられて渡仏。博覧会事務が一段落した精一は、自身の教育博物館構想に生かすため教育品の購入や学事視察のためイギリスに渡り、一旦パリに戻ったが、さらにベルギーからドイツの学事視察を行っている。この時、来館する公衆の視察と、参考とすべき模造品の調査が目的であることを九鬼に伝えている。同十七年にもロンドン衛生博覧会開設のため渡英している。

帰国後、まとめた「教育博物館に関する意見」(註1)では、具体的に①物品解説目録の編成、②和漢書籍目録の編成、③椅子、卓子製造、④指物（実物）教授具の製造、⑤指物（実物）用・理化学用掛図の製作、⑥理化学器械の製作、⑦金石学・植物学・動物学標本の製作の七つをあげ、これらは教育博物館の業務としてなしうる事業としている。このほか文部省の判断によるものとして⑧教育博物館の教育を普及させるため、内国博覧会に物品を出品すること、⑨教育博物館職員の地方小中学校への巡回、⑩教育博物館委員を編成し、重要事項を審議するという三点をあげている。このうち⑤・⑨・⑩以外は具体化されている。

こうした精一の教育博物館構想は、世界の既設の博物館は、美術・古物・博物・医学等の専門の学術的な博物館に限られており、専門家のみに利があるばかりである。その反省から、教育博物館は、基礎となる一般向けの物品を教育参考品として、国民の知識涵養のために貢献することを目的とする。つまり既設の博物館は専門学科で、教育博物館は一般学科の如くである。国力の増進には科学知識の普及・振興が重要で、このためには一般向けの博物館が必要であると訴えた。同時に、普仏戦争に敗れたフランスの復興を間近に見た精一は、工業力と知識を授ける工業学校設置を構想するなど、学校教育の重要性も訴えている。こうして精一の構想は、一歩一歩実現していくことになる。

明治十四年七月、「教育博物館」は「東京教育博物館」と改称され、精一が初代館長に任命される。館長となった精一は、本格的に科学知識の普及と学校教育の資質向上を図っていく。まず、学術講談会を開き、博物館で所有している資料を用いて実験などをしながら講義を進めた。国民の科学知識啓蒙の目的から、小中学校教員に新しい知識を吸収させることを図ったもので、五年間にわたり動物学、物理学、化学、数理学、植物学、光学など様々な科目を開講した。しかも受講修了者には、修了証書を出し、我が国における通俗学術講習会の嚆矢とされる。

また、この講演会では、「マジック・ランターン」という器械を使用している。これは精一が明治七年にフィラデルフィアから持ち帰ったものといわれる。(註2)文部省は、これを「幻燈」と命名して模造させて普及したという。今日の「スライド」である。教育博物館には幻燈器が陳列されて人気を呼んでいたが、これを東京府の公立学校では借り出して授業に利用するようになった。その後、博物館が関わって業者に幻燈を作らせて販売したという。

こうした教材標本を製作してきた東京教育博物館は、やがて民間の教材会社が発展してくると、この使命の必要性が薄らいできた。そのような時期の明治十八年十二月に内閣制度が発足して、初代文部大臣に森有礼が就任し、学校教育重視の教育改革を進める。博物館も例外ではなく、というよりも非常に冷遇され、折しもの財政難が重なって、教育博物館廃止の方向に進んでいく。館長制も廃止となり、精一は東京教育博物館と、館内に移転してきた東京図書館（もと書籍館）両館の主幹となった。

東京教育博物館は、入館料は無料で、公開参観が許されていたので、大衆に受け入れられて賑わっていた。ところが森文部大臣は、官庁の威風を汚すものとして入館料徴収を命じた。

この年に教育博物館は、文部省総務局の所管となり、同二十一年には教育資料の一部を残し、それ以外の資料は帝国博物館（もと「博物館」、後の東京国立博物館）へ移管となり、さらに博物館の建物までが新設の東京美術学校（後の東京芸術大学）に譲渡され、事実上廃止されることとなってしまった。同二十二年に精一は、辞職願を提出、時を措かず博物館の重要性を説いた「奉請博物館合併表」という建白書などを提出している。建白書による影響であるかどうかは不明ではあるが、博物館は、規模を縮小して存続されることになり、図書部門を分離して、残された教育資料を持って元の湯島聖堂構内へ移転し「高等師範学校附属東京教育博物館」として細々と運営されることとなった。

この後、精一は博物館から離れ、同二十三年には東京職工学校（東京工業大学の前身）、翌年共立女子職業学校（共立女子学園の前身）の校長を務めている。工業教育及び職業教育に携わる傍ら、博覧会には終生関与し続けた。

同二十一年にはパリ万国博覧会出品取調委員、同二十四年には校長兼職で臨時博覧会事務官を命じられて、同二十六年シカゴで開催されるコロンブス世界大博覧会出品委員となった。これまでの博覧会では、殖産興業の方針から工芸的物産を出品していたが、海外では日本は一段低く見られていた。シカゴ博覧会では、日本の伝統的美術品を出品して、日本文化を認識してもらうこととなった。展示のためのパビリオンは、日本の代表的建造物である宇治平等院鳳凰堂を模すこととした。パビリオンは、従来博覧会終了後に取り壊すこととなっていたが、アメリカ側は、閉会後も継続して展示したい意向から、開催準備のために渡米した精一が、関係者を説得して継続することとなったともいわれる。

博覧会終了後は、実業教育国庫補助法の制定や、折からの日清戦争により工業力向上が求められるという社会情勢もあり、工業教育予算獲得に尽力した。同時に文部省の実業教育臨時調査委員会の委員となり、工業などの実業教育の推進にあたった。

一時、文部省普通実業学務局長となったが、明治三十二年に再び東京工業学校の校長に復帰した。ここで優秀な技術者養成には金銭的にも安定した生活が必要との考えから、奨学金制度を設けている。

明治三十七年開催のセントルイス博覧会の日本事務局長として、精一は六回目の海外の博覧会に関与することとなる。この時日露戦争が開戦となり、ロシアは博覧会不参加を表明したが、日本代表である精一は、外交上においても日本を正しく認識し理解してもらうことが必要との考えから、政府に参加を説き理解を得ている。

また、精一は海外の博覧会だけではなく、明治十四年の第二回内国勧業博覧会以来、大正五年に東京高等工業学校長を退職するまで国内の博覧会の審査などに関与するなど、常に内外の博覧会とともにあった。博覧会への関与が、「工業教育の父」と呼ばれるようになった原動力となり、工業教育の一般への啓蒙として東京教育博物館を運営したのである。

一方、精一の業績で工業学校整備は忘れてはならない。教育博物館を離れた精一は、兄・貞吉の関係で住友家顧問となっていたが、明治二十三年文部省から東京職工学校再建のため校長就任要請を受け、承諾した。精一は、これまでの研究軌跡をみるとおり科学・工業を専門として歩み、工業教育にも関心をもっていたが、これは、彼の博覧会経験が大きいといえる。海外では、工業技術の発展が、国力をつけて、将来の日本を形成するに重要であることを認識していた。それには工業研究も大事だが、実業教育が最も必要であることを考えていたからであった。校長となった精一は、蔵前の東京職工学校の校名を東京工業学校と改称し、制度や授業を整備していった。またこの頃、共立女子職業学校の二代目校長も引き受け、その後四代目校長に再就任して、三十余年間にわたり女子の職業教育にも携わった。このほかに早稲田大学理工学部や横浜高等工業学校の設立にも関わるなど、工業教育の第一人者であり、「工業教育の父」と呼ばれる所以である。

明治三十九年六月、精一は工業教育に尽力した功績により、明治天皇から銀杯を受けた。この栄誉を記念した祝賀会が開催されたが、出席者には総理大臣西園寺公望、文部大臣牧野伸顕、大隈重信、渋沢栄一ら錚々たる顔ぶれが並び、精一の交流の広さを示している。この時、精一に贈られた記念品などはすべて東京高等工業学校に寄付され、「手島奨学資金」となって、学生の奨学金に充てられることとなった。

さらに、教育には国境はないと考え、同三十五年には東京工業学校への外国人の入学を許可しており、長年のこうした功績に対して中華民国政府は、大正四年（一九一五）に勲二等を贈っている。

教育博物館

手島精一の評価

精一の業績は、前半生の教育博物館時代と後半生の東京高等工業学校時代に分けられる。

まず前半生の精一が主導した教育博物館経営を見ると、「教育博物館に関する意見」に述べている通り、資料の収集保管、調査研究、展示、教育普及など、今日同様の博物館活動が行われたことがわかる。収集では、諸外国との交流や公的機関からの受け入れ、職員による標本採集、目録作成などであり、調査研究では、収集資料の比較研究、展示では、資料の展示方法の検討、教育普及では、教育器具の開発と普及、理化学器械の斡旋、資料の貸出、学術講演会の開催など、今日の博物館活動の基礎作りを行っている。残念ながら管見では、精一の教育博物館経営に関する著作が見当たらないため、彼の思想理念といったものは詳らかではなく、これまで博物館学の評価よりも後半生の工業教育に目を向けられがちであった。しかし、精一の博物館経営に向けた行動からみて、学校教育にとどまらず生涯学習施設を目指したことは明らかで、現代博物館の基礎作りに果たした役割は大きく、改めて評価されなければならない。

一方、後半生の工業教育の面は既に述べたが、大正五年（一九一六）、精一は体力的に衰えを見せ老齢を理由に、東京高等工業学校の校長を辞職、前後して高等官一等昇叙と勲一等瑞宝章を授与され、正三位に叙せられた。専門学校長としては異例の栄誉であり、長年の工業教育の功績への褒賞であった。この時の祝賀会では、精一の工業教育界への貢献を記念して、同校への工業に関する奨学資金と研究資金に充てることを目的に「手島工業教育資金」の設立が決定され、現在までも「手島工業教育資金団」として精一の思想が連綿と受け継がれている。

もともと喘息と胃弱の持病があった精一は、神経痛にも悩まされるようにもなっていた。大正七年一月に入って、喘息の発作が激しくなり、さらにカタル性肺炎を併発。衰弱が激しくなって、ついに同月二十一日永眠した。享年六十八であった。同月二十五日に谷中斎場で葬儀が行われ、染井墓地に葬られた。

一周忌の席上、参会者から精一の銅像建立の発議があり、東京美術学校の沼田一雄教授に製作を依頼し、同十年五月二十六日の学校創立四十一回創立記念日に除幕式が行われた。像は、校長室の肘掛椅子に座った精一の姿に製作され、関東大震災の被災による蔵前から大岡山への学校移転とともに、像も移設された。

東京工業大学となった現在、百年記念館には、精一の功績を称える展示コーナーが設けられている。そして本館前の精一像は、精一の築いた工業教育によって生み出される新しい人材を見守っている。

（杉山正司）

註

1　手島工業教育資金団『手島精一先生傳』一九二九

2　椎名仙卓『明治博物館事始め』一九八九　思文閣出版　二二七頁

写真／東京工業大学本館前の手島精一銅像／椎名仙卓『日本博物館成立史』二〇〇五　雄山閣より転載

九鬼　隆一（くき・りゅういち）

嘉永五年（一八五二）～昭和六年（一九三一）

嘉永五年（一八五二）（一説に嘉永三年）八月七日（新暦九月十二日）、摂津国三田藩士星崎貞幹の次男として生まれる。幼名は貞次郎（一説に貞四郎）。万延元年（一八六〇）、藩主九鬼隆義の周旋により丹波国綾部藩家老九鬼隆周の養子となる。当初は九鬼家を辿った佐々木弾正左衛門を由来として佐々木此面を名乗り、その後、九鬼静人となる。号は成海。慶応二年（一八六六）には、十五歳で家督を相続して九鬼家の当主となった。明治二年（一八六九）に綾部藩権少参事および藩校の道学館督学となり、また、同年、沢野農子と結婚、翌年に長男哲造が生まれるが、やがて離婚。明治三年十一月には権少参事の職を退き、明治四年二月に慶応義塾に入塾し、福澤諭吉の薫陶を受けた。なお、入塾の前後から隆一と名乗っている。

九鬼隆一の経歴

慶應義塾入塾一年後の明治五年（一八七二）四月に、文部省に入省。十一等出仕の判任官から大学南校監事、そして同九月には大学東校事務主任となる。翌明治六年、欧米各国に出張。同年中に帰国後は、文部少亟および学務局長、督学事務取扱（明治七年）、文部大亟、一等法制官（明治九年）、文部大書記官から太政官大書記官（明治十年）を歴任した。

明治十一年、パリ万国博覧会に派遣され、教育諸般の事務を掌るその任務を遂行するかたわら、欧州各国の教育・美術事情を視察し、翌年五月に帰国。明治十二年には、有栖川熾仁親王を総裁、会頭を佐野常民とする龍池会（明治二十年に日本美術協会と改称）が発足し、九鬼は副会頭となっている。

明治十三年には文部少輔に昇任し、同年十一月に内国勧業博覧会の審査副長および兼任議官に就任。

そして翌年、「明治十四年の政変」が起こる。前年、国会開設を要望する国会期成同盟が結成される状況の中、政府部内では漸進主義を唱える長州派の伊藤博文・井上馨が即時開設を唱える参議大隈重信と対立し、翌十四年になって伊藤・井上は右大臣岩倉具視と提携して大隈を罷免、明治二十三年の国会開設の詔勅を発するなどを行ったのが「明治十四年の政変」である。その際、大隈放逐の背景に急進派である大隈が福澤諭吉と結託して薩長派打倒を企てたとの風説が流れるのであるが、その陰謀を薩長派に注進したのが九鬼であるとされる。ここに福澤は、九鬼に対して怨念の情を晩年に至るまで持ち続けることになるのである。『学問のすゝめ』には「人にして人を毛嫌ひする勿れ」と書いた福澤であるが、九鬼の「賤丈夫の挙動」を忘れることはできなかったのである。福澤との確執を持ってまで文部省に留まった九鬼であるが、その勢いはそれからさらに増すこととなり、「九鬼の文部省」と謳われるほどであった。しかし明治十六年、「少しく思ふ処があつて辞表を提出」。九鬼を信用しない大木喬任の文部卿就任がその原因と思われるが、同年に後ろ楯であった右大臣岩倉具視の死去が重なったことなどもその原因となったようである。

結局、文部省を去った九鬼であるが、明治十七年五月に特命全権公使に任命されて、その後四年間アメリカに派遣されることとなった。明治二十年十一月に帰国し、その翌二十一年に宮内省図書頭となってさらにその九月には、臨時全国国宝取調局を設置、その委員長となる。その下には委員として田中芳男らがおり、またさらに、取調掛として岡倉天心らを配している。この調査は、九鬼の提唱により宮内・文部・内務の関係三省から参加を得ているが、注意して良い事実である。この取調局設置のきっかけは、九鬼が文部少輔の頃に、岡倉やフェノロサを随行させて各地の宝物調査を行ったことなどによるのであって、まさに九鬼の美術に対する信念がこの取調局設置と大調査敢行を成させたといって良いのである。この調査は後に帝国博物館に引き継がれるが、それまでの十年間に調査された数は二一五、〇九一点という膨大な数となっており、その後の明治二十九年成立、三十年公布の古社寺保存法に役立てられている。なお、古社寺保存法制定に当たり、明治二十九年五月には内務省に古社寺保存会が設置されるのであるが、その会長も九鬼が任ぜられている。

九鬼隆一と帝国博物館

明治二十二年（一八八九）五月十六日、博物館官制及び官制細則が制定され、博物館は図書寮附属博物館から帝国博物館となった。九鬼はその後できる奈良・京都を合わせた帝国博物館三館を統括する総長となり、そして七月二十三日に図書頭を解かれ、特命全権公使兼宮中顧問官として博物館総長を兼任することとなる。

若干遡ること同年三月二十七日付で官制・事務掌程・予算等の大臣決裁書類の原案が九鬼により起案されている。特に事務掌程においては、九鬼による詳細な説明に当たる「帝国博物館事務要領ノ大旨」が残っており、その内容は蒐集、展示法はもちろん、教育普及にまで及んでいる。現在の博物館学で扱うべき内容に匹敵するものを詳細に述べ、その要件の多くを備えている点が注目される。

また、帝国博物館官制が布かれて、帝国京都博物館と帝国奈良博物館が設置されている。しかし、それぞれの開館は若干後のこととなる。奈良博物館は明治二十八年四月、京都博物館は三十年五月の開館であった。九鬼は両館についても意見を述べており、当初、明治二十五年の完成開館を望んでいたが、実際にはその完成予定時になってようやく建設にかかることとなった。

帝国博物館総長になって後、奈良・京都の両帝国博物館ができるまでの間も要職に就いたり、さまざまな施策に関わったりしたのであるが、例えば明治二十三年には第三回内国勧業博覧会の審査総長となり、そして七月には帝室技芸員の制定に携わり、技芸員選択委員となる。また九月の帝国議会設立に際しては、貴族院議員となっているのである。翌明治二十四年には、二年後に開催される予定のシカゴ博覧会の事務副総裁となった。九鬼は西洋画排斥を唱えていたのであるが、それに対し「明治美術会」など西洋画家たちの西洋画排斥反対運動による攻撃を受けたりしている。

しかし明治二十五年九月、陸奥宗光外務大臣に宛てて、特命全権公使の辞表を提出し、「依願免本官」となる。辞表には「兼務繁劇」と書かれており、その激務の様子が伝わるが、それはさらに八年後に最も明らかな形で九鬼の「繁劇」振りを知ることとなるのである。

さて、明治二十八年一月には、いよいよ帝国京都、奈良博物館社寺什宝受托規則、同出品規則を定めるが、そこには九鬼による序文がある。この序文からは、京都・奈良の博物館設立の意図が明瞭に読み取れる。以下にその記載の中から一部を挙げてみたい。

我カ　帝室深ク此ニ慮ルアリ曩ニ命シテ博物館ヲ京都奈良ノ二地ニ置キ而シテ其創設及維持ノ費御府ヨリ資給セラル蓋シ此二地ハ千歳ノ旧都ニシテ古社旧刹星羅碁布シ所謂名器重宝ノ鍾マル所故ニ先ツ此館ヲ此ニ建テ一ハ以テ温故知新ノ道ヲ啓キ一ハ以テ近傍社寺什宝ノ寄託ニ充ツ而シテ寄託スル所ノ社寺ノ什

宝ハ其ノ修理ノ費一切官之ヲ弁シ又歳々館ノ所入ヲ計リテ応分ノ資助ヲ其社寺ニ給シ其国宝物ヲシテ託スル所ヲ得テ兼ネテ資財ヲ獲セシム是レ亦　聖明ノ余沢ナリ

このように周到な社寺宝物の保存計画の下、帝国博物館を整備していった。そして同年四月二十九日に帝国奈良博物館がまず開館したのであった。

また同年四月、京都にて開催された第四回内国勧業博覧会では、前回同様審査総長となった。この時黒田清輝の裸体画「朝妝」の出品について議論紛糾となったが、九鬼はこれを認め出品に至っている。所謂ヌード画であり、明治という時代性を考えれば議論が噴出するのもわからなくもない。そういった時代背景もあっての事件であったが、その一件は、かつて「洋法撲滅」の憂き目を受けた洋画家たちをしても九鬼を賞賛したと言う。なお、この年の九鬼の動きをさらに挙げれば、六月に枢密顧問官（終身）を兼任し、それを受けて翌七月に宮中顧問官を「依願免本官」となっている。

帝国博物館総長として九鬼の行った事業（業績）では、『日本帝国美術略史』の編纂事業が挙げられる。これは美術部長・岡倉天心が東京美術学校で日本美術史を講義し、学生筆記に岡倉が補筆して編んだ『日本美術史』があり、九鬼が委員長となった臨時全国宝物取調局による調査も進み、美術史把握にも関心を寄せていた九鬼にとっては、日本の美術史編纂事業は構想するに十分な体制にあったのである。明治三十二年十二月に至り、仏文の稿本として刊行され、邦文原稿は明治三十四年に国華社から刊行される。九鬼総長による序文は三十二年九月二十日付けで書かれており、これは帝国博物館総長としての九鬼隆一にとって最後の仕事の一つとなった。

そして明治三十三年、まだ五十歳にも届かない歳でありながら、帝国博物館総長を辞任することとなる。「兼務繁劇」はもちろん、発作を伴う「宿痾」（胆石症）という健康上の理由による辞職であったと見られ、さらには後述する妻との離婚問題という家庭の事情などもあって、心身ともに疲れ果てていたのは確かである。いずれにしても、枢密顧問官の立場のみを残して官の立場を辞することとなり、激務から逃れることとなった。その明治三十三年、「帝国博物館」は「帝室博物館」となった。

その後の九鬼隆一

その後の九鬼は、講演・著述を盛んに行っている。「繁劇」から逃れ、余暇を持ちえた結果と言えよう。

また、大正三年（一九一四）十二月には、故郷である兵庫県三田の地に三田博物館を設立する。その資料は九鬼自身蒐集の個人コレクションで、建物は西洋風木造二階建ての旧有馬郡役所を改築したものを使用した。『三田博物館出陳図録』の九鬼自身による「自叙」には「専主研究」とあり、蒐集を研究に役立てるべく考えた九鬼の意識が読み取れる。そして一般美術蒐集家のごとく完美を求めるのではなく、断片にも眼を注いでいたところに、真の美術家としての九鬼の姿が窺われるのである。なお、この三田博物館は、大正十四年に至り有馬郡町村組合立となったが、その後経営難に陥り、昭和十六年（一九四一）十一月、閉館のやむなきに至っている。

なお授章・叙勲等は、明治二十八年（一八九五）八月四日、叙勲一等瑞宝章、翌二十九年六月五日、男爵となり、華族に列せられている。

晩年は達磨を題材にした絵画を収集、自らもこれを好んで描き、昭和四年には『達磨心論』を刊行。生涯に揮毫した達磨図は一万三千枚に達したと言う。なお、成海という雅号は、史記の李斯伝から取ったものである。

そして昭和六年八月十八日、鎌倉長谷の自邸で死去。享年七十八。墓は三田市心月院に存する。

なお、死後すぐに九鬼コレクションは市場に流出する。翌年の昭和七年十一月には京都美術倶楽部において入札品百八十二点、売立品千二百余点が出品される（『三田九鬼男爵家蔵品目録』）。そして昭和十一年三月には、東京美術倶楽部において「男爵九鬼隆一翁遺愛品」の入開札、競売が行われている（『男爵九鬼隆一翁遺愛品・岐阜不二庵萬芳氏所蔵品・阿部無佛翁遺愛品 展観入札並売上』目録）。

九鬼隆一の博物館学的評価

三田博物館

明治という時代に日本の美術行政の中心的存在として八面六臂の活躍をした九鬼隆一であり、「文部省の九鬼か、九鬼の文部省か」とまで称される時もあったほどである。その主たる業績は、古社寺保存法の制定、三帝国博物館の設立・整備、帝室技芸員の設置、全国宝物取調等、枚挙に暇がない。それは晩年に九鬼自身が語っているごとくであり（明治四十三年「美術談」）、反論の余地がないほどの活躍であった。

すべてを具に見ていくわけにいかないので、ここでは博物館に直接的に関わる問題、つまり、帝国博物館初代総長として君臨した九鬼隆一の、この博物館を整備するに当たって博物館の諸機能に対して抱いていた思いを再確認したい。即ち、前述した通り、官制等の整備の前段における九鬼の種々の説明に、その見識の深さを垣間見ることができるのであり、そこに焦点を当てることとする。

まず、「帝国博物館事務要領ノ大旨」では、歴史部・美術部・美術工芸部・工芸部と分け、例えば歴史部においては「本邦文化ノ進歩ヲ代表シ各時代社会ノ現象ヲ詳明シ生活ノ沿革ヲ湊合的ニ示照スル」という目的を明らかにしている。また「出版」について「考究シタル諸種ノ学術智識ヲ公ニスルノ目的ヲ以テ之ヲナシ」と、教育普及の意を説き、そればかりでなく「尤之ハ本館収入ノ一トシテ利益アルコトモ亦少ナカラサルベシ」と、収入源としての意も汲むという広くミュージアム・マネージメントの視点が含まれることも注目すべき点であろう。

また「蒐集」について、その方法を列挙する。それは「第一　寄贈」「第二　交換」「第三　附托」「第四　保管」「第五　購入」「第六　模写模造」「第七　保護預」「第八　貸付」という八区分するものである。現在の博物館学において認識されている蒐（収）集の方法として「採集」「発掘」こそ含まれないものの、その他は網羅されている。特に、現在の博物館学でも判断の分かれるところであろう「製作」であるが、六番目に「模写模造」を加えていることで、九鬼のその意を汲み取ることができる。模写模造が美術部を中心に盛んに行われたのは周知のところであるが、そのことはこの九鬼の説明が前提であったとも読み取れる訳である。

「陳列」についても、その「注意ヲ要スルモノ大略」として挙げるのが、「第一　館内場所ノ選択」（展示室・展示の場所）、「第二　光線」（採光計画）、「第三　配置」（展示プランニング）、「第四　距離」「第五　高低」（視線計画）、「第六　表装」（資料の誂え）、「第七　列品箱ノ構造」（展示ケース）、「第八　空気ノ流通寒暖乾湿ノ適度」（空調、温湿度計画）、「第九　説明札ノ書キ様」（付札、パネル）であり、その念の入れようは、まさしく現在の博物館学に通ずる考え方なのである（括弧内は筆者）。

さらに、「適宜公衆ニ向テ各種物品ノ説明解釈ヲ行ヒ又ハ各種一部分ニ就テ展覧会ヲ行フコトアルベシ（中略）各時代各大家ノ鍛錬ヲ表明スル如キ特種ノ会ヲ開キテ公衆ノ注意ヲ惹起スルハ其裨益甚多シ　故ニ増築家屋中一ノ講堂ヲ備フルヲ要ス」とあり、資料解説や展覧会、また講座とその場としての講堂の必要性などにも触れていることがわかるのである。

また九鬼により草せられたものに予算の説明にあたる「提要」という文章があり、欧州の帝国立クラスの博物館を参考としながら建築の要件など、博物館のあるべき姿を説く。例えば「本館ノ建築ハ其光線十分ナラズ煖温乾燥ノ方法ヲ尽サズ」であるとか、「私有物品保護預リヲ創メテ事業ヲ進歩セシメムトスルニハ館屋極メテ狭隘ニシテ又如何トモスル能ハス」などの記述に加え、さらには「火災ハ勿論賊難ヲ避ケムガ為メ各戸各窓電気作用ノ験通器ヲ据ヘ付ケ」る諸外国の博物館事情から見ると極めて劣っている点を指摘するなど、リスク・マネージメントの配慮も加わったものであった。

勿論これらは各文書の性格上、要点を挙げている程度に過ぎないが、博物館の諸機能を見渡したのは言うまでもなく、それまで体系化された博物館学がなかったどころか、博物館学という学問領域すら意識されなかった時代であることを考慮すれば、いかに先進的な理論であったかを再確認しなければならないだろう。つまり黒板勝美がドイツの博物館学の存在をはじめて紹介する明治四十四年以前のものであり、まさしく「博物館学」という意識どころか認識も日本国内になかったと言わざるを得ない時代なのである。しかし、そういった状況であったとしても、九鬼自身の博物館に関する機能論等の考え自体は、結局日本の博物館界全体を意識したものではなく、あくまで帝国博物館の博物館学であったことが悔やまれるのである。

そして、自身の手で作り上げた三田博物館も、結局のところ九鬼の博物館論とはかけ離れた結果、即ち財政難に陥り、結果的に閉館に至るのも、皮肉としか言いようのない事実なのかもしれない。

しかし美術行政家の大御所として大胆不敵に活動してきた九鬼であり、その人物評価は決して一定しないものでもあるが、博物館人九鬼隆一は、その博物館経営法の先進性を見極めることで博物館学史上に間違いなく遺されるべき一人であると言えるのである。

九鬼と天心

敢えて触れなければならないのは、女性関係についてである。というのも、部下でもあった岡倉天心（以下、天心）と妻・波津子との不倫問題が発生して、それが九鬼・天心双方のその後の人生にも大きく関わるからである。いずれにしても、九鬼隆一の女性との縁は決して良好と言えるものではなかった。多くの女性との深い交友関係が露呈されており（漁色家という評もある）、例えばゴシップ雑誌のはしりとも言える『萬朝報』には相手の実名・住所入りで、その振る舞いが暴露されているほどである。後に再婚相手の波津子（または初子、明治十六年結婚）と天心との不倫問題が起こるが、その以前から、波津子には離婚を迫られ、また波津子自身、精神を病むに至っている。天心と波津子との縁は、実は明治二十年（一八八七）、アメリカからの帰国に当たって、九鬼が懐妊の身の波津子を天心の手に委ねて先に帰国させた時に始まっていたと言われる。その後十年ほどを経て明治三十一年にいわゆる美術学校騒動が起き、この不倫問題が公となり、それが引き金となって天心は東京美術学校長を辞職。帝国博物館美術部長の座も九鬼の手により追われることとなったのである。

波津子との協議離婚が成立したのは、明治三十三年、九鬼が帝国博物館を去ってから約五ヶ月後のことであった。しかし波津子とは離婚したものの、波津子自身は婚姻前に成立した九鬼の生家である星崎家の養女の立場を余儀なくされ、実家の杉山姓に返ることは叶わなかった。そして、星崎波津子として九鬼隆一没後の昭和六年（一九三一）十一月二十日まで生きながらえ、奇しくも九鬼の後を追うような形でこの世を去っている。

（山本哲也）

写真／髙田義久氏所蔵・北康利『久鬼と天心―明治のドン・ジュアンたち』二〇〇八　ＰＨＰ研究所より転載

箕作　佳吉

（みつくり・かきち）

安政四年（一八五八）～明治四十二年（一九〇九）

安政四年十二月一日（一八五八年一月十五日）、津山藩（岡山県）の藩医で後に明六社の主要メンバーとなる箕作秋坪の三男、著名な蘭学者の阮甫《げんぽ》の孫として生まれる。兄に物理学者の菊池大麓、弟に歴史学者の箕作元八、義弟に人類学者の坪井正五郎、甥に物理学者の長岡半太郎をもつ。佳吉は漢学を幕府の奥医師緒方洪庵に学び、洪庵没後はその子である緒方惟準の下で保田東偕に学んでいる。さらに明治初年には父秋坪の三叉学舎で洋学を修め、明治四年（一八七一）に慶應義塾で英学を学んだ後、明治五年には大学南校に入学した。そして、南校のアメリカ人教師ハウスの官舎に寄宿していたのであるが、このハウスの勧めでアメリカに渡ることとなる。留学中はコネチカット州ハートフォードの普通学校に学び、その後、一旦トロイのレンサラー工科大学に入るも、目が悪くなったため、土木工学から動物学に転じて、ニューヘブンのエール大学に入学し、明治十二年に卒業、さらにノースカロライナ州のチェサピーク海浜動物臨海研究所で約一ヶ月間の動物学実習を経験した後、ジョンズ・ホプキンス大学に入学して、動物学の研鑽を重ね、優秀な成績で卒業した。その後、明治十四年にアメリカを発ち、ヨーロッパ諸国を巡って、帰国する。帰国後は文部省御用掛を経て東京大学理学部講師になり、明治十五年にはモース（Edward Sylvester Morse,1838-1925）、ホイットマン（Charles Otis Whitman,1842-1910）といっ

た御雇い外国人の跡を継ぎ、弱冠二十五歳にして日本人で最初の東京大学理学部動物学担当教授に就任した。後に理科大学長も務めた。箕作佳吉は動物分類学、動物発生学を専攻し、「日本動物学の父」、「実験動物学の父」と尊称されている。

動物学の業績

前述の如く、東京大学において箕作が動物学担当の教授となる前は、御雇い外国人教師のモースが初めの二ヶ年、残りの二年間をホイットマンが受け持っていた。この二人の御雇い外国人教師が我が国に残した功績は計り知れないものがあるが、こと動物学に関しては「明治十四年以降我邦に於ける動物学の発達は、主として吾人日本人の手裏に在り。(註1)」と箕作佳吉が豪語しているように、教授就任以降、自身が牽引していったのであった。箕作の動物学の業績については玉木存『動物学者 箕作佳吉とその時代—明治人は何を考えたか』に詳しいので、これを要約し、紹介することとする。

箕作の動物学の研究は、大きく三つの時期に分けられる。

第一期　明治六年のアメリカ留学から十四年の帰国まで。

第二期　帰国翌年から明治二十年代の終わり頃まで。

第三期　明治三十年代から四十二年の死去まで。

第一期はアメリカ留学中の、ジョンズ・ホプキンス大学ブルックス教授のもとでの研究、イギリスのケンブリッジ大学バルフォア教授のもとでの研究である。当時、進化論が受容され、各方面でその応用研究が盛んな時期であり、箕作もまた軟体動物の斧足類の鰓の進化を証明し、ウサギの副腎の発生を証明した。これら研究は海外雑誌に発表され、箕作の名前は急速に広まり、動物学者の注目を集めることとなった。これら研究が、帰国後発生学にとりくむ契機となった。

続いて第二期は、カメの発生が主たる研究で、箕作のこの研究は、我が国では脊椎動物の発生についての最初のもので、「当時は外国でも低調な研究領域であったので、彼の論文は発表と同時に一大センセーションを起こした」(註2)ようである。

そして第三期は、ナマコの分類が中心で、箕作は動物学者たる者は、専門の何たるを問わず、一度は動物のある部類についての分類学的研究をなすべきだという主張を持っていた。この信念が後年、箕作のナマコ研究となって続いたのである。この間の、箕作の本格的な研究論文の発表はなかったものの、彼の死後に残された原稿をみたところ、ナマコ研究についてそのまま出版できるようになっていたものがあり、東大を卒業したばかりの大島廣（後の九州帝国大学教授）がその遺稿を纏め、『輻管足類ナマコの研究』（英文）を発表するに至った。この論文には、箕作が研究した六十九種の日本産のナマコについての記載があり、うち二十種は新種として彼が命名したものだったという。このように箕作は病に倒れるまで動物学の研究に情熱を燃やし、多大な成果を残したのであった。箕作はまた、日本での海洋実験所の建設においても大きな役割を担った。

また、海洋生物の研究を進める上で欠かせないのは、その拠点となる海浜の研究施設であり、箕作は、留学を終えて帰国する前に、大西洋の海産物を調査し、最後の訪問地イタリアでは、ナポリ臨海実験所を訪ねていた。そこで創立者のアントン・ドールン所長の知遇を得、以後実験所の建設に関して種々の助言を仰ぐことになった。箕作はナポリ臨海実験所を見学する以前にもアメリカ、チェサピーク湾の臨海実習会に参加した経験もあり、この時にはすでに我が国にも実験所を建設したいという思いが頭の中に去来していたことだろう。先に紹介した箕作の自負の言葉もあるように、我が国でスタートすることとなった動物学を欧米の亜流にしないことが肝要であると認識していたため、突破口を海洋生物の研究に求め、臨海実験所を設立したいと考えていた。その候補地として三崎、駿河湾の江ノ浦、瀬戸内海の鞆ノ津の三ヶ所を考えており、さらに臨海実験所の効用を、「第一　学術ノ進歩ヲ助クル事、第二　水産ノ事業ヲ助クル事、第三　学生及ビ地方学校教員ヲシテ実地ニ動物ノ研究ヲ為スヲ得ベカラシムル事、第四　博物館地方学校ノ為ニ水産動物ノ標本ヲ集ムルコトヲ得ベシ、第五　集ムル所ノ標本ハ外国ト交換シ」と、臨海実験所の必要性を力説していた。この活動が実り、日本最初の大学附属臨海実験所は、アメリカのウッズホール、イギリスのプリマスの両実験所に二年先がけて神奈川の三浦三崎にできた。箕作の目論見は当たり、実験所が開設されると周辺の豊かな動物相についての研究が次々と現われ，それを基礎に我が国の動物学は独り立ちしはじめた。新種や稀種もあいついで採集され、三崎は欧米の動物学者の注目するところとなった。これもまた、箕作の動物学における大きな業績の一つであった。

水族館における業績

明治二十年（一八八七）四月一日に「帝国大学臨海実験所」と正式に命名された三崎臨海実験所は、敷地わずか七十坪（二三〇平方メートル）、建坪五十三坪の木造二階建で、実験室一、採集品仕分室一、標本室一、図書室一、寝室二の小規模な施設として誕生した。箕作がナポリ臨海実験所で知遇を得た創立者のアントン・ドールン所長は、当時、水族館建設技術者としてすでに名をなしており、ナポリ臨海実験所も研究所というよりむしろ水族館として有名であった。ドールンから実験所の建設に関して種々の助言を仰ぐことになっていた箕作であったため、実験所に水族館を併設させることは自然と考えていたことだろう。事実、ドールン宛ての中で「先の案では、実験室にいくつかの小水槽を置くつもりですが……設計を変更して水族室を分離することもできます（註3）」と書き送っている。

明治二十四年九月発行の『動物学雑誌』第三十五号に、三崎臨海実験所水族館を紹介する記事があり、「実験所内ノ水族館　昨年夏季設置セラレタル水族館ハ長サ五尺（但シ台二尺）せめんと製ニシテ両面ニ玻璃ヲ用ヰ魚蝦ヲ側面ヲ観察シテ」という文もあり、明治二十三年には、一・五一×一・二×一（高さ）メートルのセメント製で、両側面にガラスを張り、高さ六十センチの台の置かれた一個の巨大な置水槽が存在していたようである。

三崎実験所も開設して十年もたった頃には、周辺の海の汚染と実験所の敷地の手狭なことから移転計画が進められ、三崎から北二キロメートルほど離れた油壺へ移転した。それまで実験所には所長も所員も置かれていなかったが、移転から一年後の明治三十一年十二月に制度が整えられ、箕作佳吉が初代所長（〜明治三十七年）に、土田兎四造が初代助手に任命された。先述した、水槽設備は引き続き備えられ、希望者がいれば観覧出来るようになっていた。その後、三代目所長となり箕作の後継となった谷津直秀により壮大な水族館計画が示され、関東大震災の影響を受け実現には至らなかったものの水族館論には大きな飛躍が見られることとなった。

博物館学の業績

箕作佳吉の父である箕作秋坪（文政九年（一八二六）〜明治十九年（一八八六））は、教育博物館において矢田部良吉が館長職を退いた後、明治十二年から明治十九年まで館長職にあり、館長補であった手島精一とともに博物館運営に携わっていた人物であった。箕作秋坪が館長職に就任してから「列品淘汰の訓令」が発せられるまでの七年余りの間は、教育博物館が発展の一途を辿っていた時期でもあった。

その一つの動きとして、明治十二年十二月になり博物標本の配列順序を変更した。これまで二階に展示されていた博物標本の配列は植物→動物→金石という順であったが、学術的に問題があるため自然分類の体系に変更したのであった。また、同じく明治十二年の『教育博物館年報』「排列品ノ位地順序変更ノ件」の中で、ただ動物の骨格標本を並べるのではなく、剥製標本と一緒に並べ、鳥類に至ってはそれらに加え卵巣を並列するなど、一目でその動物たちの生まれつきの性質や習慣等を理解させるような「陳列法ハ高尚ナル動物學者ニハ或イハ適セサルモノノ如シト雖トモ普通學科ヲ修ムル者ニ在テハ蓋シ適当ノ排列法ト謂フヘキナリ」とあるように専門家向きの展示から一般者向けへの展示に変わっていった。そして、明治十六年においては展示資料が多いことはかえって観覧者を混乱させるだけで、知的好奇心を促す展示とはならないという観点に立ち（明治十五年『東京教育博物館年報』）、一般者と専門家との展示を区別するという方針を打ち出した。この計画は一度に実施されなかったが、明治十九年五月制定の「東京教育博物館規則」の第二条で本館の展示を「動植物金石標品ハ之ヲ二ツニ区分シ一ハ参考室ニ陳列ス……」と規定し、「普通観覧室」と「参考室」に二大別した。とはいえ、結局のところ、この計画は本館だけでは設計上不備が生じ、新館を含めたものとなり、この規定は博物標本を普通展示と参考展示に分けて展示することを成文化するに留まったものとなった。

しかし、これら先進的な活動が、実質、博物館学者手島精一の指示によるところが大きいことは言うまでもないが、箕作秋坪が館長職に在った時に手島に呼応し、実施したものであったことは紛れもない事実である。

このような環境下にいた箕作佳吉であったため、博物館に対し関心を寄せたのは自然なことであったろう。

その箕作が博物館に関する考えを発表したのは明治三十二年、『東洋学芸雑誌』第二一五号に著された「博物館ニ就キテ」である。箕作は、明治二十年にワシントンで開かれた海獣保護会議に我が国の代表として派遣され、翌年のイギリスのケンブリッジにおいて開かれた万国動物会議にも引き続き参加するなど、社会的活動に追われるようになっていた。この長期の欧米滞在期に、諸所の大学や博物館等を観覧していた。この時の見聞を基礎として書いたのが、この論文であった。その中で箕作は次の三項が博物館の目的であると定義付けている。

第一　国家ノ宝物ヲ貯蔵保管スルコト
第二　普通教育上参考トナルベキ陳列品ヲ備ヘ且ツ一般公衆ノ為メニ実物ニ依リテ有益ナル智識ヲ得兼テ高尚ナル快楽ヲ感ズルノ途ヲ設クルコト
第三　高等学術ノ進歩ヲ計ルコト

第一項について、国家の宝物や得難き学術上貴重な標品は丁重に公立博物館に保存することを第一義とし、保存上差し支えなければ一般公衆に公開すべきとしている。また、その効果として美術の発達を促し、地理産業を広く知らしめ、国民の知識を深め、国民の愛国心を進めることが出来るものと考えている。当時、我が国でも「古社寺保存法」が成立し古器旧物に対する保存が叫ばれていたため、箕作自身も博物館をこれらの保存場所として捉えているものであった。

第二項に関しては、箕作はこの目的が「博物館設立ノ主眼ニシ世人ノ脳中ニ映ズル博物館トハ主トシテ此部分ノミヲ云フナリ」と述べているように、箕作は社会教育こそ博物館機能の中で最も重要であるものとしている。また先に紹介した、父である箕作秋坪や手島精一らの教育博物館での構想と同様に、展示する資料（標本）が多いことはかえって観覧者を混乱させるだけで、知的好奇心を促す展示とはならず、一般者の「高尚ナル快楽」にはならないと考えている。そして「専門家ト公衆ト観ル可キ物品ヲ同一ニスルハ有害無益ナリ」と強調し、「公衆ノ教育娯楽」に供する展示品は一品一品精選して展示するべきであるとしている。その具体的な方法として以下のような方法を示している。

例ヘバ鳥ノ如キ剥製ノモノヲ棚上ニ置クヲ以ツテ足レリトセズ其自然ニ生活スルノ状態ヲ示シ海外ニ住ム者ハ海岸ノ景色ヲ造リ出シテ（シカモ美術的ニ）鳥ノ標品ヲ或ハ岩上ニ止マラシメ或ハ巣ヲ営ムノ模様ヲ示シ而ノ雛鳥ノ標品ヲ活キタル如クニ造リテ其内ニ納メ又鴨ノ如キモノナレバ水邊ノ景色ヲ造リテ遊泳ノ状ヲ示シきつゝきノ如キモノナレバ樹木ノ幹共ニ之ヲ陳列シテ其樹皮ノ下ニ虫ヲ求ムルノ様ヲ現ハシ燕ノ煙突中ニ巣ヲ営ム如キ屋根及煙突ノ一部分ヲモ出シテ人ノ注意ヲ惹ク様ニセザル可ラズ此等ノ如キハ唯僅々ニ三例ニシテ学科ノ標品ノ教ユ可キ普通ノ人ノ見テ以ツテ快楽ヲ感ジ知ラズ識ラズノ間ニ其標品ノ教ユ可キ知識ヲ吸収スル様ニ意匠ヲ凝シテ造リ出サヾル可ラズ英国博物館ノ中央堂ニ備ヘタル標品（進化論ヲ説明スルモノ）及鳥類ノ美術的標品ノ如キ或ハニューヨルク博物館ノバイソン牛ノ一家族カ平原ニ遊ブノ状ヲ造リ出シタル標品ノ如キ如何ニ冷淡ナル人モ愉快ヲ感ズルナラン之ヲ旧式ノ博物館ノ陳列品ニ比スレバ活キタルト死シタルトノ差アリト言ハザル可ラズ

つまるところ、これは今日で言うところの「生態展示」を指し示している。そして、我が国で発表された生態展示についての最初の論及となったものである。

最後の第三項については、「其國其地方ノ動物界ヲ網羅シテ成ル可ク其蒐集ヲ完全ニシ之ニ就キ知識ヲ求ムル者ノ参考ニ供セザル可ラズ」と述べているように、資料を網羅的に収集する機能、そして専門教育機関としての学術研究機能も博物館の重要な目的の一つに位置付けている。箕作佳吉のこれらの考え方は現在の博物館の四大機能の考え方と大差なく、当時としては実に斬新な博物館意識を持っていたことが窺えるものである。

椎名仙卓は、この箕作の博物館学意識について早くから気付き、昭和五十三年（一九七八）の『博物館研究』

に「明治後半期に於ける博物館設置・運営論―田中芳男・箕作佳吉・棚橋源太郎―」と題した論文を載せ、田中芳男や棚橋と同列に箕作佳吉の博物館思想を評価している。

また箕作は、右記のような論文による博物館思想の普及活動もさることながら、大学内でもしきりに博物館の意義を説いていたようで、東大で同僚であった白井光太郎も明治三十六年（一九〇三）、『植物博物館及植物園の話』の中で「動物学科にては近頃箕作先生が博物館の必要に就き時々論ぜらる〻ことがある」と語っている。この箕作の専門研究に留まらない広い視野での教育活動は、同じく専門研究に留まらない優秀な博物館学者を育てた。箕作の死後、川村多実二、谷津直秀などが箕作の意志を受け継ぐように数々の博物館学的な論文を発表することとなった。

終焉

箕作の生涯を通した活動は非常に多岐に亘り、文中では全て取り上げられなかった。最後にいくつか紹介するならば日本動物学会の創設に、「真珠王」こと御木本幸吉に対して真珠の養殖が学理的に可能であると助言し、世界に先がけて真珠の養殖を成功させたことなどが挙げられる。また、明治三十七年（一九〇四）九月、アメリカのセントルイスで開かれた万国学術会議に出席したのを契機に、日露戦争に対するアメリカ世論を我が国に有利にするため、政府に要請によって、この年の十二月まで各地を遊説して回った。この功績により国から叙勲二等授旭日重光章を受けた。

しかし、これまでの過労がたたって、この旅行後、病気がちとなり、その後も精力的に国内を出掛け、動物学研究に当たっていたものの、明治四十年四月ついに脳溢血で倒れた。その後一時小康を保ったものの明治四十二年四月に病気が再発し、同年九月十六日に死去した。享年五十一であった。その死去の報が海外に伝わると、アメリカの学会は等しく「日本は一偉人を失えり」と嘆いたという。

主要著書

『通俗動物新論』一八九五

『普通教育動物学教科書』一九〇〇

註

1 箕作佳吉「博物学」大隈重信編『開国五十年史』上巻 一九〇七 九九一頁

2 上野益三『近代日本生物学者小伝』一九八八 平河出版社

3 磯野直秀『三崎臨海実験所を去来した人たち』この英文の和訳者である磯野によれば当時、水槽の並ぶ部屋をアクアリウムと呼び慣わしていたが、洋行帰りの箕作は水槽を aquaria（aquarium の複数）、水族室を special aquaric room としているように個々の水槽自体を「アクアリウム」として捉え、水槽の並んだ部屋を「アクアリック・ルーム」と呼んでいたようである。

（下湯直樹）

三好　学

（みよし・まなぶ）

文久元年（一八六一）～昭和十四年（一九三九）

松平能登守（岩村藩）の江戸藩邸で生まれた。父は三好友衛であり、その次男にあたる。ちょうど七歳の時に明治維新が始まり、三好一家は江戸を逃れ、能登守の藩領の地、美濃国岩村へ移り住んだ。その後、石川県第三師範学校に進学、東京大学理学部生物学科を経て、大学院へと進んだ。その在学中（明治二十四年（一八九一））にドイツ留学を命ぜられ、翌年、帰国しプフェッファー（Wilhelm Pfefeer,1845-1920）について植物生理学を修め、三十五歳の若さで東大教授に就任、理学博士の学位を受けた。東大教授在学中に発表した研究論文は、百編におよび、その著書も百冊といわれる。我が国植物学の基礎を築き、桜と菖蒲研究における、世界的な第一人者である。

三好は、官費でドイツに留学し、植物生理学を修め、三十五歳という異例の若さで東大教授に就任した如く、はたから見れば羨ましいほど順風満帆な人生を歩んでいるように思われる。しかし、優秀であるがゆえに巻き込まれ、悩み苦しんだエピソードがある。『評伝　三好学』に詳しいが、要約して紹介することとする。

三好は第三学年生時、東京大学で明治期を代表する植物分類学者の矢田部良吉のもと、分類学的研究に勤しんでいた。また三好は当時、助教授であった松村任三から植物解剖学を学び、卒業論文は「邦産地衣類の解剖」に定めた。矢田部は三好のこの解剖学を採り入れた画期的な分類学的研究の成果に期待し、三好もまたこの期待に応え見事卒業論文を仕上げたのであった。大学院に進んだ三好に力を得た矢田部は、将来自分の後継者（植物分類学）とするべく考え、大学院給費生とした。しかし、箕作佳吉を始め、学長であった菊池大麓などほかの上層部は三好の学力からすれば、研究者の不足している新しい分野の植物生理学に進めさせるべきだと主張した。矢田部は頑として譲らず、三好が原因で両者に軋轢を生んだ。一端は落ち着きを取り戻したこの問題であったが、三好が大学院生となり、明治二十三年四月に「サギゴケの柱頭における花粉管の刺激感応現象」を発見したことにより、再燃することとなった。この発見は我が国における植物生理学の嚆矢とされるもので、ますます三好の評価は高まる結果となった。

その後、幾度となく「三好を植物生理学者にすべし」と討議されたが、矢田部の態度はますます硬化していった。さらに三好同様、矢田部の庇護のもと出世していた松村を、上層部が矢田部の同意なしに教授に昇格させたことにより、矢田部は学長の菊池や当人の松村はもちろんのこと、動物学教授の箕作らとも一切交流を断ってしまった。そして、孤立化した矢田部は遂に、明治二十四年に非職を命ぜられるに至った。三好はこの件に関し、何も知らされぬまま、突如恩師である矢田部が非職したため、愕然としたのは言うまでもない。それは自分の学者としての将来が烏有に帰すことをも意味していた。そんな三好に人一倍気を使っていたのが、松村である。彼自身も念願の教授職とはいえ、恩師の矢田部を追い出してまで手に入れたものであり、素直に喜べない実情があった。松村は事の経緯を三好に打ち明け、三好も全てを知り、ようやく悟った。そして、三好はあれほど熱心に研究していた植物分類学と訣別し、将来の植物生理学の教授候補としてドイツへ留学したのであった。

博物学の業績

今日、我が国で広く知られている生態学(註1)という言葉だが、これを創製したのが三好学だったというのは意外に知られていない。三好は先に紹介した明治二十四年（一八九一）のドイツ留学後に『欧州植物學輓近之進歩』（一八九五）を著し、植物学を植物生理学（Pflanzenphysiologie）、植物形態学（Pflanzen-morphologie）、植物分類学（Pflanzensystematik）、植物生態学（Pflanzenbiologie）に区分した。この分類の意義もさることながら、三好はヘッケルの造語であるoekologie（英語Ecology）ではなく、当時のドイツ学界で用いられていた「Pflanzenbiologie ハ通常一般ニ動植物学ノ総称スル所ノBiologie（生物学）トハ其意味ヲ異ニセルヲ以テ、予ハ新ニ植物生態学ノ訳語ヲ作リ、」という自身の注釈の如く、生物学の意（広義）のBiologieとは別に、生態学の意（狭義）として使われていたPflanzenbiologieに対し、内容表現の妙を得た名訳語「植物生態学」を当て嵌めたことに意義がある。

天然紀念物の保存

明治維新後に成立した新政府は、慶応四年三月十三日（一八六八年四月五日）に発した太政官布告「神仏分離令」、明治三年一月三日（一八七〇年二月三日）の「大教宣布」などにより神道国教・祭政一致の政策をとった。これにより、廃仏毀釈が引き起こされ、仏教施設の破壊や仏像や寺宝などの海外流出などが起き、大きな傷跡を残した。しかし、明治十年前後を境として猛烈な破壊思想の一方で、反作用となる保存思想の再認識がはじまり、後の明治三十年には「古社寺保存法」、明治三十三年には帝国古蹟取調会が発足した。

日露戦争後、これまで史蹟や名勝であった保存運動の対象に、後に「天然紀念物」と呼ばれる分野が登場することとなる。三好は明治三十九年に初めて専門外の論文となる「名木ノ伐滅并ニ其保存ノ必要」を『東洋学芸雑誌』（第三〇一号）に投稿し、天然紀念物保存の先鞭を付けた。三好は、名木は「歴史的意味」を有し、「自然ノ記念碑」であり、「郷土ノ歴史」を連想させるものとし、名木の保存は「学術上ヨリスルモ、歴史上ヨリスルモ、亦風致上ヨリスルモ、一トシテ必要ナラザル」ものは無いと位置づけている。また当時、三好は東京植物学会会長という社会的立場にあり、その著作や講演活動は天然紀念物保存運動に多大な影響を及ぼした。

明治四十四年には史蹟及天然紀念物保存研究茶話会（前身、史蹟紫史樹保存茶話会）が開催され、後に名勝が加えられ「史蹟名勝天然紀念物保存協会」が設立されるに至った。その中で三好は植物学者の白井光太郎や地質学者の神保小虎らとともに常務委員となった。また、機関紙となる『史蹟名勝天然紀念物』を発行し、専門研究と見紛うばかりに史蹟名勝天然紀念物に関する数多くの著作を投稿した。その後、三好は再渡欧し、欧米の天然紀念物保存の現状を知り、その様子を『欧米植物観察』や「欧米各国に於ける天然紀念物の保存」などの論考でつぶさに報告し、「史蹟名勝天然紀念物の保存の目的は、前にも述べた通り、我邦の国宝として見る程の価値あるものを、出来るだけ完全に遺すのであって、固より学術の研究上其他の為めに必要であることは言ふまでもないが、其根本的観念としては更に大なるものがある。即ち以上の保存を行ふことは我国体上最も必要であつて、風教を維持し国民性を陶治して行く上に欠くべからざることである。」との考えを示した。三好のこのような論説に賛同する者も出始め、徳川頼倫、徳川達孝、田中芳男、三宅秀の四氏によって明治四十四年三月一日、貴族院へ「史跡名勝天然紀念物ニ関スル建議案」が提出された。そして、大正八年（一九一九）四月に「史跡名勝天然紀念物保存法」が発布され、三好が明治三十九年以来、唱え続けた国家事業としての法による天然紀念物保存がようやく確立されたのであった。

三好学の博物館学意識

三好の博物館に関する論考は後にも先にも大正三年（一九一四）に出された『欧米植物観察』のみである。しかし、第七章の「博物館の目的及び其種類」は二十四頁にも及ぶものであり、その内容はかなり充実したものとなっている。

三好は博物館に対して「其目的は博物館の種類に依つて異なるが、何れも公衆の智識を開く為めで、一般観覧者は自ら種々の事物を識り、学問することになる、殊に専門的研究者に取つては少からざる便宜と利益があつて、自己の調べて居る参考材料に対して比較攻究することが出来る」施設であると認識し、我が国の参考となる数多くの欧米各国の先進的な博物館の事例を紹介した。

ライプチヒ獨逸書籍組合博物館

ニューヨークブロンクスパークの植物博物館

　また、三好は博物館の種類にも触れ、博物館を「一般博物館と特殊博物館或は専門博物館」とに区別した。この分類は陳列品の種類や内容の違いによるもので、この一般博物館は棚橋源太郎の博物館学でいうところの総合博物館（General Museum）を指し、戦後の博物館学での分類と大差ないものである。三好の「一般博物館」の定義は展示物の内容によってなされ「第一人類に関係のない天然物即ち動物、植物、鉱物、地質、化石等で所謂博物學に属するもの、第二人類に関係ある歴史、美術工芸品、考古学、人種学等に属するものが多い、従来の博物館は大抵是等の全部を網羅して居る、我が東京上野の帝室博物館の如きも其の一例である」と述べている。それに対し、三好はあくまでも自身が目で見てきた博物館を対象に、専門博物館に類するものを欧米の博物館の事例を挙げ、九頁にもわたり詳述している。その種類だけここに列挙すると、絵画博物館、彫刻博物館、美術工芸博物館、人種学博物館、殖民博物館、商業博物館、郵便博物館、科学博物館、農業博物館、山林博物館、地質学博物館、動物学博物館、植物学博物館、高山博物館、海洋博物館、郷土博物館、以上十六種である。これまで明治二十一年（一八八八）岡倉天心の「博物館に就て」や、明治三十二年高山林次郎の「博物館論」、大正元年黒板勝美の「博物館に就て」の中で分類がなされてきたが、いずれも美術や歴史を専門とする人文系からなされた分類であり、自然系からとしては初の試みである。また、事例を踏まえ一つ一つ丁寧に説明を加えている論考は当時類を見ないものである。

さらに、同論考の中で、当時の先進的な展示の代名詞ともいえる「生態陳列法」を紹介している。その一文を紹介すると「標本の作り方に就いても一層の改良を加へて、専ら動植物の生活の有様を実地に示すやうに出来て居る、彼の動物や植物の標本を器械的に並べたのでなく、其動植物が天然に生活して居る状態を見せるのであるから、鳥類なれば其常に止まる樹木や草叢の有様を現はし、獣類にても其棲んで居る場所を模擬してある、之が為め、実物の周囲は巧に細工を施し、模型や画を加へて全体の景色を出すことを努めて居る、此陳列法は所謂「生態陳列法」で、観覧者に深い趣味を惹起させる利益がある。」と述べ、その展示法の特徴を見事に捉えている。

三好以前に箕作佳吉や谷津直秀、黒板勝美などがアメリカでこの種の展示を見学し、我が国に紹介しているものの、いずれも「生態を示す標本」「ジヨラマ的」(註2)などと言い表し、明確な言葉で示していなかった。つまり、名文章家でも知られる三好であるから自ら「生態学」を創製したように、こうした展示についても「生態陳列法」と、今日まで残る展示名称を創製したのであった。また、同論考の最後を「博物館が社会に努める効果は頗る多く、学校教育などで出来ない仕事を博物館では行つて居る、斯かる公益の教育参考機関は都市の設備として必須のものと思ふ。」と締めくくっている通り、その思考は博物館学者そのものであった。

また、三好の博物館に関する実際は、昭和三年（一九二八）の博物館事業促進会の立ち上げ当初から評議員として名を連ね、昭和五年四月の東京博物館（後の国立科学博物館）の上野移転に伴う移転準備委員会委員、新館の展示についての特別委員会委員となった。三好は、前館長の棚橋源太郎や東京帝国大学名誉教授の石川千代松らとともに数回にわたって開かれた委員会の中で陳列配置計画を決定した。その計画のなかには先に紹介した「生態陳列」の実施を盛り込み、昭和六年七月には我が国初の大型の生態陳列が展示されることとなった。まさにこれは三好の博物館活動が実を結んだ瞬間であった。

終　焉

三好は明治二十八年（一八九五）から大正十三年（一九二四）まで教授職を務め（その後、名誉教授）、大正九年には帝国学士院会員、同十一年には小石川植物園長を兼ねた。三好は大正八年の史跡名勝天然紀念物保存法発布以後も、精力的に天然紀念物調査を続け、植物で指定したものは二百九十七以上にも達し、晩年は天然紀念物漬けの毎日を送っていた。しかし、昭和十二年（一九三七）五月五日、群馬県館林でのつつじ調査から帰宅した後、気分が優れず慶應病院に入院した。その後、急性肺炎を併発し、十一日に死去した。享年七十九であった。

主要著書

『欧州植物学輓近之進歩』一八九五
「名木ノ伐採并保存ノ必要」『東洋学芸雑誌』第二十三巻第三〇一号　一九〇七
『欧米植物観察』一九一四
「史蹟名勝天然記念物保存の由来」『史蹟名勝天然紀念物』第十一巻第十二号　一九三六

（下湯直樹）

註

1　他方で南方熊楠がEcoがギリシア語oikos「家、棲みか」から来ていることからEcologyの対訳として「棲態学」を当てたが、この語は今日まで残らなかった。

2　明治期において見世物としてジオラマが浸透しており、先進的な博物館ではその手法を応用していた。再現展示の総称としてのジオラマ展示という名称が浸透するのは、昭和以降のことであり、黒板は「生態陳列法」と見世物のジオラマの形態が類似していたことにより、あくまでも「ジヨラマ的」と言い表した。

坪井　正五郎（つぼい・しょうごろう）

文久二年（一八六二）〜大正二年（一九一三）

理学博士坪井正五郎の専攻は人類学であったが、当時考古学は一般に人類学の中の考古学と位置づけられており、その中から日本考古学の確立に努めたことは坪井の最大の業績であるところから、明治期を代表する考古学者であったと評価されている。

人類学者・考古学者としての坪井の学統は、同じく明治期を代表する考古学者三宅米吉（一八六〇〜一九二九）とは大きく異なるものと看取される。三宅の意図する考古学とは、『考古学会雑誌』創刊号に三宅自身が著した「考古学会趣意書」には、「各自代のあらゆる事物を総合して時代時代の社会の有様を故の如く構成し、以って後人をして一目瞭然前代の世代を知らしむべきもの」、「歴世社会の有様を漸次総合構成すること」と考古学の趣旨と目的を記している。即ち、考古学を歴史学に位置づけたのに対し、一方坪井の考古学はあくまで人類学の中の考古学であり、その人類学は学際的であったことを最大の特徴とする。それ故に坪井自身は明記こそしていないが博物館学的思想をも確立した人物であったことは邊見端[註1]が指摘した通りであり、明治期に於ける博物館学確立者として評価せねばならない学者であると考えられるのである。

坪井正五郎の出自

出自については、彼自身の著である「坪井正五郎小伝」(註2)に詳しいので、該書を要約する。

江戸両国浜町矢ノ倉（現東京都墨田区）に、文久三年（一八六二）正月五日に生まれる。拠って、誕生の月日に因んで正五郎と命名したと伝えている。父は信良、母は坪井信道の女で、父信良は幕府の奥医師であった。二歳の時母を亡くし、以降義母に育てられる。兄弟は無く、明治維新により徳川家に従い明治元年（一八六八）、五歳の時に静岡へ一家で転住したが、明治六年に再び東京に戻り、以降東京で過ごした。五歳から十歳までの幼少期の静岡での生活について、「坪井正五郎小伝」は次の如く著す。

静岡に御薬園とて小なる植物園有りて鶴岡某氏管理し居れり。余屡ば此所に至り植物培養の状を見、面白き事に思ひ、家に在りても小草を植え、種子を播き、花実を画き、名の知れぬ草には何々草と勝手なる名を命じ楽みとせり。又色の異なりたる石、形の奇なる石等を拾い集めて小箱に貯へ置けり。其頃惑る寺に珍物展覧会の催し有りしが余之を見て早速真似を試み父母に乞ふて二三の小道具を取り出し貰ひ、自ら採集せり草花、小石等と共に陳列し家人朋友に向ひ、好い加減の説明をして遊び興じたる事有り。

明確な年令は不明であるが、十歳までの幼年者が、言うなれば博物館展示を行っているのである。この点が、後にパリ万国博覧会の人類学部の、今日で言う展示評価や我が国で最初の学術の展覧会である人類学教室標本展覧会等を実施する、正しく前兆であったとは十分納得させられる。

また、画をよくする同家の書生に感化され画を描き、八歳の時に本格的に画を学び雅号を小梧と称した。小梧とは、正五の音を取ったもので父信良の命名であると言う。九歳の折には上中下三冊からなる総紙数二十葉の

「草花画譜」を編み、それは着色写生図であり、さらに果実解剖図、根の形状図等も描き、培養上の注意をも集録し、寄生虫さえも描いたもので、我が国の本草学に於ける植物図をはるかに凌駕したものであったようで、西洋植物書等の影響を受けたものであると自身は記している。

つまり、坪井は博物画的図化の技量の面でも天才であったと推定せられる。ここで彷彿することは、坪井は考古学に於いてエドワード・S・モースの影響を少なからずも受けたことは自身も回顧している通りであるが、何故かモースの研究方法であった製図による土器の実測方法を継承しなかったことは不可解な事実とされている。その理由は自らも自負する天才的な博物画を描く技量を有していた故に、モースの実測図は相容れなかったのではなかろうかと推察される。

明治六年二月、十歳の時に両親と東京に戻り、翌明治七年三月に湯島麟祥院内、湯島小学校に入学する。明治八年三月には神田淡路町共立学校入学。明治九年九月、十三歳の時東京英和学校に入学し、翌明治十年に東京大学予備門に入学する。明治十四年、十八歳で動物学専修の東京大学理学部に入学する。

動物学専攻の理由は、坪井本人が生まれながらにして持ち合わせた博物学的素養と、動物学者で大森貝塚を考古学的に発掘調査したエドワード・S・モースの影響があったことが窺い知れるのである。

明治十五年四月に、『東洋学芸雑誌』に「目黒土器塚考」を、福家梅太郎（駒場農学校在学）と共著で投稿し、当該論文が坪井の公刊論著の嚆矢となったものである。明治十七年に、同窓生であり後に植物学に転じた白井光太郎らと人類学会を設立し、『人類学会報告』を明治十九年二月に初刊している。

明治十九年七月同大を卒業し、今度は動物学ではなく人類学を専攻すべく大学院に進学し、二十三歳で少年期より前途の目的であった官費生と成り、その夢を果たしたのであった。同年夏季休暇中に栃木県足利古墳の調査を実施している。本調査は、我が国に於ける古墳の学術調査の濫觴となるものであった。

明治二十二年五月から明治二十五年十月までの三年余り、人類学研究のため英仏両国に官費留学し、これが坪井にとって博覧会・博物館との遭遇であった。帰朝後直ちに東京大学理学部教授に任じられ、翌明治二十六年九月人類学講座担任を拝命している。

坪井正五郎の学際的な人類学研究

坪井の人類学、あるいは人類学の中の考古学を見る時、それは非常に広範な視座に立脚した学域であったことが窺い知れるのである。例をあげれば切が無い程であるが、例えば明治十八年（一八八三）に設立した人類学会の会誌である『人類学会報告』第二号（一八八六）に、広報と原稿応募者に対する学術範囲を明確にする為に、「研究項目」と称し詳細に記している。これによると坪井の人類学の概念は極めて広く、所謂人類学を基本に大学での専攻であった動物学、それに考古学は基より、歴史学・民俗学、言語学、美学等々の自然系・人文系の諸学を取り入れた学際的学統で、それは正に博物館学と言えるものであったと考えられるのである。この件に関し坂野徹(註3)は、坪井の人類学は博物学であったとの指摘もなされているが、坪井の人類学は江戸時代よりの博物学を学際的にもはるかに凌駕したものであり、さらに展示論・資料論（模型論）を基軸とし、最終的に博物館学を構築している点が最大の特徴である。

さらに、坪井は啓蒙意識を持った研究者であったことも大きな特質であり、出版や講演は元より学術の展示を行うことにより、さらなる啓蒙を企てたのであった。当該期、あるいは前後に於いても資料の収集に軸足を置く博物館学の片鱗となる先駆者は多数存在したが、好古家ではなく学術の展示を具体化したことは坪井の最大の特徴と言っても過言ではない。

坪井正五郎の博物館学思想

坪井正五郎二十六歳、明治二十二年（一八八九）五月から明治二十五年十月までの三年余り、人類学研究の目的で官費留学したことは、すでに述べた通りである。学際的で広範な視座に立つ坪井にとっての仏英の人類学は、余りに未熟なものに思えたのであろう。大学にも属さず、博物館を唯一の研究の場として自学自習を行うなかで、その内容は博物館学展示論、資料論にも及んでゆくのである。

仏英留学地での博物館学思想の発露

坪井の博物館学思想、中でも博物館展示論を代表する論著として「パリー通信」(註4)があり、これは展示論の中でも博物館展示の配列に関する必要性と考え方を明示した論文で、我が国での博物館展示論の濫觴となる理論展開であった。つまり、博物館展示の命題は、資料をただ見せるといった直截なものではなく、資料が内蔵する資料の背後に潜む情報を研究という形で抽出し、資料を通して紡ぎ出した研究の成果、即ち情報を見学者に伝達することである。

したがって、提示型展示であるところの羅列は学術情報伝達を目的とする展示ではないのである。当該情報を具体的に展示という形で表現するにあたっては、当然ながら見せる順序、即ちある一定の意図に基づく配列が自ずと発生するであろうし、またそれは展示の基本として不可避な要件なのである。換言すれば展示の配列こそが、博物館展示に於ける具体的展示の意図の表現の第一歩であり、配列により展示意図が生ずるのではなく、展示の意図により展示資料の配列は、自ずと浮上してこなければならないのである。

当時文化の先進地であったパリにあっても誰もが理解し得なかったのであろうこの展示の基本理論点を坪井は、簡単明瞭に指摘したのであった。明治二十二年（一八八九）開催のパリ万国博覧会でのフランスの人類学展示を「パリー通信」の全文を通して正鵠を射た批評を加えたものであるが、要点のみを記すと次の如くである。

萬國博覽會人類學部物品陳列の評、棚の片隅に鉢植えの五葉松有り次に藁にて根を包みたる萬年青あり次に鉢植えのサボテン有り次にまた鉢植えの五葉松有り其隣に石菖の水盤有り其下に石臺に植えた柘榴有り其隣にヘゴに着けたる忍草有り其隣に根こぎにしたる夏菊有り、一千八百八十九年パリー府開設萬國博覽會人類學部物品陳列の模様は之に似たる所無しと云う可からず、縁日商人の植木棚に似たる所無しと云ふ可からず嗚呼、パリーは人類學の中心とも言はる、地に非ずや、（中略）専門家の為に作ったのなら取調べ上の不便言ふべからず専門家外の人の為に作ったのなら斯学の主意を解する事難し何れにしても陳列法宣きを得たりとは決して言ふ能はず骨董會とか好事會とか言ふものなら深く咎めるにも及ばず一千八百八十九年パリー開設萬國博覽會人類學部としては實に不出来と言はざるを得ず（中略）

三月の雛にも飾り方有り、五月の幟にも建て方有り繪の順が好ければ讀まなくとも草双紙の作意は大概推量出来るものなり千字文を截り離れて投げ出しては讀み得る者幾人かある、当局者は斯道の学者なり必此陳列法を以って十分なものとは信じて居られぬならん、信じて居られる筈が無し、熟ら不都合なる陳列の現はれた原因を考ふるに全く室の都合、棚の都合、箱の都合右左前後照応杯と云ふ所に在る様なり、物品は本なり、入れ物は末なり、入れ物の形状大小の為めに物品陳列の法を曲げたるとは呉々も、残念なる次第ならずや私は物品の好く集まったのには感服します、列べ方の好く無いのは遺憾に思ひます、縁日商人の植木棚の草木の様で無く理学的の植物園の草木の様に是等の物品が順序好く列べて有ったならば人類学部設置の功はさらに大でござりましたように遺憾なる哉、遺憾なる哉。

日本文化の中の展示意識の強さの発露を見い出すと同時に、明治人の面目躍如に溜飲が下がる思いすら感ずる。坪井は、確固たる展示命題を保有する中で、命題より発生する展示の配列、即ち展示の意図と目的に基づく配列の必要性について言及しているのである。パリ万国博覧會人類学部物品陳列の展示が、人類学の研究成果による何らの意図的分類と配列がなされず、その展示状況はまさに「縁日商人の植木棚の草木」の如くとし、さらに展示上の配列の必要性については「三月の雛にも飾り方有り、五月の幟にも建て方有り繪の順が好ければ讀まなくとも草双紙の作意は大概推量出来るものなり」と的確なまでの例を取り、展示の基本論を展開したのであった。明治二十二年のことである。

さらに坪井は、大英博物館の展示と分類に至っても厳しい批判を「ロンドン通信」[註5]で行っているのである。

私は世界に名を轟したるブルチッシーミュージアムにして斯く不道理な分類を用ゐるは何の故たるを解す事が出来ません、（中略）エドワード・エ・ボンド氏（プリンシバル、ライブラリヤン）は案内書諸室の末において「……蒐集品は物好きや一時の慰みの為に示して有るのではなく工芸と考古学とに益の有る様にとて示し有るので有る……」と書かれましたが之また疑ふ所でございます。

美術工芸資料に於いては有る程度は許容されるであろうが、資料の分類なき研究は有り得ず、その結果である展示に於いても分類なき展示は有り得ないのである。何故なら展示とはある一定意図、考え方に基づく情報伝達行為であるからであり、分類が不具合であること自体が、情報伝達を目的とする展示が不充分であり、抜本的な研究に於いても不具合である点を坪井は指摘したのであった。諄いようであるが、明治二十三年のことである。

坪井正五郎の展示技術論

坪井は、明治三十二年（一八九九）に「土俗的標本の蒐集と陳列とに関する意見」（註6）と題する論文で、博物館展示技術論を展開したのであった。展示技術論、即ち展示工学に関する論文は、勿論のことながら我が国初の快挙であったことはいうまでもない。当該論文で著されている技術論は、前述の如く確かな展示理論に基づく技法であったことは確認するまでもなく、理論・技術学ともに我が国の博物館展示に於ける先駆けであるところから、我が国の「博物館展示学の父」と尊称するに価する人物であると言っても過言ではなかろう。以下当該論文の要所のみを記すと下記の通りである。

事の順序としては標本蒐集が標本陳列に先だつ事勿論でござりますが、物の集めるに當っては何とか主義を立てて置くのが必要で、此主義と云ふものは其物を何にするかと云ふ目的に由って定まるものでございます。今述べやうと云ふのは、土俗的標本を人類学上の役に立てる様に陳列するには、如何にしたら宜からうか、随って此目的に適ふ様に標本を集めるには如何に心掛けたら宜からうかと云ふ事でござります。

（中略）

假りに衣服の原料が木の皮を裂いて織り上げた物で有るとすれば、先ず其木の皮の小片を板の一部に括り付け何樹の皮と云ふ事を明記し、其一端裂き掛けて置き、其脇に此皮から製した糸を添へ、裂き掛けの部と此糸とを色糸で連続させ、さらに色糸を機織りの写真か図画かへ引き付け、若し機織り道具が有るならば、夫れ等をも適宜に板へ括り付けて、各器具と写真或は図画中の其物とを例の色糸で繋ぎ合わせて置く。機織り道具の大に過ぎた場合には縮小模造を以て之に代へるが宜し。写真或は図画中織り上げに成った所の示して有る部からは又色糸を引き出して実際に織り上げた布の小片に結び付けて置く。彼様に述べ末ったら他は一々申さずとも類推出来ませう。有る可く文字を書かず、出来る丈解説を省いて、しかも多くの文字を列ね長い説明を添へたよりも理解し易く仕やうと云ふのが、此陳列法の竟でございます。

（中略）

衣服器具は必しも完全な物を持って来るには及ばない。写真か図画が有れば実物は其質を示す丈の小片でも沢山である。住居構造の諸部分は小片でも好いから成る可く取って来るが宜しい。固より完全な物が十分に揃へば夫れに越した事はございませんが、或る一つの完全な物を得んが為に他の物が整はないと云ふ様な事が有っては誠に遺憾でございます。土俗的標本蒐集に際しては常に摘要の二字を忘れない様に致度いのでございます。

坪井はまず基本機能であるところの資料の収集は、確固たる目的がなければならないとし、中でも抜本的目的は展示であることを断じたのであった。これは、人類学の情報伝達に於ける補助資料としての土俗資料について述べたものであるが、その展示を意図した学際的思考には驚くべきものがあると言えよう。

現在でも、まだまだ資料を見せるのみの提示型展示が一般的であるのに対し、明治三十二年にここで坪井の意図する展示は、あくまでも資料を見せるのではなく、二次資料を活用し資料で情報を伝える説示型展示を意図している点に驚愕すら覚えるのである。

坪井正五郎が実施した展示

坪井は、明治十九年（一八八六）九月に人類学研究の目的で大学院に入学した。このことを機に、かつてエドワード・S・モースが発掘した大森貝塚出土資料等々を展示していた標本室を担当することとなり、この折に坪井自身が今まで収集して来た資料等々をも含め、新たに陳列場を設置したと記す。最初は一ッ橋外の倉庫を利用したものであり、次いで本郷の大学構内の一室に転じ、ここで人類学標本を天覧に供し、「無位無官の一書生たる身を以て咫尺に奉るの栄を得たり。」と『坪井正五郎小伝』に明記している。坪井二十三歳のことである。幼少期からの展示は、ここで学術の展示になったのであった。

以上のような経験を踏まえてであろうが、坪井は帰朝後の明治三十七年に、東京帝國大學人類學標本展覧會を企画、実施するのであって、それは坪井の人類学とその啓蒙を目的とする展示理論の実践であり、また集大成であったと見做されるのである。

この展示の構想と実施結果は、「人類學標本展覧會開催趣旨設計及び効果」(註7)と題する論文に詳しい。論題からも明確であるように、展示について具体的に著した論文としては、我が国の嚆矢を成すものであった点でも評価しなければならない。構成は、端緒・方針・配置・分擔・準備・開場・説明・結果・希望の節からなり、細かく本展示について記されている。内容的には、充分なる構想に基づく資料の配列、展示室の構成が実施されているのである。配列により生ずる動線計画も充分に考慮されたものであることは挿図からも看取される。展示動線は左回りに展開されていることにも驚くばかりであるし、掛図等々の二次資料の活用も驚くばかりである。

さらには、休憩コーナーを設けると同時に、当該展示の延長上の人類学関係の絵はがき等々を設置するなど、今日の博物館展示と何らの遜色なきものと看取される。坪井の思考の中には「博物館学」なる学術名称こそなかったにしろ、すでに博物館展示論を核とする博物館学についてはここでも完成していたと見做せるのである。

さらに重要なことは、坪井の弟子であった前田不二三に博物館学思想が継承され、前田は、「學の展覧會か物の展覧會か」(註8)と題する論文を著し、その中で我が国初の展示命題論を展開し、「情的展覧會」と「智的展覧會」なる呼称をもって展示を区別し、情的展覧會の美術資料の展示を除いては学の展示でなければならないと決定づけたのであった。つまり、「ものを見せる」のではなく、「もので伝える」展示であらねばならないと結論づけたのであったが、当然ながら当該思想は坪井により醸成されたことは確認するまでもない。

坪井正五郎の博物館論

坪井の博物館論を明示する論文として「戦後事業の一としての人類学的博物館設立」(註9)がある。そこには
博物館とは何か。或る人々は種々の物品の陳列して有る所と答へるで有りませう。或る人々は種々の物品の類に従って陳列して有る所と答へるで有りませう。博物館果して物品陳列場たるに過ぎざるか。

（第一）標本の選択と其配列とに意を用い説明を相応じて、見る人をして親切なる師について教科書を読むが如き感有ろしむる事。

（第二）余分の標本を貯へ置き、篤志家をして自由に研究材量を手にせしむる事。

（第三）学術上歴史上或は価格上の貴重品を保存し置き、来観者をして之を親視する便を得せしむる事。

是等の働きがあって始めて故らに作った博物館と称する事が出来る。

明らかに、それも正鵠を射た博物館論であるところからも博物館学の確立者であると断じて間違いなかろう。

時に明治三十八年（一九〇五）のことである。

註

1　邊見端「〝明治期博物館学〟の面目─坪井正五郎博士の業績─」『博物館学雑誌』第十一巻第二号　一九八六

2　坪井正五郎「坪井正五郎小伝」山口昌男監修『知の自由人叢書　うしのよだれ』二〇〇五所収（初出は「坪井正五郎小伝」『日本之小学教師』第一巻第六号　一八九九）

3　坂野　徹「坪井正五郎の人類学」『年報　科学・技術・社会』第八巻　一九九九

4　坪井正五郎「パリー通信」『東京人類學會雑誌』第五巻第四十六・四十七號、一八八九・一八九〇

5　坪井正五郎「ロンドン通信」『東京人類學會雑誌』第五巻第四十八號　一八九〇

6　坪井正五郎「土俗的標本の蒐集と陳列とに関する意見」『東洋學藝雑誌』第十六巻　一八九九　東洋學藝社

7　坪井正五郎「人類學標本展覧會開催趣旨設計及び効果」『東京人類學會雑誌』第二百十九號　一九〇四

8　前田不二三「學の展覧會か物の展覧會か」『東京人類學會雑誌』第二百十九號　一九〇四

9　坪井正五郎「戦後事業の一としての人類学的博物館設立」『戦後経営』一九〇五　早稲田大学出版部

（青木　豊）

写真／東京大学総合研究博物館所蔵

岡倉　天心（おかくら・てんしん）

文久二年（一八六二）〜大正二年（一九一三）

幼名角蔵《かくぞう》のちに改め覚三《かくぞう》。福井藩士で藩命により横浜で生糸の貿易商を営む石川屋勘右衛門の次男として、横浜で生まれる。七歳の頃より英語や漢籍の教育を受ける。十二歳の頃一家は東京に転居し、東京外語学校、開成校で英語を学び、明治十年（一八七七）、東京帝国大学文学部に入学し、フェノロサに哲学を学ぶ。明治十二年、十八歳で大岡元（のちに基に改める）と結婚する。

明治十三年、東京帝国大学卒業後文部省に入り、最初は音楽取調掛を命じられたが、後に図画調査掛を拝命した。明治十五年、フェノロサ、九鬼隆一などと共に近畿地方の古社寺の宝物などの古美術調査を行う。また、明治十七年の古美術調査ではフェノロサとともに法隆寺の夢殿にある救世観音の開扉を行った。

明治十九年、美術調査委員としてフェノロサと共に美術学校設立のために欧米を視察する。帰国後、東京美術学校（現、東京藝術大学）幹事となり、明治二十二年、東京美術学校を開校させ、翌年校長に就任した。開講当初の美術学校の生徒には横山大観、下村観山、菱田春草、木村武山等がいた。また、同じ年に帝国博物館（現、独立行政法人東京国立博物館）の理事と美術部長を兼任して、全国の宝物調査、絵画彫刻の模写、模造事業を行った。

その後、天心は九鬼隆一夫人星崎初子（のち波津子）との恋愛事件などから明治三十一年、東京美術学校校長、東京帝国博物館美術部長を辞任する。この辞任に伴い橋本雅邦以下十七名の教授、助教授、講師が連袂辞職をし、天心と共に谷中に日本美術院を創設する。当初の日本美術院は基金なども順調に集められたが、その後、経済的な問題などによって茨城県五浦に移転した。

明治三十四年、天心はインドに旅行し、インドの宗教指導者ヴィヴェカーナンダ師やラビンドラナート・タゴールなどの人々と親交を結んだ。明治三十七年、横山大観、菱田春草を伴い渡米し、ウィリアム・S・ビゲローの推薦によってボストン美術館日本部顧問となり、その後、日本・中国部部長に就任する。明治三十九年には、早崎梗吉を伴い天津、北京、西安、洛陽、咸陽、渭水、昭陵、漢口、上海等を訪れ、ボストン美術館のために資料収集を行う。また、大正元年（一九一二）にも再び早崎梗吉とともに北京、奉天、京城などを訪れ、資料収集を行っている。この年、再びインドに旅行し、タゴール家を訪れて詩人タゴールの外戚にあたる詩人プリヤムヴァダ・デーヴィ・パネルジー夫人と出会い、死去までの約一年間往復書簡を取り交わす。大正二年、静養先の赤倉の別荘にて死去。

以上、岡倉天心の略歴をあげた。天心については美術史、思想史などの上では多くの学者が研究されているが、博物館学において取り上げられることは非常に少ない。次に帝国博物館とボストン美術館の時代を分けて考察する。

帝国博物館時代

博物館は政府の殖産興業政策の一環として内務省、農商務省などに所属していたが、明治十九年（一八八六）宮内省に移管となった。さらに明治二十一年、宮内省図書寮付属博物館になり、翌年、帝国博物館、京都帝国博物館、奈良帝国博物館を設置し、産業博物館から文化財保護の博物館へと移り変わろうとしていた。

岡倉天心は明治二十二年に東京美術学校と帝国博物館の美術部長を兼務し、全国宝物調査、絵画彫刻などの模写事業、『日本美術史』の編纂などを博物館の仕事として行っていた。

全国宝物調査は文化財保護を目的として明治二十一年から約十年間、宮内省の臨時全国宝物取調局が行っていたが、明治三十年、臨時全国宝物取調局が廃止となり、帝国博物館がこの仕事を引き継いで行っていた。天心は取調局発足当時から九鬼隆一とともに各地で宝物調査を行っている。これらの調査は後に古社寺保存法が制定される元になった。

古美術調査中に行われた天心の講演会の内容が、「博物館に就いて」として『日の出新聞』に四回にわたり掲載されている。その中で「博物館の要用は保存の点、考究の点、都府の盛観となるべし」と話している（『岡倉天心全集二』一九八〇）。保存や研究が必要なことは今も昔も変わりないが「都府の盛観なるべし」というのは都府の体裁としても博物館が必要であり、特に京都には各々の寺社に美術品が散在しているから、京都に博物館を設置して公衆に示すことであるとしている。このような考えはフェノロサとともに欧米に視察旅行に行った時に見た大英博物館やルーブル美術館など、都市にある博物館を見ていたのでこのようなことを考えていたのであろう。帝国博物館を退職した後、矢野竜渓宛てに書かれた手紙にも博物館を「ルーブル若クハブリテシシュミユゼアムの如キ公衆ノ為メニ高等ノ遊楽地トナラシメ」とあり（東京国立博物館編『東京国立博物館百年史』一九七三）、公衆のために博物館を作ることを考えていた。

京都に設置する博物館に関しては第一収集、第二陳列、第三考査、第四教育、第五出版、第六模写を細目に分けて説明している。そして、東京には徳川美術、奈良には天平以後弘法以前、京都には金岡以後応挙に至る博物館とすることを熱心に説いている。これらの博物館の構想は、その後帝国博物館になってから京都帝国博物館が明治三十年、奈良帝国博物館が明治二十八年に開館となる。

また、地方博物館を設置することに関しては「美術学校の施設に就いて」(『岡倉天心全集三』一九七九)にフランスやイギリスの美術教育の例を挙げて第一に高等美術学校、第二に工芸学校、第三に美術院、第四に地方参考館、そして第五に国立博物館を設置することを考えていた。第一から第三までは実技の教育を中心に行う美術学校であるが、第四、五は美術の鑑賞や古美術を学ぶ博物館を挙げている。そのうち地方参考館について一、伊勢大廟付近、二、紀伊高野山、三、安芸厳島、四、陸中中尊寺、五、相模鎌倉、六、筑前博多、七、河内観心寺、八、四国大三島神社又は讃岐における重要な地、九、摂津大阪、十、尾張名古屋、十一、加賀金沢、十二、肥後熊本の十二の地域を挙げて、歴史上著名な旧跡や産業上重要な市邑に設置することを考えていた。その後、帝国博物館を退職してから日本美術院の巡回展で九州博多を訪れた際に「九州博物館の必要」を『福岡日日新聞』に連載し、「九州は歴史を有し、古来外交の衝に当たりし要地なるを以って、古代の器物中には外交の遺跡を尋ぬるに足る可き宝什少しとせず、是等は単に美術品として珍宝可きのみならず、一は歴史検討の資料ともなる可きものなれば、尤も我々が珍重に保存すべきものとなりとす」としている。そして設置する地については「当地(博多)こそ尤も適当なり」といっている。天心の考えていた九州博物館の設置については平成十七年(二〇〇五)の秋に独立行政法人九州国立博物館が開館して、約百年後に実現することになる。

その他に当時の帝国博物館では全国宝物調査とともに絵画彫刻の模写摸造事業も主な事業の一つとして行われていた。この事業を熱心に勧めたのは美術部長の天心であった。博物館の収蔵品が乏しいために美術部が中心になり、絵画、彫刻の模写模造を行い、古美術の保存、一般の美術教育のための収蔵品を増やす目的であった。

この絵画、彫刻の模写模造の事業の推進のためには天心の熱心な指導の下に東京美術学校の教官、学生を含む青年画家が派遣されて、明治二十三年から明治三十年まで行われた。

一方、博物館の展示方法や保存方法についても前に記述した「博物館に就いて」（『岡倉天心全集三』前掲）において

一、装潢にて掛べきか硝子にて蔽ふべきか其一種一品について議すべし。
二、絵画等の掛方は人の起居によりて差ふものなり。仏国は地上五尺を適度せり。
三、壁色にて物品の光輝彩料を変ずるものなり。
四、室内の光線反射によりて彩色の変換する甚だし。
五、空気の流通不流通は物品保存の大関係を有するものなり。
六、乾湿の亦大関係あり、精細其物品に憑り其土地に考究あるべき事なり。
七、箱作も重要とす。用材の如何によりて糜爛潰裂を招くこと有り。

と述べている。絵画資料を視線の高さにそって掛けることや光線のこと、湿度や保存の箱についても考えていることがわかる。

このように日本の博物館について多くのことを考えていたが、天心の博物館についての考えが実行されるのは、帝国博物館をやめて明治三十七年ボストン美術館の中国・日本部顧問に就任し、翌年部長として迎えられてからであろう。

ボストン美術館時代

天心が顧問として着任した当時のボストン美術館中国・日本部の収蔵品は、エドワード・S・モースやウィリアム・S・ビゲロー、アーネスト・フェノロサなどが日本で購入した資料で占められていた。天心はまず絵画作品三千六百四十二点の鑑定と年代について調査し、そのうち八百八十九点が本物で、四百七十六点が贋作で、二百七十七点が模写であることを判定し、これらの資料の目録を作成した。また、日本から送られた美術品は長い船旅や税関職員の扱いの悪さなどで破損され、それに日本と異なったボストンの気候と保存の悪さがますます資料を劣化させたのであった。漆製品は以前箱に入れてあったが箱が失われて埃だらけになっているのを修理し、新しい箱を作り直すことが必要であった。そのために東京美術学校出身の六角紫水、岡部覚弥を派遣して修理と保存に当たらせている。当時のボストン美術館には漆や彫金の修理が出来る者がいなかったので、専門家の六角と岡部を派遣したのである。日本画の修理には表具師田村基吉があたっていた。箱については帝国美術館の美術部長の時に『日の出新聞』に連載した「博物館ニ就キテ」で「箱作も亦重要とす。用材の如何によりて糜爛潰烈を招く事あり」（『岡倉天心全集二』前掲）として保存にも詳細な注意を払っていたことがわかる。また、六角や岡部が修理保存を終了したとしても、常勤の修理の専門家が必要であることを美術評議会に提案している。

天心は、明治三十八年（一九〇五）、ボストン美術館中国・日本部部長に就任した年に、ガードナー夫人などのボストンの社交界の婦人たちにボランティアとして、漆製品を保存する仕覆を縫ってもらうためのお願いのスピーチを行っている。これには漆器は六角と岡部が大部分を修理して保存され、磨かれ、箱も作られようとしているが、衣装というべき仕覆がまだ作られていないので、お願いしたいという内容である。六角、岡部両氏も天心の通訳で彼らの専門分野の歴史や技術について、ボランティアの婦人たちに講演している。この仕覆作りは一年間行われ、六十個の仕覆が作られたのである。日本でも現代でこそ、博物館活動の中にボランティアを採用し、博物館の教育活動や案内などに参加することが行われているが、ボストン美術館では、すでにこの頃よりボランティア活動が行われていたのである。アメリカの博物館では、その地域の社交界の婦人たちとの繋がりを深め、博物館の活動に参加してもらうことは当然のことであった。

一方、天心はコレクションの充実にも力をいれている。明治三十八年、当時のボストン美術館では日本美術のコレクションも偏ったもので、鎌倉以前の絵画はほとんど無く、江戸時代の絵画も琳派の初期の作品は無く、後期の衰退期のものだけであった。また、東洋の他の地域の美術資料も少なかった。明治三十八年四月、天心は京都、奈良において十四体の仏像と仙台において絵画と書のコレクションを入手している。また、明治三十九年十一月から翌年の二月までに弟子の早崎梗吉を伴い北京、河南、西安を訪れている。この旅行はボストン美術館の収蔵品の買い付けが目的であり、約百枚の青銅鏡、絵画などを購入している。ボストン美術館の理事会では中国、日本美術品を購入するために特別の基金から総額一万ドルを使用することを承認している。中国へは明治四十五年五月から六月の約一ヶ月間訪れ、青銅器、玉器のほかに馬遠「遠山柳岸図」などの作品を収集している。(『岡倉天心全集五』一九七九)これらの新しい収蔵品は中国日本美術新収品展として公開された。明治三十八年に書かれたボストン美術館副館長のプリチャードとの覚書には、資料の収集に関して「日本にいた時は美術品が輸出されることをいつも反対してきたが、アメリカに滞在している間に考えを変えさせられ、今や当美術館のコレクションをどうしても立派なものにしなければならないと切望している」(『岡倉天心全集二』前掲)と語っていてアメリカにおいて、考えが微妙に変化している。国内では古社寺保存法の委員をしており、文化財の流出を防ごうとしていて、日本にいるときとアメリカにいるときでは考えが矛盾している。

ボストン美術館の展示には「観せるものなら、観る人に判らせるやうにしなければならぬ」として、それには「解説が大切な所以で有る。此処に於いてハンドブック、カタログ、解説札のようなものが要るので、特に解説の札は簡単で要点をつまむ事が六かしいので有るから、日本の博物館のやうに事務員任せにして置かぬ、主席学芸員が自ら筆をとっている」（『岡倉天心全集三』前掲）として、入館者にわかりやすい解説が必要であることを説いている。

この他に博物館の教育活動としての案内制度についてもボストン美術館の評議会にいくつかの提案をしている。ボストン美術館では解説版、ハンドブック、館報等の他に教育活動としてボランティアによるギャラリー教育が行われていた。それは当時事務長であったベンジャミン・I・ギルマンによって導入されたもので、ドーセントと呼ばれた高等教育を受けた女性を解説ボランティアとするギャラリー教育である。天心はギルマンの教育プログラムについて三つの欠点を指摘している。

一、美術館案内制度は一般の参観者の資格や知識を吸収する力に関わりなく、その対象が漠然としていること。
二、美術や工芸の学校との定期的な連絡に欠けること。
三、当コレクションを学童や一般大衆に見せるに当たって、特別な訓練を施した美術館案内係を提供していないこと。

一については一般の参観者の資格や知識の有無が漠然としていることを挙げて、一般参観者をA．学童、B．一般大衆、C．美術学校の学生、D．美術全般ないしその特定分野に特別な関心を持っている人、E．美術鑑識家および収集家の五段階に分類している。学童については「美術の楽しさを教えることにあり、知識を教え込むことではない」とその目的を挙げている。一般大衆については「彼らの興味を揺り起こし、興味を目覚めさせるような知識をもたらすものでなければならない。この場合、美術品の人間的な面の関心が技術的な面での関心よりも強調されるべきである」としている（『岡倉天心全集三』前掲）。これらを実行するに当たっては学童と一般大衆には専門の案内係が必要であり、特別に案内係を訓練すべきであると考えていた。それには、各部が一緒になって特別な案内係を訓練すべきであると言っている。案内係は「参観者と同じ次元に立って、門外漢として美術品に対すべきであり、専門家のような顔をすべきではない」と説いている。

美術学校の学生には定期的な教育講座を一年間通じて美術館で行うこととしている。これには美術館の各部門のスタッフが講義を行い、ボストン美術館付属美術学校をはじめハーヴァード、ラドクリフなどの大学の美術に関係した学生に無料で開放されなければならないとしている。鑑識家、収集家、専門家には著名な学者の特別講義を開くべきであることを指摘している。天心の案内制度に関する提案もギルマンのボランティアの解説員を導入したギャラリー教育があったからこそ、このような提案をしたのであろう。今でも博物館は入館者に対する教育活動が重視され、きめ細かい対応が求められているが、天心は、大正時代の初めにすでに教育活動の必要性を指摘している。

また、天心は図書の重要なことも説いている。当時の中国・日本部には三千から四千の蔵書があり、この図書のほかに数千ドルを図書に充てれば、西洋における中国および日本美術に関する唯一の図書室になるであろうとしている。そのほかに写真や版画を図書と一緒に保管する必要があることを述べている。これらの図書や版画の整理には特別な専門家を必要とするので、司書の責任者は日本人でなくてはならないと提案している。博物館における図書や写真は今日の博物館では当たり前のように資料として収集され整理されているが、百年以上前にこのような資料を収集し、司書の必要性まで指摘している。しかし図書や写真は収集されても、司書をおいている博物館は非常に少なく、今日においても実現していない博物館が多い。明治四十四年には、ハーヴァード大学からマスター・オブ・アーツ（文学修士）の学位が贈られている。

主要著書

天心の著書については『東洋の理想』『東洋の目覚め』『茶の本』がある。このほかに明治二十三年（一八九〇）から明治二十五年まで東京美術学校で行った講義を聴講学生が講義録を筆記し、筆記録を再検討して編集された『日本美術史』と明治四十三年に東京帝国大学において講義し、同じくそれを元に編集された『泰東巧芸史』がある。また、美術学校開校と同じ年に高橋健三と東洋美術の雑誌『国華』を創刊した。『国華』は創刊の明治二十二年から現在まで続き、世界で最も古い美術雑誌として近年百二十周年を迎えている。

（石渡美江）

写真／茨城県天心記念五浦美術館提供

白井　光太郎（しらい・みつたろう）

文久三年（一八六三）〜昭和七年（一九三二）

文久三年（一八六三）六月二日に江戸霊岸島の福井藩邸内で、父幾太郎、母花の長男として生まれた。藩主、松平慶永（隠居後は春嶽と名乗る）は幕末の困難な時代にあって幕府や新政府の要職を歴任し、明治という年号を命名した人物であった。「光太郎」の名付け親はこの春嶽であり、白井は春嶽の薫陶をうけて育った。

白井は東京英語学校、東京大学予備門を経て、帝国大学理科大学（現、東大理学部）に入学した。大学では植物学科の矢田部良吉（一八五一〜一八九九）のもとで蘚類を研究し、明治十九年（一八八六）七月十日に同校を卒業した。卒業論文は「東京及びその近郊の蘇類」であり、この論文で理学士の称号を得た。同年七月二十四日には、東京農林学校助教授となり、翌年十二月二十八日に教授となった。そして、明治三十二年にドイツへ留学、明治三十九年、東京帝国大学教授となり、我が国の植物病理学の発展に大きく貢献した。

植物学・植物病理学の業績

大学卒業後、東京農林学校助教授となり、翌年教授となってからの白井の関心はもっぱら樹木で、林学上重要なマツ、クヌギ、ヤナギ、ポプラ、カンバ、カエデ、ガンビの諸属に詳しかった。白井が新学名を付した樹木はウメウツギとジゾウカンバの二種に過ぎないが、武田久吉によれば白井は「樹木学でも亦一流の先覚者」であったという。

明治三十二（一八九九）年、三十五歳の白井は当時学問の発達が目覚ましかったドイツへ留学を命ぜられた。これは将来の教授候補として、植物病理学研究のための二年二ヶ月あまりの官費留学であった。その間、白井はベルリン大学教授兼王立植物園長、王立博物館長のアドルフ・エングラー（Adolf Engler ,1844-1930）に付き、ベルリン大学やベルリン王立植物園博物館（現在のダーレム植物博物館）などの研究室で学んだ。中でも、日本のヤナギ属、カシ属、ハンノキ属、イヌシデ属を検討して得るところがあったようであった。

しかし、実のところ命ぜられた留学期間は満三年間であり、白井の留学期間はそれに満たなかった。それは一つに白井が少年時代から保守的な思想を持ち、西洋風を嫌い、先祖伝来の風習を好む人物であったことに起因したのではなかろうか。恐らく、異国の生活に、心情的に同化できないストレスが相当溜まり帰国が早まったと推察できる。宮岡謙次は『旅芸人始末記』の中で、白井は「発狂してダルドルフのきちがい病院に収容され」たとやや誇張して書いているが、あながち間違いでもないようであった。また、「白井光太郎伝」を書いた木村陽二郎は「筆者にはしかし誰の尽力か知らないが、白井にベルリン植物園を紹介させて精神を安定化して、調査費という名義で、下宿火災のべん償や入院費用が政府から出されたように思えてならない。すなわち彼が留学中明治三十四年三月大学は彼にドイツの植物園設計取調を依託し九月には手当三百円を給した。彼はもちろん政府に報告書を提出したであろうが、一般人のために関連記事を『植物博物館及植物園の話』として丸善書店から明治三十六年四月刊行した」とも書いている。

明治三十四年にドイツから帰国した白井は、明治三十九年に東京農林学校で欧米各国に先んじて植物病理学を

伯林王立植物博物館二階腊葉室

伯林王立植物博物館

新設し、翌年東京帝国大学教授に就任、同四十三年には理学博士の学位を授与され、大正十四年（一九二五）に依願退官するまで教授職にあった。同年七月帝国大学名誉教授の名誉を受けた。白井の専門は先述の如く、植物病理学であった。筆者は門外漢なので詳述出来ないが、植物病理学とは植物の病害を診断し、予防あるいは治療するための学問領域である。農林業のためには植物を害する病菌や害虫の研究がもっとも大切であるのは今日では周知のことであろうと思うが、つまるところ白井が稲のイモチ病を研究したように、白井がその基礎を築いたといえよう。

考古学・人類学の業績

白井ほど、多くの顔を持つ人物はいるのであろうか。これは別に誇張した言葉ではない。

事実、白井は考古学でもプロフェッショナルだった。白井は、大学生時代に、後に人類学や考古学の礎を築いた坪井正五郎と出会い、知己を得た。二人は同級生であり、在学中にお互い出土品に興味を持ち、共に採集したり、またそれについて議論したりした。坪井が人類学会を立ち上げた際も『人類学会報告』第一号に「人類学会報告発刊祝詞」を寄せるなど二人の関係は学問上においても非常に良好なものだった。しかし、その関係は一転することとなる。

京都文化財団研究員の山田邦和によれば「白井は人類学会報告後の五年間に、同誌に十四編の論文を発表している。これは決して数多いものではないけれども、そのいずれもが学史に残る珠玉の論考である」と評し、その中でも重要なのは坪井との二つの論争であるという。お雇い外国人教師の時代より、日本の先住民族は誰かという問題に関心が持たれてきた。それが日本人の手によって問題提起されたのがこれらであった。一つは旧石器時代の住民が白井によればアイヌ人、坪井によれば未知の民族であるコロボックルというもので、もう一つは吉見百穴などの横穴について、白井は葬穴説、坪井が穴居住居説であった。坪井正五郎の主張するコロボックル遺跡は同系統のものが内地にもあり、国内に蔓延していたことになると白井光太郎が矛盾をつけば、その通りコロボックルは内地にも住んでいたと主張を返し、貝塚から発見される古代人の骨格は蝦夷そのものであり、これはアイヌを証明するものと主張すればコロボックルの骨格の特徴のアイヌとの類似性で反論するなど二人は共に妥協せず、この問題は後代まで学者の論争の的となっていった。白井のこの反証は、かなり緻密な論理であり、後に坪井正五郎の弟子となる鳥居龍蔵が回顧に人類学に目覚めた鳥居少年は坪井より白井の方が「むしろ専門家のように」思い、白井に指導を乞う手紙を書いたというほどであった。その後も「アイヌ・コロボックル論争」は小金井良精、鳥居龍蔵ら明治期の人類学界の主要メンバーを巻き込みながら断続的に続いたが、次第に、アイヌこそが日本の先住民族だとするアイヌ説が優勢になっていった。論争の過程で、坪井はコロボックル説の整備に努め、『コロボックル風俗考』などの数多くの論考を発表したが、最終的には坪井の突然の死により、コロボックル説は消滅した。白井は出張のため坪井の葬式に出席することが出来なかったが、坪井の死を悼み、主催する人類学会に左のような歌を送った。

同じ窓一つ机にいそしみし　学の道あはれはらから

携へて探りし跡はありながら　君を再び見んよしもなし
あはれ君同じ学の友垣に　迫めぎし事も昔なりけり

この歌について木村陽二郎は「せめぎあう、はげしい論争と親愛とをはっきり区別した両者の関係が美しい」と語っている。白井は、大学卒業後、綺麗さっぱりと考古学から足を洗い、植物学に邁進することとなったため、白井の考古学における業績が評価されることは少ない。しかし、白井に端を発した「アイヌ・コロボックル論争」により実証主義を基本とする考古学者達が、競ってお互いの説を崩そうと考古学史上の貴重な発見や学説を発表し続け、多くの遺跡発掘を体系的に研究する契機となったことは間違いのない事実であり、白井の大きな業績の一つといって良いものである。また、今日我々が縄文土器と呼び親しんでいる名称の創始者が白井であったことも忘れてはならない事実である。当時、縄文土器は、貝塚土器という名で知られていたが、明治十九年（一八八六）四月の『人類学報告』「石鏃考」の中で、当該の同土器の文様が縄目であると認識し「縄紋土器」という名称を使用している。そしてまた、白井は明治十七年三月、有坂鉊蔵、坪井正五郎とともに東京府本郷区向ヶ岡弥生町（現東京都文京区）で素焼きの壺を発見した。これが縄文式土器とは異なるものと認められ、発見地の地名から「弥生式土器」と名付けられることとなった。つまり、白井は縄文式土器、弥生式土器両者の命名と発見とに関わったこととなり、これも白井の考古学における大きな業績の一つに挙げられるものである。

博物学・本草学の業績

白井の人類学、考古学の業績については先述した通りだが、昭和七年（一九三二）に武田久吉は懇親会での卓上演説で「白井先生の本年四月の日本植物学会記念会の席上での懐古談によると、元来考古癖があって、それを専攻し度いのは山々であったが、それではなかなか思う様に衣食し難いので、パンを獲る術として植物学を選ばれたのだということである」と述べている。このように生活のために考古学から足を洗った白井であったが、生来の好古癖は治らず、対象は古書籍へと変わっていくこととなった。特に、学生時代から過去の本草学に興味を持ち、ドイツ留学中に下宿先の壁に貝原益軒の像を飾っていたほどであったという。また、学生時代に自らを新風仙人とも号したことからもわかる通り、古い日本を愛した白井は、本草書が海外の流出するのを惜しみ私費での購入を生涯続けたのであった。(註1) その集大成が明治二十四年（一八九一）に発行された『日本博物学年表』（後、矢野宗幹によって改訂増補）であり、実に白井二十七歳の時のことである。「余は本草研究の範囲は、本邦における本草学発達史・本草学者の伝記・墳墓の所在・薬草そのほか有用植物の効能・産地の研究・本草学著書の保存・遺物の保存・採集品の保存および支那・朝鮮における同上事項の研究等に亘る」と自身述べるように、この著作も多角的な視点で著され、日本生物学史を研究する者にとっては不可欠の書となった。またその後、白井が先鞭を付けた博物学史は上野益三（『日本博物学史』平凡社　一九七三）に引き継がれることとなり、博物学は我々一般人にも解りやすく、より身近な存在となったのである。

自然保護

明治三十九年（一九〇六）、明治政府は国家神道の権威を高めるために、各集落にある神社を一村一社にまとめ、日本書紀など古文書に記載された神だけを残す「神社合祀令」を出した。これに対し、明治四十二年、南方熊楠が研究対象である隠花植物の絶滅を危惧し、巨木老樹が繁茂する社叢の意義を訴え、神社合祀反対運動を開始した。次第に、この反対運動に賛同する者達も現れ、その一人であった内閣法制局参事官・柳田国男（民俗学者）は、明治四十四年、熊楠の抗議書（『南方二書』）を印刷して識者に配布した。同年誕生した史蹟名勝天然紀念物保存協会の発起人で、評議員であった白井は『南方二書』を読み、「かかる多数の神社神林之廃滅談をききては夢の如き心地いたし、実事とは思はれ不申候」と柳田に手紙を送り、柳田を介して南方熊楠と白井は邂逅することとなった。直ぐさま、二人は文通を開始し、同年白井もまた『日本及日本人』や『太陽』に合併の不可を唱えた「神社の合併史跡名勝の破壊は国家の深憂」等を投稿した。白井は、その後も自然保護活動に邁進し、「古墳」、「名木」、「名山」といった史蹟名勝天然紀念物の保護を訴え続けていった。この結果、徳川頼倫、徳川達孝、田中芳男、三宅秀の四氏によって明治四十四年三月一日、貴族院へ「史跡名勝天然紀念物ニ関スル建議案」が提出され、大正八年（一九一九）四月に「史跡名勝天然紀念物保存法」が発布されるに至った。その後、史蹟名勝天然紀念物の保存事務が内務省で行われるようになると白井は調査会の委員を命ぜられ、大正十三年、会が廃止されるまで在職した。次いで、内務省の天然紀念物調査嘱託となり、昭和三年（一九二八）、保存事務が文部省に移管されるとともに嘱を辞した。白井はこのような自然保護活動を通して、終生文通の続く熊楠という思わぬ知己を得たが、一度その関係が破綻したことがあった。

先述した『南方二書』の刊行で、有識者から支援を得始め「大いに心も安く三年来始めて閑悠を得」た心境になっていた南方であったが、西牟婁郡近野村の大杉樹伐採の一件が持ち上がった。このことからすでに知己を得ていた柳田や白井に対し、伐採反対の請願書への連名を要請し、白井らも引き受けた。しかし、近野村大杉の一件はなかなか解決せず、業を煮やした南方が息子も巻き込み親子共々剃髪した上、県知事や白井に宛てて英国の旧知ディキンズをはじめとする国外有志に神社合祀反対の支援を依頼する旨を報告した。先述したように白井は武士の面影残る国粋主義者であったため、熊楠のこの行為を国辱行為と受取り、絶縁を申し渡したのであった。

熊楠は生涯在野の研究者であり、官学者を嫌っていたが、明治以前の本草学を総括した『日本博物学年表』など白井の著作を座右の書としていたほどであったため、白井の絶縁にかなり狼狽した。これに対して柳田も

「白井氏の手より貴下の手紙をうけとり拝見す。今後運動の方法明瞭二派にわかるものとすれば、小生は申すまでもなく白井氏に加担す。日本のこともわからず貴下の手紙一本にて直ちに運動をするような紅毛どもに声援をたのみ、今後わが邦のクルッスの問題に容喙せしむることなどは小生も大きらいなり。（中略）白井氏は正直な人故、貴下の無分別な行為にも責任を分かたねばならぬかと思われし故に、この際共同を解かんとせらるるならんも、何も人々の考え次第なればまずいと言ってもせん方もなし。（中略）とにかく今回の意見の相違につきては、東京のわれわれは決して折衷策や姑息主義を持するがため然るにはあらず候。今後といえども貴下の御本心だけには同情を表し申すべく、方法は皆だめだと評したく候」

と述べている。結局、南方に同情し手を差し伸べた柳田のとりなしによって、南方は白井との絶縁を回復することとなるのだが、これは柳田、南方との交友から生まれた実に白井らしい逸話の一つであるといえよう。

博物館学の業績

明治三十四年（一九〇一）三月、大学が白井にドイツの植物園設計取調を依託し、明治三十六年に白井が一般向けに『植物博物館及植物園の話』を刊行したことはすでに述べた。それは実に百五項にも及ぶ大著であった。当時、「植物園と名の付くものは一ヶ所か二ヶ所に過ぎない植物博物館も有名無実の有様」であったようである。白井はこの様な我が国の状況に警鐘を鳴らすべく、この論考でまず植物博物館を「植物に関する内外古今の図書世界万国の植物腊葉、標本等を蒐集し学術的に分類整理して学術上及実業上の参考に供し且其研究材料を供給す

る所である」と定義付けた。また、植物博物館がないことによる弊害、例えば資料の散逸や植物学研究者の窮状などを訴え、植物博物館設立の必要性を懇々と説いた。そして、最後に理想ともすべき先進的なベルリン王立植物園博物館の様子を詳述し、この論考を通して世論の喚起を促す内容となっている。

しかし、植物園内に研究や保存、展示といった博物館機能を備えた博物館を付設している「植物博物館」は現在も我が国には存在していない。刊行当時の反応も「爾来外国における植物博物館および植物園の状況を詳述したる『植物博物館及植物園』なる一小冊子を刊行して警告したことがあった。当時の先輩はいまだこれを爾く重大視せず。あたかも風に対する牛馬の如き有様であった」と自身で述べている通り、「博物館」という存在そのものが危うかった時代的側面、例えば、文部省所管の教育博物館でさえ、移転や列品淘汰の訓令の影響を受け縮小の一途を辿っていた時代でもあったことも相俟って反応は芳しくなかったことと思われる。とはいえ近年では大阪自然史博物館や豊橋市自然史博物館のように公園内に動物園、植物園とともに「自然史博物館」や「総合博物館」が設置されるようになった。つまり、白井に端を発した我が国での植物博物館構想は、今日ようやく公園一体型などの別の形で実現されたといえよう。

また、非常に短篇ではあるが、白井の博物館学の論考として「本草博物館設立と古記録の保存」（『薬草輸出農産』第二巻第二号　一九一八）がある。これは雑誌名からわかるとおり、薬学関係者に対しての呼びかけであった。白井はその論考の中で「余の終局の目的とする所は、日本に模範的の本草博物館を設立し、本草学に関する我国の文化を国人および海外人に示し、もって我邦の開化に牢固たる根底のあることを知らしむにある」と述べている通り、我が国は西洋からモノも知識も全て輸入して開化したのではなく、従来本草学という学問があり、開化する上での立派な素地があったことを知らしめる施設として本草博物館を位置付けている。これもまた国粋主義の白井らしい論の一つであった。

終焉

白井は若い頃からがっちりした体格でめったに病気をせず健康そのものであった。若いときは柔道をしており、動物学専攻の先輩であった石川千代松と柔道をとって下宿の壁を破ったこと、飯の中の少量のタンパク質から養分をとるという主張で早飯でたちまち四、五杯を平らげ、その後、散歩に供をすると大変な甘党の白井は汁粉二杯ぐらいはペロリと平らげる、といった逸話も残っている。

岡村金太郎によれば、白井は晩年「僕は西洋の事は嫌で日本の事が好きなのであるが、飯を喰ふ爲めに仕方なく西洋の学問をやったので、外国へ行けと云ふから夫の爲めに行った様な訳だから、今日の様に農科大学をやめてからは、全く自分の好きな日本の舊い事のみ研究が出来て愉快だ」（岡村金太郎「白井君と私」『本草』第二号一九三二）と話していたという。しかし、そんな悠々自適な生活を送っていた白井も昭和七年（一九三二）五月三十日、自身が調合した天雄（トリカブトの根）の量を誤り突然逝去した。享年七十であった。

（下湯直樹）

註

1　白井が生涯を通して蒐集した書籍は五千余であり、後に遺族が上野図書館に寄贈し、現在は国会図書館に移されている。国会図書館の本草書の大部分が白井の旧蔵書である。

写真／東京大学大学院農学生命科学研究科植物病理学研究室所蔵／『植物博物館及植物園の話』一九〇三より転載

南方　熊楠

（みなかた・くまくす）

慶応三年（一八六七）～昭和十六年（一九四一）

南方熊楠は植物学者・民俗学者・博物学者と称され、その学識は動物・植物・鉱物・地質・天文・民俗・文学・宗教・人類学など多岐に亘り、十九ヶ国語の語学力と和漢洋の学問を駆使した国際的な学者である。幼少から筆写・採集・読書による独学を重んじ、学校での勉学に飽き足らず世界を目指す。大英博物館で資料整理をする傍ら、読書・筆写に明け暮れることでさらに非凡なる才能を伸ばし、英国の科学雑誌「ネイチャー」の創刊二十五年記念号にハーバート・スペンサー、マックス・ミラー、チャールズ・ダーウィンたちと共に南方の名が連ねられ、世界の南方としてその名を轟かせた。神社合祀反対運動で白井光太郎宛書簡に我が国で「野外博物館」の語を初めて使い社叢の重要性を訴え、また、エコロジーを提唱した先駆者として自然保護にも尽力した。研究の核となった粘菌類の膨大な標本とデータを残し、今日に受け継がれている。多くの業績を残したとともに、世界各国の文化研究に多大な影響を与えた世界的博物学者である。

生い立ちと学問

慶応三年（一八六七）、和歌山城下、橋丁に父弥兵衛、母すみの次男として生まれる。熊楠の名は海南・藤白

南方熊楠邸の蔵を利用した収蔵展示

神社の楠神に詣でて授かる。明治六年（一八七三）、湊紺屋町の雄小学校に入学。明治九年、速成中学科鍾秀学校に入学。明治十二年、和歌山中学校に進学し、明治十六年、神田の共立学校（現開成中）に入学。明治十七年、大学予備門（現東京大学教養学部）に進む。同級生に夏目漱石、正岡子規、山田美砂、秋山真之等がいた。明治十八年、落第が決定する。明治十九年、「疾ヲ脳漿に感ずるをもって」大学予備門を退学し、帰郷。横浜からシティ・オブ・ペキン号に乗船。明治二十年、サンフランシスコのパシフィック・ビジネス・カレッジに入学するが、同八月、ランシング州立農学校に移る。明治二十一年、農学校を退学。ミシガン州アナーバーに移り動植物の観察と読書に勤しむ。明治二十四年、フロリダに向かい、ジャクソンヴィル、キューバなど各地の地衣類・粘菌を調査。明治二十五年、ロンドンに渡り、在英七年間、大英博物館を拠点として知識を深める。明治三十三年、帰国。以後三年間、那智周辺の隠花植物の調査。明治三十九年、田村松枝と結婚。明治四十一年、栗栖川村水上の原生林調査、および大和・十津川村方面の植物調査。明治四十三年、神社統合を推進する県吏に面会を求めて講習会場に乱入し、家宅侵入の容疑で拘引される。明治四十四年、柳田国男と文通を開始。大正五年（一九一六）、弟常楠の出資で田辺に家を購入。大正十年、南方植物研究所開設の募金開始。高野山の植物調査。昭和三年（一九二八）、日高郡川又・妹尾国有林の菌・粘菌調査。昭和四年、南紀行幸の昭和天皇に進講、粘菌標本百十点を進献。昭和五年、保護してきた神島が県の天然紀念物に指定される。昭和七年、粘菌標本三十点を進献。昭和十年、神島が史蹟名勝天然紀念物に指定される。昭和十六年、十二月二十九日享年七十四にて永眠。

研究の軌跡・学問の特徴

鍋屋を家業とする家に生まれた南方は、鍋を包む反古紙に書かれた絵や文字をむさぼり読みながら幼少期を過ごし、同級生津村多賀三郎から『和漢三才図会』を借り、全百五巻を筆写した。少年時代の写本は『本草綱目』、『大和本草』、『全躰新論図』、『和歌山新聞紙摘』、『徒然草』、『前太平記』、『経済録』、『具氏博物学』などで、植物学は言うまでもなく幅広く博物学への素養があったことを窺い知ることができる。

さらに、和歌山中学の恩師鳥山啓の薫陶を受けて博物学の才を伸ばし、十三歳で「英国諸書を参校し漢書倭書を比て」自作の教科書である『動物学』を書き上げた。共立学校では初代校長（のちの総理大臣）高橋是清に英語を学び、カーチスとバークレーの調査菌が六千点であることを聞き、日本菌を七千点採集する志を立てた。この志は一生涯堅持して大正八年（一九一九）、ついに調査菌は六千点に達し、晩年には四千五百種、一万五千枚に及ぶ遺稿、『日本菌譜』を集大成した。大学予備門に進学してからは「授業など心にとめず、ひたすら上野図書館に通い、思うままに和漢洋の書物を読みたり」と読書にふけり、筆写ノート『課余随筆』を書き始め、この筆写は渡米後も続いた。

南方が各地で博物標本収集をしたことも周知の通りである。E・S・モースの講義録『動物進化論』を購入し、大森貝塚に出かけて土器、人骨・獣骨を採集して、動植物の標本製作をし、江ノ島で貝類・甲殻類などの標本採集、日光で動植物標本採集を精力的に行う。日頃から上野の動物園、博物館、図書館、浅草公園の水族館、小石川植物園などにも熱心に通う。東海散士柴四朗の『佳人之奇遇』「方今焦眉の急務は、十尺の自由を内に伸ばさんより、むしろ一尺の国権を外に暢ぶるに在り」の一文を引いて遊学の志を説き渡米。その後、在米時代も州立農学校を退学し、アナーバーで読書と植物採集が中心の生活を続け、この頃スイスの博物学者ゲスナーの伝記に感銘を受ける。また弁護士でアマチュア菌類学者のウィリアム・W・カルキンスの助言を受けて、フロリダと中米に隠花植物の採集に出かけ、これは後のキューバでの地衣新種グアレクタ・クバナの発見につながった。

明治二十五年（一八九二）、ロンドンに渡った南方は、翌二十六年、大英博物館古物学部長A・W・フランクスと、同副部長C・H・リードに日本語・中国語に関する助言を依頼され、以後大英博物館宗教部の仏像仏具の名を定めるなど東洋関係文物の整理を助け利用の便を得る。彼等に学者としての厚遇をうけ「今日初めて学問の尊きを知る」と感激する。明治三十年、大英博物館東洋図書頭R・ダグラスと親交し破格の便宜を得るが、大英博物館で殴打事件を起こし、二週間の出入り禁止を受ける。明治三十一年、大英博物館で女性の高声を制したことから紛争が起こり館から追放される。明治三十二年、大英博物館分館自然史館に入る。またヴィクトリア・アンド・アルバート博物館の技手となり、浮世絵などの解説を請け負った。

在英七年余の大半を大英博物館で読書と筆写に励み、英・仏・伊・独語で書かれた民俗学・博物学・旅行記の筆写からなる『ロンドン抜書』五十二冊、総計一万頁以上のノートを成し遂げ、後の南方の学問的基礎となる。特に南方が情熱を注いだのは大英博物館の東洋部書籍目録の編纂であり、その莫大な数の図書に一つ一つ外題をつけて、著者伝、年代を詳記した。また、ヴィクトリア・アンド・アルバート博物館では、『日本画本目録編集』を大成するなど博物館人としての業績も著しいものであった。

また、当時科学雑誌として権威を高めつつあった『ネイチャー』誌へデビュー作「極東の星座」を投稿し、英国の学界に仲間入りを果たし、また『ノーツ・アンド・キリーズ』誌へも論文を精力的に寄稿し、晩年まで特別寄稿家として執筆活動を続けた。ロンドン大学ディッキンス総長との共訳『方丈記』は『王立アジア協会雑誌』

に掲載され、ゴワン版万国名著文庫に収録された。英語を始めとする語学に長けた南方は、海外の科学雑誌等への投稿を盛んに行ない、その名を世界に知らしめていったのである。南方の非凡な才能を賞賛した民俗学者柳田国男は、自らが民俗学を志した動機は南方の感化であるとしながらも、「述作をせらるるからには、同国人を益するように日本語にて書かれたし」と日本語でない論文に対しての不満も述べている。帰国時に大英博物館のジョージ・モレイに日本隠花植物目録を完成するよう勧められ、研究・採集に専念する。

帰国後、南方は那智の山中に籠もり自然の観察・採集・研究に明け暮れた。下山後は終の棲家となる南紀州田辺で研究の充実に努めた。那智山中での生活は後年のエコロジーという言葉で生態系の全体像を捉えようとする南方の理念を形成するものであった。毛利柴庵の『牟婁新報』に投稿した長大な論考は、植物学上貴重な菌類の宝庫が破壊されないよう景観を護らなければならないという、自然保護思想を強調したものであり、古社の保存と神社林の保護はそれに劣らず重要であると訴えた。明治三十九年、西園寺内閣内相原敬が発令した神社合祀令により、神社は一町村に一社の方針が打ち出され、合祀による神社の廃止と神林の伐採が進み、巨木・老木が切り倒されることになった。南方の研究対象である粘菌・苔類の多くは神社林に保護されており、「小生畢生の事業の中心基礎点たる神林を潰しにかかるなどは言語道断」とし、田辺町内の由緒ある神社が無差別に合祀の対象となるに及んで、南方は研究を放擲して神社合祀反対運動に全力を賭けていった。南方による神社合祀反対運動関係書簡は多く残され、その書簡の中には史跡保存・エコロジー・景観論・野外博物館等の重要な語が使用されている。考古学上の発掘品は大学・帝室博物館に納め、社地より出たるものは神宝として永久保存し、古跡・名勝・天然紀念物の保護は無類無数の大功ありとし、遺跡保存・史跡整備は広義の野外博物館として捉え、その保存は児童教育上も有益なことを論じた。

周知の如く我が国のエコロジストの先駆者としてまず挙げられるのが南方であるが、南方の生涯において学問のみならず、神社合祀反対運動全般にもこの思想は強く現れている。我が国第一の珍植物多き神島への行幸に反対し、その道を切り開くことが、植生や動物の生息地の異変を生み自然破壊に繋がる、といった環境の全体的保全の意味を明治末に指摘している。さらにエコロジーを相互研究する学問の存在と、生態系が狂うことの危険を国家に強く訴えており、現代社会にも繋がる問題に早くから着眼し警鐘を鳴らしていたものであった。景観論としてはドイツの電線の地下埋設による町並み景観の整備、我が国の建築物は常に自然と密接な関係にあり、外国のそれは荘厳であるが自然を伴わない風致に欠けたものであることを論じた。このように神社合祀反対運動書簡に見られる思想は、ある意味で博物館学的な色彩が強いものであった。

特筆すべきは南方の書簡に見える「野外博物館」なる語の用例である。一般に木場一夫が提唱した野外博物館が我が国の嚆矢として捉えられているが、それよりも四十年程前に南方はすでに白井光太郎に宛てた書簡でフィールドミユゼウムを野外博物館と訳し、「野外博物館」の語を使用していた。我が国の神林こそが野外博物館であると提唱し、その保存を強く訴えたのである。南方がいう野外博物館は自然界を示す用語で、その後の博物館学者が提唱した野外博物館とは基本的に異なったものではあるが、南方らしいスケールの大きい論であると評価できる。「人民をして土地に安着せしめんとならば、その土地の事歴と天産物に通暁せしむるを要すとて、野外博物館を諸地方に設くるの企てありと聞く」「愛郷心は愛国心の根本なり。英国学士会員バサー氏いわく、人民を土地に安住せしむるには、その地の由緒、来歴を知悉せしむるを要す、と。氏は、近日野外博物館を諸村に設けんと首唱す。名前は大層なれど、実はわが神林ある神社のごときものなり」というように、我が国の自然村には必ず一つの産土神社があり、常に森林に覆われ下草も生うがままに繁り、植物学・生物学の宝庫であった。また、神社はその地域の住民のよりどころであったので、その神社が廃社となれば、民俗学的、宗教学的にみても失うものが多く、外国のように野外博物館を設けて土地の来歴、風土等を継承させた如く我が国の野外博物館であり、人々の生活のすべてが凝縮している神林を保存しなければならないことを説いたのであった。外国文化を盛んに取り入れようとした時代に、外国文化に傾倒せず日本の文化が何よりも勝ることを命懸けで訴え、紀州の古社、山林、動植物を保存した。また児童教育にも自然のみならず、日本の伝統文化が一番大切であることを説いたことは、まさに現代の博物館教育に通じる思想であった。

しかし最も保存に望みを託した父祖の産土神、大山神社が合祀され、反対運動にかける情熱も冷め研究生活に戻ることになる。田辺での南方の植物学の知識に目をつけた米国農務省スウィングルは、南方に米国招聘を何度か打診するが南方は固辞する。農学博士田中長三郎は米国の植物産業局に対する日本植物研究所の構想を持ち、南方を初代所長にと提案し、その結果誕生したのが自邸約四百坪の南方植物研究所であり、発起人に澁澤敬三の名も見られる。募金集めに帰国後はじめて県外に出て上京し、銀座高田屋旅館に投宿。大正十一年（一九二二）、國學院大學にて講演会を企てるが、「五月十四日　日本酒ノミ、同乗シテ國學院エユク。院ノ控エ席ニテ、又日本酒ノム、講堂ニ芳賀博士来ル、折口及中山氏話し、予モ少々話セシガ酔テヨイ加減ナコトトシ大酔シテ帰宅」というように折口信夫に続いて講壇に登ったが、泥酔して話にならなかったというエピソードが残る。

南方は、在米時代に菌類学者カルキンスから隠花植物研究の手ほどきを受け、その中でも特に粘菌の研究に力を注ぎ、我が国の粘菌研究史に輝かしい足跡を残した。また、淡水産の藻、四千枚以上の顕微鏡用プレパラート標本や三千種以上のキノコの英文説明付彩色図が残されている。南方の菌類図譜・標本は、粘菌類標本とともに現在は国立科学博物館に寄贈・保管されている。

南方熊楠の横顔

昭和元年（一九二六）、世界菌学会の権威、イタリーのプレサトラ大僧正生誕八十年記念としての菌譜出版に際し、名誉委員となる。昭和四年、天皇南紀行幸に際し田辺湾内神島にて迎え、御召艦長門艦上にて進講し、粘菌百十種等を進献する。その時進献した標本をキャラメルのボール箱に詰めて持参したことが逸話として残る。大蔵大臣・民俗学者澁澤敬三は昭和天皇からこの進講の話で「南方には面白いことがあったよ。長門に来た折、珍しい田辺付近産の動植物の標本を献上されたがね。ふつう献上というと桐の箱か何かに入れてくるのだが、南方はキャラメルのボール箱に入れてきてね。それでいいじゃないか」という逸話を聞かされた。その後澁澤はミナカタ・ソサエティを結成し、顕彰事業として『南方熊楠全集』を出版した。また、昭和十年、神島に渡り、久邇宮多嘉王、同妃、同若宮殿下に講話する。

昭和三十七年、昭和天皇が南紀行幸され、「雨にふける神島を見て紀伊の国の生みし南方熊楠を思ふ」の歌を詠み、これが南方顕彰の大きな弾みとなり南方熊楠記念館、熊楠邸保存顕彰会、南方熊楠顕彰館設立に至った。

（落合知子）

主要著書

『南方閑話』一九二六　坂本書店
『南方随筆』一九二六　岡書院
『南方熊楠全集』一九五一～一九五二　乾元社

顔写真／南方熊楠顕彰館所蔵

棚橋　源太郎

（たなはし・げんたろう）

明治二年（一八六九）〜昭和三十六年（一九六一）

棚橋源太郎の学的背景

棚橋源太郎は、明治二年（一八六九）六月二日、現在の岐阜市南柿ヶ瀬で生まれ、三キロメートルほど離れた岐阜県本巣郡北方村（現北方町）で育った。明治七年、旧藩校化成舎に学び、明治九年には北方小学校に入学し、明治十六年、卒業と同時に授業生となったという。この授業生というのは、明治初期にあった小学校の授業の補助員のことで、いわば今日のティーチング・アシスタントである。明治十八年には、岐阜県華陽学校師範部に入学し、本格的に教員となる勉強を始め、明治二十二年、同校付属小学校訓導となる。北方小学校授業生となったのが数えで十五歳、華陽学校付属小学校訓導となったのが数えで二十一歳である。

この後、明治二十五年、高等師範学校に入学し、博物学を専攻する。同校卒業後は、兵庫県、岐阜県の師範学校教諭を歴任し、明治三十二年、高等師範学校付属小学校訓導に転じ、明治三十六年に東京高等師範学校教授となる。

この学校教育経験および東京高等師範学校での教員養成教育の実践の中で、棚橋は次々と理科教育の実践教授法を中心とした著作を上梓している。

明治三十九年、東京高等師範学校付属教育博物館主事を兼務するところから、棚橋の博物館との関わりが始まることになるのだが、これに先立つ時期の理科教育を中心とする教育学研究や教育実践が、その教育理念を形作ってきたことは間違いない。棚橋の教育観や教育実践、そして、その教育論、とりわけ「直感教授」「郷土科」「生活改善」の実践は、後の博物館教育に大きく影を落とすものである。

棚橋が理科に強い関心を抱いた背景には、小学校から華陽学校時代を通じて、博物学や農学を教えていた昆虫学の名和靖(註1)との出会いがあり、東京高等師範学校で博物学を専攻したのは、その影響が濃いといえる。岐阜の師範学校教諭に転じたのは、この名和靖の後任として迎えられたという事情がある。名和とは道路を一本隔てた向かい合わせの家に住んでいたということであり、一緒に昆虫採集などを行ったと伝えられる。

高等師範学校付属小学校訓導時代を振り返った棚橋の言葉に、「高等師範学校は、（中略）教育の本山といったところです。教育の方法を見るには高等師範に行くよりほかになかったんです。それでわれわれのやる授業がモデルになった。（中略）当時、付属小学校には同級生が七・八人おったが、理科出身は私一人だった。（中略）私は理科出身だからオブジェクト・レッスン（実物教授法）で、観察科……ドイツのアンシャウングスウンターリヒト、それから郷土科……ハイマート・クンデ、それから理科と……、そんなものまで教えたんで……(註2)」というのがある。すでに兵庫県や岐阜県の師範学校時代にも野外学習や実物を利用した教授法を実践していた棚橋は、高等師範学校付属小学校でも生徒に校外観察を課すことを主導したという。(註3)棚橋はこの校外観察の中に、「殊に博物館を有する都市に在りては（中略）必ずこれに依らざる可からず。之れ歴史教授に校外観察の欠く可からざる所以なり(註4)」と述べているように、学校教育における博物館の利用が視野に入っていたことは明らかであるし、訳書である『ヒュース嬢教授法講義』にも学校博物館の有効性に触れた部分があることなどから見ると、このころには博物館の教育機能に関心を寄せていたことが推し量れよう。

東京高等師範学校附属教育博物館主事の棚橋源太郎

明治三十九年（一九〇六）、棚橋源太郎は東京高等師範学校校長嘉納治五郎から附属教育博物館の主事兼務を命じられる。明治二十三年、東京教育博物館が高等師範学校の附属となって上野公園内から高等師範学校隣接地の最初に文部省博物館の置かれた湯島聖堂に移されてから、その主事には師範学校教授がそれぞれ兼務でついたが、当時三年間は主事不在のままであった。六代目の主事として棚橋が就任することになったものである。校長の嘉納治五郎は、「（前略）自分が此の職（校長）に就いてから以来、四人異なった主事にその仕事を託して見た、何れも皆な相応に成績は宜かったが、特に満足するほどには至らぬ」「何れも皆繁劇なる職務を有って居る人に其の余暇を以って教育博物館の任務に当らしめたのである、又夫等の人は初めより教育博物館のことを特に研究した人では無いのである、今当分の中は特に教育博物館に対して緻密なる研究をしている人は得ることは難きことであらうと思ふ」（註5）と述べている。嘉納は博物館の状況に満足していたわけではなく、人材不足を嘆き、また経費不足を嘆いている。（註6）少壮の棚橋に主事兼務を命じた嘉納が棚橋に何を期待したのかは必ずしも明確ではないが、『教育界』臨時増刊号『教育博物館』に寄せた棚橋の二本の論説、「実物教授品」「動植物鉱物及び生理教授用品」、とりわけ、その「総評と本館に対する希望」に見られる棚橋の考えを評価した嘉納が、棚橋に教育博物館を託そうと考えたものではないかと思われる。

主事となった棚橋が教育博物館というものをどのように考えていたのかについては、就任の年の第一回全国小学校教員会での演説に明らかである。(註7) このとき棚橋は、「教育博物館は、特に教育の改善のために、教育者の智識を進めることを唯一の目的とすべきものと信じます」「海外の或る教育博物館では身近な学術上の事項に関し、通俗講義を催ほして、学問の普及に努めて居るものもあるが、私の考えでは、斯ういう類の仕事は、教育博物館の本領とする所ではない」として、教育博物館の役割を教育関係者にとっての専門博物館であるべきものとして位置づけているのであり、後の棚橋の「通俗教育」に資するという博物館経営の在り方とは百八十度異なる姿勢であったことがわかる。

この演説で棚橋は、教育博物館の任務として、第一に「最新の教授用具、家庭、学校に於ける教育上の諸設備を、世間に向かって紹介し推挙する」、第二に「国内外教育の過去、現在の状況を容易に知らしむること」、第三に「教育の理論、実際に関する智識を普及すること」を挙げ、事業内容としては「教育品」の陳列が最も重要な仕事であるとしている。この「教育品」の具体的内容として棚橋は次の五類の展示すべき資料群を挙げている。

①「内外国最新の教授用具、生徒用品、材具建築の模型」
②「最新の内外国教科書類」
③「諸学校の規則、一覧、教授細目、学校建築や学校生活の模様を写した写真絵画の類」
④「内外国諸学校生徒の成績品」
⑤「内外国教育史の資料となるべき教育品」

いずれをとってみても「通俗教育」に資するものではなく、まったく教育関係者にとっての参考となるべきものを挙げているのであり、先に『教育界』臨時増刊号で棚橋が挙げた改善案の実現に通ずるものであったといえる。

①は教科書ばかりが教授用品ではなく、「それ以外の教授用品が等閑に附せらる、といふことは誠に理由のないことである」「教具研究上の便利を与えることが目下の一大急務」(註8)であるとして、教授用具の研究を教育博物館の事業の柱とする考えを示し、実際に明治四十〜明治四十二年にかけて『教育研究』誌上に「教具の研究」を五回にわたって連載するほか、(註9)教育博物館に事務局を置く教授用具研究会を発足させている。

このほかの教育博物館の事業として棚橋は、「教育図書の閲覧、並に、教育に関する講演を催ほすこと」、来館者に対する「親切丁寧に説明をして聞かせる」、「処方の学校などから教育品の購入方について」問い合わせがあれば「一々之に応答してその便利を計る」、「研究の成果や、新たに館内に陳列された教具などについて」紹介することが重要であり、そのために「教育博物館には一つの機関雑誌」を持ち、「毎年年報を発行して其の一年間に於ける館の事業を世間に報告する」、「地方の教育展覧会等」に「備え付けの教育品の一部を貸与する」といったことを挙げている。

主事となった棚橋は、こうした考えのもとで展示の改革に乗り出し、図書閲覧室を移して展示場を拡大するとともに、教育歴史部を新設して教育史、教授史研究資料を一括して展示した。この教育歴史部の展示資料には教育参考品の中から古くなったものの一部も移したが、全体の展示を見やすく整理するために利用価値の少ないもの、同一または類似の資料については代表的なものにとどめ、ほかは倉庫に収容した。さらに、大成殿に「特別室」を設け、「直接教育ニ関係アルモノニ限リテ入場」(特別室規定・明治三十九年七月制定)できることとし、「内外国学校生徒成績品」、「教育図書及ヒ教具ノ目録」を展示した。(註10)この特別室の展示は明治四十四年まで続くが、明治四十一年には文部省から英国諸学校教育品の交付を受け、展示を更新するなど、教育関係者の注目を集めた。第一から第三陳列場からも「通俗教育」に関するものは撤去し、「本館従来ノ経営ノ主義ヲ変シ列品中ニ在リテ学校及家庭教育上直接参考トナラサルモノハ之ヲ撤去シ代フルニ専ラ教育関係者及教具製造業者等ヲ裨スルニ足ルモノヲ以テシ教育博物館トシテノ本領ヲ発揮センコトニ努メ（註11）」るという大改革を棚橋は断行する。

明治三十九年から明治四十四年までの年間の入館者数の推移をみると、五万人から三万人弱へとかなり大きく減少している。一方で、特別室の入館者は当初千五百人ほどであったものが約五千人と増加している。（註12）これは、「通俗教育」に関するものを撤去して教育関係者のための専門博物館としての展示に特化したからにほかならない現象である。

欧米留学と博物館観の変化

棚橋源太郎は、明治四十二年（一九〇九）、文部省より二年間のドイツ留学を命ぜられる。研究課題は教育学であったが、専門学務局長の福原鐐二郎から「教育学は棚橋君に限ったことではない。（中略）君には博物館のことをやってきてもらいたい」と言われ、教育学と博物館研究を課題として明治四十二年十月に出発、明治四十四年十二月、アメリカを経て帰国することになる。一年八ヶ月に及ぶドイツ滞在中に棚橋は理科教育の研究を行う傍ら博物館を見て回ったようだし、アメリカを経て帰国する間も各地で博物館を見ているようだが、当時棚橋がどの博物館を見たのかは、必ずしも明らかではない。

第一回の留学から帰国後の棚橋は、もっぱら一般公衆に向けた博物館の社会教育機能の拡大充実に努め、欧米での見聞を生かした博物館作りを推進してきた。その博物館学的特徴は、欧米の博物館事情の紹介を通じての博物館のあり方やその技術に関する発言、我が国が建設すべき博物館の性格と内容をめぐる発言によく表れている。

欧米の博物館事情をめぐっては、その規模や充実振りに驚き、我が国の博物館は著しく遅れているとし、施設・建物はもちろんのことだが、「其の陳列品の多方面に亘って、実に豊富な事、そしてそれが科学的にまた教育的にそれぞれその目的に従って善く分類されて整然たる」こと、「陳列館や陳列箱の構造、陳列の方法、説明の附け方、保管の方法などになると、流石に古くから経営されて居るだけに博物館学Museumskundeと言って博物館経営に関する専門の学問技術が発達して居る位である」(註13)と、欧米の博物館とその博物館学を高く評価している。そして、この欧米の博物館は、学術研究のひとつの中心機関でもあること、「昔から最近に至る迄の研究発見や工夫製作の成果を系統的に展開して」学者や専門家のために資すると同時に、「人民の博物館として、一般民衆の知識趣味の普及向上に努めて居る」と、その性格を研究機関であると同時に教育機関であると説き、研究機関としてその「蒐集整理」に専門の館員や委員をおくばかりではなく、教育機関としても「教育に経験ある館員をおいて、一般民衆の教育に当ら」せていると、その組織の充実振りを説く。(註14)

展覧会や講習会・講演会、あるいは見学者に対する展示解説、館外への資料の貸し出しや巡回展などの積極的な博物館教育の経営を主張するとともに、「我が国には博物館従業員の養成機関が無いのである。従って博物館の真の任務を解し新らしい経営法を知っている専門家が無い」(註15)と、欧米に比した遅れの根本を指摘する。

棚橋は、博物館とは単なる見世物小屋ではなく、国民の教育に必要な機関であるとして、欧米に習い、その発達を図ることが必要であり、その教育的利用について意を尽くすことを求める。この意味では、東京教育博物館から東京博物館時代の棚橋の博物館観は、その教育的意味に強く傾斜した所論であったと特徴付けることができよう。

こうした博物館の社会的役割と意味の理解、そして棚橋自身が理科の専門家であったことから、当時の我が国

通俗教育館の内部

にあって必要とされる博物館として、自然科学系の博物館が「閑却されている」とし、その建設を慫慂する。[註16] また、教育博物館についてもドイツやアメリカの例を引き、自身が高等師範学校附属東京教育博物館で進めたような、教具研究、教具の改良や普及供給のための機関として必要であると説く。さらに、学校教育における博物館の利用のあり方と、生徒自身の手で博物館を経営させる学校博物館の構想を示している。[註17]

棚橋の留学中の明治四十四年五月、「通俗教育調査委員会官制」が定められた。これは自由思想、左翼思想の台頭に危機感を持った政府による社会教化、思想善導の「通俗教育」の強化策という側面を持つものだが、文部省は、この委員会の決議に基づいて東京高等師範学校に対し、明治四十五年三月、同校附属東京教育博物館内に通俗教育に関する展覧及び講演等の施設を設置するよう要請する。帰国し、主事に復していた棚橋はこれを受けて「通俗教育館」を開設することになる。

通俗教育館は、「(前略)新館と称する一棟を以て之が陳列場に充て、建物及び陳列用具の修繕部品の蒐集に着手し、同年十一月三十日、大略の陳列を終りたるを以って、不取敢開館して公衆の観覧に供することとせり。当館に於ては、同時に又従来の教育図書閲覧所を以て、通俗教育調査委員会に交渉して、同会の認定に係かる通俗図書全部一通り借り入れの承諾を得、一方又出版業者に対して通俗図書の蒐集の寄贈を依頼し、此等蒐集の図書を従来の当館図書閲覧所に備へ付け、同年十月より公衆の閲覧に供することとせり[註18]」という形で始まり、棚橋が理科教育出身であったことから、「自然科学及び之が応用に関する卑近なる器械標品模型絵画及び写真の類を陳列して、公衆の観覧試用に供する事、及び通俗の図書を備へて公衆の閲覧に供することの二つ」を事業内容とした。これは第一陳列館の列品を大成殿とその回廊に移し、ここを通俗教育館に充てたものである。

この通俗教育館において、棚橋は留学中に見たドイツなどの博物館の展示法を導入し、一般観覧者が容易に展示を理解できる工夫を随所に採り入れている。その展示は、「天産」、「重要商品製造順序標品」、「理学器械及び器械模型」、「天文地理」、「衛生」の五部門からなっていた。天産部門では、淡水生物をガラスケースで飼育して、生きたまま見せる工夫をし、動物の剥製ではジオラマ式の生態展示を採り入れ、動物、植物、鉱物標本の分類展示では、「図解せる絵画と併せ陳列」して理解を助けることを狙った。重要商品製造順序標品部門では、ガラス、セルロイド、セメント、ゴム、歯磨き粉、石鹸、インク、鉛筆、獣皮、ラシャ、絹布、人絹、綿布、モスリン、陶器、漆器、銅線板、石油、印刷物、ビールなどについて、「原料より完成品に至るまでの標品を蒐集して、その製造場に於ける就業の実況を示したる写真絵画等と併せ」て展示した。理学器械および器械模型部門では、力学、電気学、音響学、光学等に関する器械二十八種、数種の器械学模型、旋盤、ミシン等を展示し、これらのものは来館者が「自らボタンをおしたりハンドルを廻して理科応用の実際的知識[註19]」を得られるよう配慮した。天文地理部門では、起伏地図、火山模型や天文学に関する各種の器械類が展示され、図解や写真、幻灯を併用した。衛生部門では、人体解剖模型や内臓諸器官の模型、食品や嗜好品の成分分析標本、飲料水の供給方法等の展示があり、衛生知識の普及を図った。[註20]

学校教育における「実物教授」、「直感教授」、「観察科」、「郷土科」、「生活改善」などの推進を通じ、特に理科教育を中心として、その革新を図ってきた棚橋は、欧米における博物館の教育手法も、こうした教育思想や手法から理解し、それを「通俗教育」に応用することで、我が国の博物館の展示を一新したといえる。

東京教育博物館館長としての棚橋源太郎

大正三年（一九一四）、東京高等師範学校附属東京教育博物館は文部省普通学務局の直轄になり、名称を東京教育博物館と改めた。棚橋は東京高等師範学校教授のまま、この新たな博物館の館長事務取扱に就任し、本格的な博物館事業の展開に取り組むこととなる。この年、東京大正博覧会が開かれ、その教育学芸館の建物が東京府より宮内省に寄贈されていたが、大正六年、東京帝室博物館より旧教育学芸館の引渡しを受け、湯島にこれを移築する。これによって、東京教育博物館の展示面積は旧来の展示場に比し、約六倍の面積を獲得することになった。文部省は、これを機に東京教育博物館の体制を強化し、棚橋源太郎を文部省督学官とし館長を兼務させ、順次、職員を増やした。この結果、大正九年までに館長以下十四名の体制となり、館長の下に二名の主事が配された。

大正五年、棚橋は常設の展示とは異なるテーマの時宜にかなった特別展の開催を計画し、これを実践に移す。我が国初の期間をあらかじめ設定して開催した展覧会で、最初の特別展は、「虎列拉（コレラ）病予防通俗展覧会」（大正五年九月下旬～十一月中旬）である。(註21) 旧教育学芸館の移築がすみ、新展示館が完成すると、その開館披露を兼ねて「大戦と科学展覧会」（大正六年十一月十七日～十二月十六日）が行われている。その後、大正十二年（一九二三）の関東大震災で焼失するまでの間に、「食品衛生経済展覧会」、「天然痘予防展覧会」、「廃物利用展覧会」、「家事科学展覧会」、「災害防止展覧会」、「生活改善展覧会」、「「時」展覧会」、「児童衛生展覧会」、「鉱物文明展覧会」、「計量展覧会」、「印刷文化展覧会」、「活動写真展覧会」、「運動体育展覧会」、「消費経済展覧会」、「動力利用展覧会」、「衛生工業展覧会」と毎年二から三回の特別展を実施している。(註22)

この特別展にあわせて、通俗講演会と映写会が行われるようになり、通俗教育館としての三つの事業、すなわち、博物館展示、通俗講演会、通俗図書館が揃ったことになる。こうした経営展開を進めてきた棚橋の東京教育博物館の将来計画は、「名称は教育博物館ではあるが、その実質は民衆教育を目的とする科学博物館である」(註23)という認識にも明らかなように、本格的な国立の科学博物館の創設にあった。

すでに大正六年の特別展が、戦争が新たな科学戦の時代に入ったことを示した第一次世界大戦の影響を色濃く受けたものであったように、このころから急速に理科教育の強化充実が議論されるようになっていったことや、帝国議会に国立博物館建設の建議が上程されたり、帝国学士院の斡旋で発足した学術研究会議が科学博物館設立を建議し、文部大臣に具申したりするなど、欧米の科学博物館を範とした自然科学系の国立の博物館建設の機運が醸成されていた。こうした動向を受け、政府は大正十年、文部省の東京教育博物館から「教育」の二字を削除して「東京博物館」と改め、その官制に「東京博物館ハ文部大臣ノ管理ニ属シ自然科学及其ノ応用ニ関シ社会教育上必要ナル物品ヲ蒐集陳列シテ公衆ノ観覧ニ供スル所トス」と、学校教育のための教育博物館から、社会教育のための自然科学の博物館とその性格を大きく改めることになる。二年後には新たに学芸官、学芸官補が設けられ、博物館の専門職員が制度化されることになる。(註24)

文部省と宮内省の間での旧教育学芸館の譲渡、移築の交渉の中で、宮内次官石原健三から文部次官福原鐐二郎宛の返書に、旧教育学芸館の譲渡とともに、東京帝室博物館天産部資料の移管についても検討を求められることとなる。(註25)これについて文部次官は、天産部資料については教育博物館拡張計画の設立に際して改めて協議したいと回答しているが、実際にはこの方向は両者の間で確認されていたようで、その実際の移管について、帝室博物館総長の股野琢、その後任総長の森林太郎（鴎外）と棚橋の間での協議が行われている。文部省の東京教育博物館となって以後、本格的な科学博物館への拡張計画が進められていき、上野公園内に土地は確保するものの、折から政府の財政が逼迫して建築予算交付が先延ばしにされ続けていたうちに、関東大震災によって東京博物館は建物も所蔵資料も共に烏有に帰してしまう。

棚橋は震災応急新営費をもって、木造の仮設建物を震災の翌年に落成させ、東京帝室博物館から移譲された同館天産部資料と新たな寄贈資料、購入資料をもって新たな展示を制作し、大正十三年五月より順次公開すると同時に、特別展として五月には「乳展覧会」を開催するなど、精力的にその復興を進めたが、同年十二月、東京博物館館長を依願退職し、東京博物館を去る。

註

1　安政四年（一八五七）～大正十五年（一九二六）。ギフチョウの命名者として知られる。明治二十九年（一八九六）、名和昆虫研究所を設立し応用昆虫学の研究に力を尽くす。明治四〇年（一九〇七）、名和昆虫研究所記念館、大正九年（一九一九）、名和昆虫博物館を開館する。名和は明治二十九年、岐阜県師範学校の動物学の教諭から農商務省の技師に転ずるため、棚橋を後任に求める。

2　棚橋源太郎・宮本馨太郎『棚橋先生の生涯と博物館』一九六二　六人社　三十八―三十九頁

3　佐藤優香「教育博物館における教育機能の拡張―手島誠一と棚橋源太郎による西洋教育情報の受容―」『博物館学雑誌』二十三―二　一九九八　五十四―五十五頁

4　棚橋源太郎「校外観察に関する研究」『教育研究』十三　一九〇五　十五頁
5　嘉納治五郎「東京教育博物館に就て」『教育界』臨時増刊号『東京教育博物館』附録　一九〇三　二十七―二十九頁
6　『国立科学博物館百年史』一九七七　百七十頁
7　棚橋源太郎「教育博物館」『教育研究』二十八　一九〇六　三十頁
8　註6に同じ。
9　『教育研究』四十二　一九〇七、五十二　一九〇八、五十三　一九〇八、五十四　一九〇八、六十二　一九〇九
10　その資料の具体的な内容については『国立科学博物館百年史』一九七七　一七二頁に挙げられている。
11　註6に同じ。
12　棚橋源太郎「本邦社会教育の不振」『教育時論』一二二四　一九一九
13　註12に同じ。
14　棚橋源太郎「科学博物館建設の急務（一）（二）」『東京朝日新聞』一九一九年十月三・四日号
15　註12に同じ。
16　註12に同じ。
17　棚橋源太郎「学校図書館と学校博物館」『教育時論』一一九〇　一九一八
18　棚橋源太郎「通俗教育博物館施設の現況及将来の計画」『帝国教育』三七一　一九一三
19　「新設通俗博物館を観る」『帝国教育』三六五　一九一二
20　註12に同じ。一八四頁
21　註12に同じ。一九二―一九三頁、八七二頁

22　註12に同じ。一九三—二〇一頁、八七二頁
23　棚橋源太郎「先ず自然科学博物館を建設すべし」『現代教育』八　一九一四　六—七頁
24　註12に同じ。二一四—二一五頁
25　註12に同じ。一九〇—一九一頁

写真／国立科学博物館提供

（矢島國雄）

小林　一三（こばやし・いちぞう）

明治六年（一八七三）～昭和三十二年（一九五七）

生い立ち

山梨県北西部釜無川と塩川の合流点、甲州街道の宿場町として栄えた韮崎に明治六年（一八七三）一月三日、生まれる。誕生日から一三《いちぞう》と名付けられた。

小林家の本家は酒造業、絹問屋を営む豪商「布屋」であった。母きくのは一三を生んだその年の八月二十二日に、姉竹代と一三の二児を残して病死する。父は婿養子であったため、子供達を残して離縁され、生家に戻っている。一三はこのことを自家の過去帳に「二代ノ孤児本家ニ養ハル」と記している。二歳で祖父維明の立てた別家の家督を相続するが、本家の大叔父維百に育てられる。

雇い人も多く、裕福な商家で何不自由なく暮らしていても、物心ついた頃にはすでに両親はなく、顔も覚えていない。さみしさはワンパク、ガキ大将で補っても、人格形成に影響を受けたことは疑いない。孤児であっても、本家の人々からも、町の人々からも「ぼうさん」と尊敬されて呼ばれていたと、姉の竹代が語っている。

明治十一年、五歳で公立小学韮崎学校入学。学校はまだ寺小屋もどきの仮設状態の建物であっても、明治五年に制定された学制によって、新しい教育を受けている。十二歳の十二月十六日、小学高等科を卒業。翌年、東八代郡南八代村の加賀美嘉兵衛の家塾、成器舍に入り、寄宿生活を送る。当時の最新の教育を受けるが、翌夏、腸チフスにかかり退学する。

明治二十一年、慶応義塾に学ぶため上京。入学早々のストライキ、芝居や寄席通い、小説の執筆と多感な青年時代をスタートさせる。

学生時代、一三は将来は小説家になることを夢みている。在学中に童子寮の寮誌『寮窓の灯』の主筆を務め、また、山梨日日新聞に霞渓学人の名で「練糸痕」を執筆している。これは、実際に起きた東洋英和女子学校校長ラージ氏殺害事件に材を取り、事件直後の執筆であったことから、一三本人は麻布警察署よりの取り調べを受け、山梨日日新聞社へは甲府警察署が筆者究明に出向くなどと、大騒動となり九回で「完」となる。また、毎月観劇を重ねた結果、国民新聞よりの依頼で「歌舞伎座に劇評家を見るの記」を書くが、あまりにリアルでありすぎたためか、没になるなど、一三の夢もままならない。「学校の勉強がイヤになって二十歳の冬、辛うじて卒業させて貰ったやうに、文学青年の空想的生活に終始した」と述べている。しかしこれらが後年、宝塚の脚本執筆、箕面電車のＰＲへと結実していくこととなる。

サラリーマンから起業家へ

卒業後の社会人としての第一歩を、慶応義塾の先輩、渡辺治（明治二十二年に時事新報から大阪毎日新聞主事に招かれ、翌年二十六歳の若さで社長に。明治二十六年二十九歳で死去）とともに都新聞社（現在の東京新聞）に入社しようとしていたが、渡辺が大阪毎日新聞社を退職できず、この話は沙汰止みになってしまう。

そのころ、一三は上毛新聞社の懸賞小説に入選し、時代物の「お花団子」を挿絵つきで連載中で、「時代物は私、現代物は田山花袋、同時に二人がデビューした」と自叙伝に記している。筆で立つことを志しているが、就職活動はなかなか思い描いたようにはいかない。

慶応の先輩、高橋義雄の紹介を受けて、三井銀行への就職が決まり、明治二十六年（一八九三）正月から勤務する予定であったが、恋心が一三をフラフラとさせ、出社どころではない。一三を叱責し、とにもかくにも出社させるようにしたのは友人の横沢で、四月四日、三井銀行東京支店秘書課勤務十等席月給十三円が初任給であった。時代がのんびりしていたのか、三井銀行の人事が大物であったのか、現在では全く考えられない一三の就職状況であった。大阪支店、名古屋支店、大阪支店、東京支店と勤務を重ね、上司に恵まれたり、恵まれなかったり、本人に言わせれば不運・不遇な憂鬱なサラリーマン生活に明治四十年一月二十三日、終止符を打つことになる。

三井銀行の退職は証券会社新設のためであったが、「三人の子供を連れて私達五人の一家族はいとも心細く大阪に着いた其日が、日露戦後熱狂的に連日連月暴騰した株式市場に襲来した反動暴落の序幕の日であったのである。証券会社設立どころの話ではない。」と、茫然自失する一三がいる。

しかし、憂鬱なサラリーマン時代とはいえ、一三の三井銀行時代に培った人脈は幅広い。大阪支店長であった高橋義雄を筆頭に岩下清周、飯田義一、池田成彬、平賀　敏、藤田伝三郎、津田勝五郎、吉岡重三郎、松永安左衛門、島　徳蔵、今西林三郎、土居通夫、野村徳七、佐竹作太郎、根津嘉一郎、小野金六等々、三井関係の人々や関西経済界を率いる人々、慶応の先輩諸氏と陰に陽に一三との係わりを持つ人々がいる。

失業中の一三を助けたのも、三井物産常務の飯田義一である。彼の推薦によって明治四十年四月、阪鶴鉄道監査役となったことから、歯車が回りだす。八月一日付にて阪鶴鉄道は国有となり、監査役は辞任。またまた、浪人。二ヶ月後、十月十九日、箕面有馬軌道株式会社（後の阪急電鉄）の創立。総会で一三は専務取締役就任と忙しい。

当時、鉄道は新しい交通手段として脚光を浴びているが、一三が引き受けた箕面有馬軌道は緑豊かな田園地帯に計画されており、「誰が乗るのか」という無謀な事業に思われた。計画路線に沿って歩く一三の頭の中はアイデアの宝庫と化す。まずは、沿線を住宅地として開発し、「月十二円で買える土地家屋」をキャッチフレーズに、今では当たり前の住宅ローンを初めて導入する。「最も有望なる電車」という日本最初のＰＲ冊子を発行。次々と繰り出される宣伝文は気軽に読めて楽しい。開業にそなえて箕面有馬電車唱歌まで作詞・作曲し、「咲くや此花梅田より、電車に乗ってゆく先は」と大阪市の小学児童に歌わせる。新しい企業が既存の企業に対抗するのに、一三は広告宣伝に知恵を絞り、大衆の眼を惹き付けていく。若い頃、小説家を志した一三の素質が一気に開花していった。

その間には、大阪市と野江線に関する契約が疑獄事件に発展し、拘置所生活も送るなど（この件は不起訴処分）、一難去ってはまた一難である。拘置所で考えたことは「信義誠実の姿勢ほど世に処するに大切なことはない」と心に固く思ったことであった。明治四十三年三月十日、宝塚線・箕面支線が営業開始。そして、平成二十二年（二〇一〇）、一三の創った箕面電車は阪急電鉄百周年を迎えるまでに、歴史を重ねている。

一三は電鉄会社を軸に関連するあらゆる事業に枝を伸ばしていく。宝塚唱歌隊からスタートした宝塚は現在でも多くのスターを生み出している。昭和七年、株式会社東京宝塚劇場を創立し、取締役社長に就任。昭和九年一月、東京宝塚劇場竣工。東宝劇団結成に乗り出す。二月、日比谷映画劇場を開場し、入場料五十銭均一の外国映画上映館として、映画事業へと手を伸ばしていく。日本最初のターミナルデパートも一三の発案である。

レビュー、演劇、映画、野球、買い物、会食等々、「庶民の楽しみ」「家族で楽しむ」ことを基礎に構築されたアミューズメント事業はとどまる所を知らず発展拡大をする。「大衆が何を望んでいるのか」の思考が、一三の独創性に富む事業経営の根底にあった。もうひとつは、経営者として常に信義誠実な道徳観を有していたことが、逆境にあったとき、禍転じて福となす道を歩ませたといえる。

大臣落第記

一三が財界を代表して政治的発言をするようになったのは、東京電燈株式会社の取締役に就任し、その立て直しに取り組むようになってからである。民間企業にいて、大衆の喜びに心を砕いていた一三が、電力という独占企業にあぐらをかき、政治家の利権にもてあそばされ、大資本を持ちながら危機的状況にある東電の立て直しに取り組みだすと、発言もおのずから財界を代表することとなるし、政治的発言もせざるをえなくなる。

昭和十五年（一九四〇）、六十七歳の折、遣伊経済使節代表団の一員としてイタリアに行き、帰国の船中に近衛文麿よりの電報で東京に呼び戻される。第二次近衛内閣の商工大臣への就任要請であった。同夜のうちに親任式が行なわれる。

昭和十五年九月二十七日日独伊三国同盟締結、同十月十九日会社経理統制令公布、昭和十六年四月一日生活必需物資統制令公布施行、六月二十二日独ソ開戦、十二月八日太平洋戦争への突入と国家非常時・軍国主義へと傾くなか、経済の国家管理・統制経済への道を推し進めたい軍部や、官僚岸信介と実業家小林一三とが相容れるはずもなく、第七十六議会開会中に生じた「機密漏えい問題」により、一三は在任八ヵ月で辞任することとなる。

政治嫌い、官僚嫌いの一三が「国家のため」という言葉に押されて政界に身を置いたが、軍部の台頭するなか、苦労しただけの大臣のイスでもあった。この間の事情は一三の『大臣落第記』、岸信介『断想録』、厳しい統制下にあった新聞記事などを併せて記述された阪田寛夫『わが小林一三　清く正しく美しく』に詳しい。

戦後、昭和二十年十月、幣原内閣の国務大臣に任ぜられ、十一月には戦災復興院総裁に任ぜられるが、同二十一年三月十日、公職追放となり、辞任をよぎなくされる。またまた、浪人ということである。同二十六年八月六日、公職追放を解除された時、一三は七十八歳になっている。この間、東宝の労働争議に頭を痛め、その再建に力を尽くしている。

昭和三十二年一月三日、八十四歳の誕生日を元気に迎え、二十五日には翌日の芦葉会茶会の道具の取り合わせを済ませているが、その夜、十一時四十五分、急性心臓性ぜんそくのため急逝する。

大仙院殿真覚逸翁大居士、正三位勲一等瑞宝章を贈られる。二十八日、雅俗山荘にて密葬。三十一日、宝塚大劇場にて、宝塚歌劇団の生徒のほか、各界の関係者三千人を超す大勢の人々に見守られて荘厳な宝塚音楽学校葬で見送られる。

また、北鎌倉寿福庵にて、「逸翁追善茶会」が延命会・瑞鹿会の発起により開かれている。松永耳庵、畠山即翁、五島古経楼という昭和の数寄者を代表する三氏が懸釜をし、突然に逝ってしまった一三を偲んでいる。

箕面動物園から宝塚動植物園へ

明治四十三年（一九一〇）十一月一日、箕面動物園が開園する。「咲くや此花梅田より電車に乗ってゆく先は……」箕面公園であり、付設された動物園であった。電車唱歌を自ら作詞し、大阪の小学生に歌わせた一三は、田園地帯を走る電車の乗客の目的に、郊外の行楽を旗印にしていた。『逸翁自叙伝』に当時の動物園のことをこう記している。

「公園入口左手の動物園は、渓流に日光の神橋を写した朱塗の橋を渡って、二間四方朱塗の山門から左へ登りゆくのである。園の広さは三万坪、だらだら坂を曲がりまがって中央の広場には余興の舞台がある。数十町の道に沿うて動物舎がある。渓流の一端を閉じて池を造り、金網を張った大きい水禽舎には数十羽の白鶴が高く舞ふ。

そのころは京都以外に、動物園はなかった時代であるから、遊覧客は中々多い、殊に自然の岳岩を利用し、四角の箱の中に飼育せしめたものと異り、猛獣の生活を自由ならしめた自然境の施設は自慢の広告材料であった、園内の絶頂には鉄骨の回転展望車を造って、大阪湾を一眸の裡に望むといふのであるが、結局失敗に終わって閉鎖した。」

失敗の原因も以下のように分析している。

「地震国日本に自然環境のなかで見せる猛獣舎の安全と観客の興味の兼ね合い、熱帯産動物の育成の困難さ、思いのほかにかかる維持費等は、単なる客寄せ施設としては不適当」と、再検討されることとなる。

この箕面動物園の動物たちは宝塚新温泉内に新たに作られた娯楽場、新館パラダイスに移されるが、大正五年（一九一六）三月三十一日をもって廃止される。しかし、動物園は株式会社ルナパークにより、大正十三年に総合遊園地内の一施設として開業し、植物園が昭和二年（一九二七）に開園する。昭和六年十一月、宝塚新温泉と動物園、植物園とを結ぶ連絡橋が完成し、宝塚ファミリーランドとして発展していく。

私鉄沿線に動物園や植物園、水族館や遊園地を造り、集客する一三の手法は後の私鉄経営者の手本となる。動物園、植物園、水族館が博物館の一分野というと、今でも驚く人は多い。一三が計画した当初は電車の集客のためであり、家族がいかに楽しむかに知恵を絞っている。昭和二十六年、博物館法が制定されると、宝塚動植物園は博物館相当施設として早い時期の昭和三十年に指定を受けている。楽しみのうちに自然に学んでいることに、早くから着目していた一三は、観客の心をよくとらえていたといえる。

一三の死後のことではあるが、今までの経験が随所に生かされ、宝塚動植物園では立地を活用しての「立体動物園」が鉄筋コンクリート造り地上三階地下一階の建物に完成する。昭和四十五年のことであった。温帯の森林、熱帯の草原、ジャングル、夜の森、沼地、金魚のトンネル、極地の海などと区分けされ、回遊しながら動物を観察できるユニークさが話題を集めた。ところが、平成七年（一九九五）一月十七日未明に起きた阪神・淡路大震災は未曽有の災害をもたらした。宝塚ファミリーランドもこの震災を契機に入園者が減少し、平成十五年四月七日、閉鎖の決断をすることとなる。飼育動物たちは日本動物園水族館協会加盟の動物園の仲間に引き取られ、新しい園舎で元気に生活している。

逸翁コレクションと逸翁美術館

一三はいつ頃から美術品に関心を持ったのだろうか。自叙伝の「その頃の名古屋」にも、「袋町には中林という道具屋があった。ここで買った和全の金襴手、九谷焼乾山の松竹梅、模木米の赤絵百仙人の鉢や根来一輪菊の食籠、実に安価で一円二円程度であった。今も尚雅俗山荘に使われている。床の間には芳園の牛の絵がかけられた。」と、一三の三井銀行名古屋支店時代の頃の生活を記している。二十四・五歳頃のことである。学生時代からこの種の趣味に恵まれていたとも記しているので、美しいものを見る目や自分の生活を美しい、好ましい道具で彩る眼力は早くから育っていたといえる。もちろん、豪商布屋の生活環境が知らず知らずのうちに一三の眼力を育てていったことも大きいだろう。

大阪支店時代、抵当係りの一三が保管していた長田家の書画骨董・茶器類の整理中、広島大本営に行在する明治天皇のご機嫌うかがいに出向く三井八郎右衛門一行が献上品選定に立ち寄り、日曜出勤を命ぜられたエピソードも記されている。この長田家の道具の中には茶道具が多く、「茶道に対する知識と興味を養われたことを感謝している」と語っている。一三が本格的に茶道を始めたのは昭和初期からで、表千家流の茶を生形貴一宗匠について学んでいるが、基礎を会得すればあとは形にとらわれない融通無礙の茶であったようだ。益田鈍翁、高橋箒庵、松永耳庵、畠山即翁等々昭和の数寄者といわれる人々の茶が、形や伝統にとらわれないものであったように。実業家仲間との茶事、自然流の茶会と使い分け、芦葉会、渓苔会、丼会などを主宰し、茶を楽しんだ数寄者であった。

旧逸翁美術館本館

一三は晩年、茶人として暮らすことを理想としていた。そのため、コレクションには茶道具が多い。国内はもとより、海外の焼き物も積極的に取り入れ、斬新な取り合わせを楽しんでいる。一三の茶に対する考えは『日本美術工芸』誌に連載された「大乗茶道記」にうかがうことができる。茶道の持つ合理性、芸術性をこよなく愛し、形や伝統に固執しないで、時代にあった茶を真に楽しむ。そのための工夫を楽しんだ茶人であった。

もうひとつのコレクションの特色は蕪村、松村月渓（呉春）の二百点を越すまとまった蒐集である。

一三は慶応在学中から俳句を学び、根岸の里にあこがれ、叔父の家に行くのにも回り道をして、子規庵の前を通るほどであったという。「新派の俳句から教育されて、一足飛びに蕪村宗になった」と言っている。一三は二千句にも及ぶ作品を残しており、大阪市と野江線に関する契約が疑獄事件に発展し、松永安左衛門と共に弁護士に相談に行き、待つ間にも句作に余念なく、松永が「俳句どころの騒ぎか」と、腹を立てているエピソードもあるほどで、失意の時、危機のおり、自然に句が湧き出てきたという。死後、句集『鶏鳴集』『別冊逸翁未定稿帙入』が、昭和三十八年（一九六三）に逸翁美術館から出されている。

妻コウの養父が俳諧の宗匠であった。結婚祝いに贈られた蕪村の短冊二点が蕪村コレクションのきっかけになったものである。そして、蕪村に画を学び、俳諧もよくした弟子の松村月渓（呉春）が池田で養療したこともあり、師弟のまとまったコレクションを充実させていく。逸翁美術館の館長を務めた岡田柿衛は開館十周年の折に、「翁はある時私に、いろいろの物を蒐めたが、結局は上代へ進んで、今は経巻などに力を注いでいる」とコレクションの広がりと方向を語っていたことを紹介している。それらは、江戸から平安へと溯上し「佐竹本歌仙切」、西行の「落葉切」、古筆の「谷水帖」、「天平経巻」等々の優品が蒐っていく。

生涯かけて素晴らしいコレクションを作り上げたが、美術館についてはどのように考えていたのであろうか。昭和二十五年文化財保護法が成立したときに、「文化財保護法をめぐって」（「大乗茶道記」『日本美術工芸』昭和二十五年十月号）に一三の「美術」と「美術館」に対する考えがよく示されている。要約すると、文化財保存の目的を外国に対して文化国家を誇るばかりでなく、国民の芸術的思想の涵養、国民生活に良い影響を与えるものでありたい。特色ある美術工芸品が生活や思想を育てる。そのため、二十万・三十万の都市に地方的小美術工芸館を設置する必要を説き、帝大も必要だが松下村塾も必要だと、小美術館論を披露している。小美術館を発展させ公共・社交機関としての、「文化会館」を設置し、そこには講堂、図書館、集会室、陳列室、食堂などを設ける。これは民間の力で運営し、コレクターの育成やコレクションの保管など地方地方に特色ある小美術工芸館・文化会館の設置論を展開している。さらに公共の利益に対するものへの税の適用除外のことについてもふれている。民間活力の利用が博物館機関へも導入され、運営の方向が厳しさを増しだした近年、一三の事業家としての視点は検討されてよい。

一三が商工大臣を辞職後最初にやったことは、所蔵美術品の「蔵帳作り」を、のちに逸翁美術館の副館長になった加藤義一郎に依頼したことであったと、阪田寛夫は述べている。昭和三十一年、一三は美術館開設委員会を発足させ、竹中工務店に建物の青写真を依頼しと、開設準備をはじめている。残念なことに着手直前の昭和三十二年一月二十五日、急逝してしまった。遺族、関係者が一三の遺志を継いで、五千点に及ぶ一三コレクションと建物の寄付行為を済ませ、小泉信三、高橋誠一郎、石坂泰三、松永安左衛門といった方々が役員に就任され、昭和三十二年十月には財団法人逸翁美術館が開館する（館名の逸翁は一三の雅号である）。昭和十六年に池田の地に建てられた鉄筋コンクリート二階建ての瀟洒な洋館は、「雅俗山荘」と名付けられていたが、美術館として活用されることとなる。一・二階吹き抜けの洋風応接間には床の間が設けられ、二階には美術品専用倉庫が設けられているという、家自体がすでに美術館の機能をある程度備えていたといえる。昭和四十八年には新館が竣工と、特色あるコレクションを落ち着いた雰囲気のなかで、ゆっくり鑑賞できる空間をつくりだしている。

逸翁美術館開館五十周年、阪急創立百周年の記念事業として、新しい美術館が平成二十一年（二〇〇九）十月四日「茶人逸翁」開館記念特別展をもって新築開館した。新美術館は当初一三が美術館の予定地として考えていた池田文庫の北隣である。一三が願っていた地域の人々に愛され、地域の人々を育てる、総合文化センターの拠点として美術館が成長していく。これは、一三の蒔いた種が「公」の機関として成長していくことであり、一三の願っていたことであったに違いない。

（松浦淳子）

写真／Ⓒ阪急電鉄／逸翁美術館所蔵

黒板　勝美（くろいた・かつみ）

明治七年（一八七四）～昭和二十一年（一九四六）

『黒板勝美先生遺文』[註1]によると、黒板勝美博士は明治七年（一八七四）に二十石取りの旧大村藩士黒板要平の長男として誕生した。本籍は、長崎県東彼杵郡下波佐見村（現波佐見町）田ノ頭四三五番地であったと記す。明治二十三年長崎県大村中学校を卒業し、明治二十六年第五中学校を経て、帝国大学文科大学国史科に入学し、明治二十九年七月に同大学を卒業後、直ちに大学院に入学する。同年九月に経済雑誌社に入社し、田中卯吉博士を助けて『国史大系』『群書類従』の校勘出版を担当する。

明治三十五年に東京帝國大学文科大学講師となり、明治三十八年助教授、大正八年（一九一九）教授となり、昭和十三年（一九三八）に停年により退官し、東京帝國大学名誉教授となる。この間、明治三十八年より資料編纂官を兼務し、同年十一月には「日本古文書様式論」により文学博士の学位を取得している。

また、黒板は精力的に数多くの社会活動に参画し、古社寺保存会委員、史蹟名勝天然紀念物調査会委員、朝鮮史編修会顧問、東山御文庫取調掛、国寶保存委員会、帝室博物館顧問等々を歴任した。昭和九年には日本古文化研究所を自ら設立して所長となっている。さらに特筆すべきは、内閣総理大臣の私的諮問機関であった「紀元二千六百年祝典準備委員会」委員となって、社会情勢の変革と「大東亜博物館」構想等の出現によって実現こそしなかったが「国史館」計画を精力的に牽引したことであった。

黒板勝美の学術的功績

黒板は、十九世紀終末から二十世紀前半にかけての約四十年間に亙り、東京帝國大学で国史学と古文書学を講じたことは周知の通りである。黒板の学問的特質は、「日本古文書学」の確立と、日本国史学の発展に貢献したもので、石井進が(註2)、「国史学における大日本帝国の官学アカデミー派の代表者の役割を果たした。」と評したように、確かに南朝正統論を主張し大日本国体擁護団への参加や、皇国史観の中心的主張者として知られる東京帝國大学助教授となった平泉澄を門下生として育てたことなどからは肯定されよう。しかし、また門下生であった坂本太郎は、「性質は一面豪放であるとともに一面細心であり、活動の場は体制側にあることが多かったが、性格としては在野的な傾向が強かった。」とも記されているように、後述する文化財保護思想および博物館学思想は当該期に於いては極めて斬新な考え方であり、皇国史観の微塵をも感じさせない進取の思想体系であると言えよう。

例えば、本論で黒板の博物館学思想を窺い知る基礎資料として取り扱う『西遊弐年欧米文明記』(註3)の序文には、

余は国民的自負心に於いて敢えて人に譲らぬと思ふが、未だ『誤れる愛国者』たることを欲せぬ、欧米諸国に遊んでもまず痛切に感じたのは猶ほ彼に学ぶべきものがあることであった。我が国の精華を保存し助長すると同時に、彼の特徴にして採るべきものの更に少からざるを信じたことである。過去数十年間に輸入された文明は多く物質的に偏し僅かにその皮相を得たるに過ぎなかったではあるまいか、光明ある精神的方面に至っては今後欧米に遊ぶものが一層注意すべきことではなかろうか、この点に於いて余が力めて縷述せるところは、恐らく世のショウヴィニストに満足せしむるを得ぬかもしれぬ。

と記しているところからも、当該期に於いては極めて大きな視座に立脚し得た学者であったことが窺い知れるのである。また、広範な知識と視野の両方を持ち合わせた人物であったが故に、博物館学思想を確立するに至ったのであろうと納得させられる。また、それ故にであろうほぼ同時期を生きた明治二年生まれの棚橋源太郎よりも明治七年生まれの黒板のほうが、博物館に着眼した上で博物館学思想を逸早く発想したものと看取される。

黒板勝美の博物館学思想

まず黒板の博物館思想を代表するものとして、「博物館学」なる呼称の使用があり、本件に関しては、山本哲也の詳細な先行研究(註4)がある。当該論の中で山本は、「博物館学」の名称の使用および学としての意識の嚆矢を、従来より棚橋源太郎による昭和二十五年（一九五〇）の『博物館学綱要』（寶文社）であるとした所謂博物館学界の定説を「大いなる勘違い」と記し、山本自身の発見による文献である『新美術』第二十一～第二十三号（一九四三春島会）に掲載された大森敬助による「ミューゼオグラフィー―博物館学―」を証例として昭和十八年まで遡ることをつきとめたのであった。具体的に大森敬助の論文は、「博物館学」なる用語のみの使用に留まるものではなく、明確な博物館学の大系を論ずる中での使用であるところから、棚橋による『博物館学綱要』を七年先行する、「博物館学」なる語の使用と博物館学の大系の明示であったのである。

ところが、それより以前明治四十一～四十三年（一九〇八～一九一〇）の欧米留学の帰朝後、明治四十四年九月に黒板が著した『西遊弐年欧米文明記』と明治四十五年／大正元年（一九一二）の「博物館に就て」（東京朝日新聞）の両者の文中に「博物館学」なる語が使用されていたのであった。この発見の経緯と詳細については別稿「黒板勝美博士の博物館学思想(註5)」に記したとおりであるが、これにより「博物館学」の用語の使用例は一挙に明治四十四年まで遡ることとなり、博物館学の意識に基づく語の使用は黒板が嚆矢となるのである。明治四十四年『西遊弐年欧米文明記』には、

三三　伯林の博物館（上）

博物館事業について、最もよく理論的に研究されて居るところは独逸である、博物館の経営から、建築陳列方法等に関する参考書類も、他の諸国では公にされたものは極めて少ないのに、独逸ではいろいろ有益なものが出版されて居るのみならず、ミュンヘン大学の如き、博物館学なる一講座を有する程である、伯林における斯道のオーソリティーはカイザー、フリードリッヒ博物館長ボーデー氏で、確かに一隻眼を備へたるものとして尊敬せられて居る、そして伯林ほど博物館の種類が多く分かれて居るところも他の都市に見るべからざることで、伯林は博物館の研究上最も適当したところである、例へば或る種類のものを歴史的に若しくは地理的に分類し陳列したる方法等も中々手に入ったものであるし、大室小室の区分法など、光線学上最も有効に出来て居る点は敬服の価値がある、併し悲しいかな新興の都府であるがために、美術や歴史考古学の陳列品その物に至っては、ルーヴル又は大英博物館に及ばざること遠しといわねばならぬ。（傍線筆者）

大正元年「博物館に就て」では、

意義のある博物館とはどんなものを指すかと云へば、唯だいろいろ凡百の品物を雑然と集め、之を出来るだけ多く陳列する等云ふのは、最早博物館の役目ではなくなったのである。過去十余年以来、欧州に於ける博物館学とも称すべきものの研究は種々の方面に著しい進歩を遂げた、現にミュンヘンの大学の如きは、之を一科の学問として数へて居る。啻に之を建築の点から云っても、ひとり防火の設備とか、永久的建築物とか云ふものだけでは満足せぬ、進んで光線学を応用して、如何なる光線を室内に採り入れるのが最も品物の

保存及び視線に適当であるか、たとへば古画に対しては、透明なる窓を通して来る光線は、擦玻璃を通して来る光線よりも、どれだけ害が多いか、或は屈折光線を用ゐる場合には、どう云ふ風にするが宜いか、又は室内に於いての換気法、湿度の具合が如何とか、換気法には日本の障子を利用するがよいとか、又陳列の点から考へて見ても、骨董らしいものをただ雑陳せるだで《ママ》は満足すべきで無く、いかにすれば意義ある博物館を作り得るかと云ふ点について研究せねばならぬ。意義ある博物館とは、例へば普通教育に用ゐる場合に於いて、その陳列品と陳列品との連絡を如何にすべきやの点を細かに注意し、陳列館に、時代と地方との文化的アトモフェアを後現せしむるやうにするのである。もし陳列品の別々の離れた意義で見るやうな感じを考へさせるならば、それは大いなる失敗である。（傍線筆者）

と記している。

黒板はまず博物館を熟知した上で、さらに深淵に潜む博物館学の存在を意識し博物館学と邦訳したものと看取される。黒板の文章からは博物館学を意味する言語は不明であるが、この点に関しては昭和五年の棚橋の『眼に訴へる教育機関』（寶文館）の中に、「ミュンヘン大学にはムゼウス・クンデ（博物館学）の講座があったと聞く。」と著されているところから、黒板が「博物館学」と著した言語は「ムゼウス・クンデ」であったと見做せられる。当然そこには、ドイツに於ける博物館学をある程度咀嚼吸収した上で黒板の博識にもとづいて邦訳されたものと看取せられるのである。

博物館思想を著した著書

学位論文である「日本古文書様式論」により古文書学の体系を確立した翌年、明治三十九年（一九〇六）に黒板は古文書学研究の場として公開を可能とする古文書館の必要性を提唱したことを嚆矢とし、黒板の博物館学思想は着実に増大強化してゆくのである。中でもその画期となったのは明治四十一～四十三年の丸二年間の欧米留学によるものであることは、帰朝後著した『西遊弐年欧米文明記』からも明白であるし、その後の文化財保存や博物館に関する論文からも多数看取されよう。

以下、史跡整備、遺物の保存等々を含めた博物館学に関する論著を列記すると次の通りである。

一、明治三十九年（一九〇六）一月「古書館設立の必要」『歴史地理』第八巻第一号
　明治四十一年二月～四十三年二月（一九〇八・二～一九一〇・二）欧米留学
二、明治四十四年（一九一一）九月『西遊弐年欧米文明記』文会堂
三、明治四十五年／大正元年（一九一二）五月「史蹟遺物保存に関する意見書」『史学雑誌』第二十三編第五号
四、明治四十五年／大正元年（一九一二）七月「史跡保存と歴史地理学」『歴史地理』
五、明治四十五年／大正元年（一九一二）秋『郷土保存に就て』東京朝日新聞紙連載
六、大正二年（一九一三）一月「博物館に就て」『歴史地理』第二十一巻第一号
七、大正四年（一九一五）一月～七月「史蹟遺物保存に関する研究の概況」『史蹟名勝天然紀念物』第一巻第三号～第六号
八、大正六年（一九一七）二月「史蹟遺物保存実行機関と保存思想の養成」大阪毎日新聞
九、大正七年（一九一八）五月「國立博物館について」『新公論』第三十三巻第五号
十、昭和四年（一九二九）一月「保存事業の根本的意義」『史蹟名勝天然記念物』
十一、昭和十一年（一九三六）八月「史跡保存と考古学」『考古学雑誌』第二十六巻第八号

上記の十一編の論著が現在知り得る黒板の博物館学思想を論述した代表的著作物である。

著作に記された博物館学意識

論著に記載された博物館学的記事は、博覧強記であるが故に多種多様で実にその数も多く、以下代表事項を列記してゆくものとする。ただ、下記の事項は章・節・項による名称ではなく、内容に応じて筆者が判断して記したものであり、厳密には「〇〇〇に関する記事」である。故に、まだまだ遺漏もあることは充分承知している。

『西遊弐年欧米文明記』（一九一一文會堂書店・一九三九虚心文集第七）

文化財の保存（海外流出）　五八頁　ミュージアムの対訳としての、博物館の不適当　七二頁　博物館教育　七三頁　博物館活動　七五頁　ジオラマ　七六頁　植物園　一四〇頁　大英博物館　一五一頁　博物館建築としての古建築　一七六頁　大学付属博物館　一八八頁　陳列について　二三四頁　古文書館　二五二頁　動植物園教育　二六六頁　観覧料（上野・小石川）　二六八頁　大使館付学芸研究員　三三四頁　動物園　三七二頁　動物園に人間を展示　三七四頁　安本亀八郎生人形　四四六頁　農業博物館の必要性　四四六頁　ビブリオテーク・ミュージアム　五一二頁　野外博物館　五一三頁　博物館的公園　五一四頁　陳列の基本　五一四頁　野外博物館の必要性　五二〇頁　町並み　五八六頁　模造　五九七頁　案内板・史蹟整備の技術　六二二頁　ミュージアム・ショップ　八二二頁

「史跡遺物保存・寛行機関と保存思想の養成」（以下記す頁数は『虚心文集』第四巻を示す）

博物館の設置なき保存事業は無効　四四四頁　博物館は史蹟の近くに建設　四四五頁　学校博物館　四四八頁　歴史的建物利用博物館　四四八頁　史跡保存の意義　四五三頁

「史蹟保存と考古学」
保存の目的と意義　四六〇頁　敬神崇祖　四六二頁
「郷土保存について」
郷土保存思想　四六七頁　クラスマン方式　四七〇頁
「博物館に就て」
町田久成による「博物館」の訳語　四七六頁　博物館の良き理解者　四七八頁　野外博物館・コスチューム・スタッフ　四八〇頁　博物館学　四八〇頁　文化的風気の復元　四八二頁　古社寺保存法への批判　四八四頁　火災　四八六頁　史蹟保存　四八七頁　地域博物館　四八八頁　学校教育と博物館　四八九頁　博物館の必要性　四九〇頁　図書館と博物館　四九一頁　野外博物館　四九二頁　陳列法　四九五頁　案内目録　四九六頁　公開講演　四九七頁　博物館　四九八頁
「国立博物館について」
博物館とは　五〇二頁　町田久成　五〇三頁　ミュージアムとは　五〇五頁　理想的陳列場　五〇六頁　展示環境　五〇八頁　博物館の附札　五〇九頁　陳列目録　五一〇頁　国立博物館の必要性　五二〇頁

国史館構想に於ける黒板勝美の博物館思想

国史館とは、昭和十五年（一九四〇）の紀元二千六百年を記念して旧帝国議会議事堂跡地（千代田区霞ヶ関）に建設予定であった我が国最初となる国立の歴史博物館であったが、社会の情勢変化やこれに伴う「大東亜博物館」構想等々によって、構想のみで終えた初の大博物館計画であった。

当該紀元二千六百年記念事業については、建設等に関しても博物館の種々の団体等から事業案に請願や計画案が帝国議会に提出された。渋沢敬三らを代表とする日本民族博物館設立委員会による日本民族博物館や奈良県皇紀二千六百年記念事業準備委員会による歴史館、皇紀二千六百年記念科学博物館拡張計画案等々多数の要望が提出された。中でも日本国史を記念する博物館建設が最も多かったことは想像通りであったが、それらの中で「大日本主義」を標語とした国風会が建設運動を企てた「国体館」と文部省による「国史館計画」とが重なり推進されはしたが、設立の理念に於いても基本的に異なっていた。

「皇紀二千六百年記念事業国風会計画建議案」による設立の基本理念は、

建国剏業より明治大正に至る歴代聖業に関する絵画及各種資料を陳列公開し、場内を一巡すれば何人と雖も直ちに我国体の核心を会得し得るが如き大施設を為す

かかる社会情勢下にあって、黒板は内閣総理大臣の私設諮問機関であった「二千六百年祝典準備委員会委員」となって、歴史学を基盤とする博物館学の立場から国史館の設立理念を明確にしたものであった。

紀元二千六百年祝典事業局による『紀元二千六百年祝典記録』には、

単に二千六百年間の歴史的のものを陳列いたす陳列場ではありませぬ、其の国史館を中心として日本精神の作興運動と云ふ意味に於て社会的の国民教育の上に一大貢献させたい。

つまり、黒板は黒板自身が考える博物館の目的と役割に沿って、国史館を国史学の成果の発表の場であると同時に教育の場とすることを提案したのであった。このことは、今も変わらぬ博物館の基本理念であることは確認するまでもないのである。

かかる理念に基づき黒板は国史館建設を精力的に牽引していくのであるが、昭和十一年十一月十一日、群馬県

下史蹟調査に臨時陵墓調査委員会の用務により出張先の高崎市に於いて脳溢血の発病により、第一線を退くと同時に、国史館計画も衰退し終息へと至ったものであった。

黒板は、発病後十二月二十日に高崎市より帰京し療養に専念したが、昭和二十一年十二月二十一日、東京都渋谷区栄町二丁目六番地の自宅に於いて逝去した。享年七十三。

主要著書

『国史の研究』一九〇八　文会堂
『虚心文集』全八巻　一九三九〜一九四一　吉川弘文館
黒板勝美先生生誕百年記念会編『黒板勝美先生遺文』一九七四　吉川弘文館

註

1　黒板勝美先生生誕百年記念会編『黒板勝美先生遺文』一九七四　吉川弘文館
2　石井　進「黒板勝美」『20世紀の歴史家たち（2）』一九九九　刀水書房
3　黒板勝美『西遊弐年欧米文明記』一九一一　文会堂
4　山本哲也「『博物館学』を遡る」『博物館学雑誌』第三十三巻第一号　二〇〇七
5　青木　豊「黒板勝美博士の博物館学思想」『國學院大學博物館学の紀要』三十二輯　二〇〇八

（青木　豊）

写真／黒板勝美先生生誕百年記念会編『黒板勝美先生遺文』一九七四　吉川弘文館より転載

谷津　直秀 （やつ・なおひで）

明治十年（一八七七）～昭和二十二年（一九四七）

明治十年（一八七七）十月九日、東京都赤坂に生まれる。東京大学動物学教室の七代目の教授。明治三十三年に動物学科を卒業する際に恩賜銀時計を受領した。翌明治三十四年には渡米し、コロンビア大学でヒモムシの発生を研究、Ph.D. の学位を得た。さらに明治三十八～四十年までイタリアのナポリ臨海実験所でクシクラゲの研究に従事した。同年に帰国、動物学教室の講師、次いで助教授となった。

当時は、観察記載を中心とした形態分類が中心であった日本の動物学界であったため、大学内もその有力者である飯島魁の影響力が強く、実験動物学を提唱、導入しようとする谷津に対し難色を示した。そのため、いったんは慶応大学医学部教授となり、大正十一年（一九二二）に亡くなった飯島魁のあとを継いで、母校の教授に戻り、昭和十三年（一九三八）に退官した。

博物学的意義

博物学史の大家、上野益三は名著『日本博物学史』の終章を、谷津は「一方において博物学の精神をよく理解したひとであった」と前置きした上で、「余の希望としては生物界の美を追究した古い博物学者或いは本草家の如き所謂古風の Naturalist の考えを復興したいと思ふ。」という谷津の言葉で締めくくっている。上野は明言していないが、分類学の研究が深化するにつれて、研究対象の範囲が狭くなり仔細な論議に陥っている現状から、本来あるべき動植物研究の姿勢を問うているものと推察できる。上野が高く評価した谷津の研究姿勢がよくわかるのが『動物分類表』である。この『動物分類表』は大正三年（一九一四）初版刊行以来版を重ねること六回であり、動物学におけるベストセラーともいえるものであった。この『動物分類表』については福井由理子の「谷津直秀『動物分類表』（一九一四）について」に詳しいので、これを要約して紹介することとする。

前述したように谷津は「実験動物学」の導入者であり、従来の分類学中心の動物学を批判した人物でもあった。しかし、谷津自身は分類学者ではなく、分類学の研究をしたことがなかったにもかかわらず大正三年に『動物分類表』を世に出した。『動物分類表』はこれまでの動物の形態および発生を分類の順に従い詳述した典型的な伝統的分類学の教科書と異なっていた。その内容は自身の持つ豊富な知識を統合し、説明は極力抑えた動物の系統発生の経路を系統樹に示すなど先駆的な分類体系を有する「教科書」であった。この谷津の豊富な知識は学生時代に臨海研究所のある三崎付近の動物相をすべて明らかにしようと、ありとあらゆる種類の動物について勉強していた賜で、博識な谷津ならではの分類体系の構築であった。また、その狙いについて「実験動物学の提唱と連なることだが、動物学は「生きた動物学に就いて生活現象を研究する方に重きを置く」べきであり、そのために動物についての基礎知識としての分類学は、詳細でなくてもよいから、動物全般にわたって要点を短期間に習得する必要が生じた。さらに、その分類学は動物の系統発生の過程を推論するものであることが肝要だった。」と述べている。つまり、分類学を否定し葬るのではなく、あくまでも「分類」は指標として、生きた動物をその生態と共に学ぶことが本来の学問だというのである、これが谷津の動物学における学問的スタンスであった。これが上野、谷津に共通する博物学者としての姿勢であろう。

博物館学意識

谷津はこれまで専門研究の分野で評価されることが多く、博物館との関わりについてはほとんど触れられてこなかった。しかし、「私は特別に博物館に就いて研究したことはないが、唯だ子供の時から博物館が好きで、暇さへあれば行つて居たから感想を述べて見たいと思ふのである。」と豪語するほど、谷津はとにかく博物館が好きであった。実際、筆者が調べただけで谷津の博物館や水族館、動物園に関する著作は十編余りもあり、棚橋源太郎とともに昭和三年（一九二八）に博物館事業促進会が発足すると評議員となった人物でもあった。

谷津の博物館に関する最初の論考は明治四十一年（一九〇八）の『動物学雑誌』に掲載された「博物館内の児童室」である。短篇の雑録であるものの、アメリカ、ワシントンに所在するスミソニアン博物館内に設置された児童室の特徴を捉え、紹介したものであった。その紹介の仕方も「博物館学者」たる一面を覗かせたもので、「図書館は既に児童閲覧室の備各所にあり博物館にも児童室のあるべきは当然の事なり野外にて児童の自然に対する愛を養成すると同時に此の如き博物館にて常に接し得難き他面の審美観を幼き想像に富める脳裏に興ふるは好ましき事なるべし」と述べている。また当時、児童博物館は独立した館をもつChildren Museumと博物館内の一部に設置されたChildren Roomの二つを含んで総称しているが、この論考は当時においてスミソニアン博物館では先進的な児童室が設けられていたことを知る貴重な記録である。またその特徴も「児童の巡覧して思はず自然を愛するの念を引き起す様なものを陳列す」、「見去り見来て子供ならず余も亦動物界の楽園に入りし感ありたり」と述べているように今日でいうディスカバリールームの如き形態を採っていたことが看取出来る。

チャップマン製作「Cobb's Island」

次に、谷津の博物館に関する論考として大正元年（一九一二）の「活気ある博物館を設立すべし」がある。この論考は『新日本』という雑誌に収録され、この雑誌が大隈重信によって創刊されたことからもわかる通り、国民文化の向上を目的とするもので、この論考の狙いも博物館を通しての文化の啓蒙を図ったものであった。「鳥獣の古びたる不自然の態度を有せる剥製や濃厚色を有せるアルコールの中に、専門家と雖ども其生態を知るに苦む様なる魚や色の褪めたる蝶、脚を失へる昆虫、雑然たる介殻を陳列し一見物置然たる感想を誘起するものは過ぎ去れる世紀よりの遺物として考古学の標本として其価値を有する外、現世紀に於ては全く活気を失へる死したる博物館なり」と述べる通り、谷津は厳しく旧態依然の博物館を批判している。そして、当時、「米国国立博物館の副館長にして特に博物館に就いて研究したる」ジョージ・ブラウン・グード（George Brown Goodes）の言葉を引用し、「「過去の博物館を取り除き、骨董の墓場に変じて活きたる思潮の養成所とせざるべからず。」又曰く、「完成せる（即ち働きを終りたる）博物館は死せる博物館、死せる博物館は無用なる博物館なりと」然らば如何なるものを生きたる博物館と云ふか？」と疑問提起をした上で、まだ認知度の低い博物館へ理解を深めてもらうために一般人にも理解しやすいよう博物館の歴史について詳述している。そして、教育的な博物館を理想（活きたる博物館）とし、生物学はもちろんのこと専門外である植物、人類学、天文地学などの展示に対しても具体的な例を挙げながらより良い展示の提示を行っている。注目すべきはこの論考に掲載された図版であり、当時のアメリカ自然史博物館で最初の鳥類学キュレーターとなったチャップマン（Frank M. Chapman）が製作した生態展示とグードがスミソニアン博物館で実践した人類学標本の展示を載せている。これらの写真は、現在もしばしば引用されるものであることに鑑みれば、当人が現地で撮影したのではなく、谷津は、これらの図版が掲載された博物館に関する書籍を手元に持っていたと考える方が妥当である。いかに谷津の博物館に対する関心が高かったか窺い知る貴重な資料であろう。

谷津はこの後、先述したように博物館事業促進会が発足すると評議員となり、独自に博物館調査を続け、昭和三年、「現代の博物館」、「東京博物館の必要」、昭和八年、「自然科学博物館に就いて（承前）」、「自然科学博物館に就いて」といった記事を『博物館研究』に投稿した。また、それら記事の中にも「今から三十七年位前に博物館の宣傳をした米国人でグードといふ人が、「出来上がつて何等改良の余地のない博物館は死んだ博物館である。死んだ博物館は無用の博物館である」と言つた。我々は博物館を生きた博物館にしなければならぬ。」、「中央に於ては、大きな自然科学博物館と同時に技術産業の博物館を設立し、更に美術或は歴史を示すものを完備し、地方には形は小さくとも生きた即ち絶えず成長する処の元気ある博物館か出来て、学校と相並んで国民の教育に貢献する日の来ることを心から希望するものである。」というように先述したグードの言葉を度々引用している。谷津がここまで影響され、強く惹かれたのは、グード自身も従来、魚類の研究者であったことから、どこかで博物館を想う自身と重ね合わせていたのかもしれない。

水族館と谷津直秀

大正十一年（一九二二）、谷津は飯島魁のあとを継いで、教授職とともに神奈川県三浦市三崎町に所在する三崎臨海実験所の所長も兼ねることとなった。そもそも、この実験所は明治十九年（一八八六）に我が国動物学の父とも尊称される箕作佳吉が創設したものである。明治三十年に三崎臨海実験所は入船町から油壺へ移転することとなり、翌年、正式に箕作佳吉が初代所長に任命された。創設当初からナポリ臨海実験所に倣って付属の水族館を設置したいという意見があり、移転する前の明治二十三年から一・五一×一・二×一（高さ）メートルのセメント製で、両側面にガラスを張り、高さ六十センチの台の置かれた一個の巨大な置水槽が存在していた（その呼称には、「アクアリム」と「水族館」の異同があり、この「大型水槽」が「水族館」と呼ばれていた事実もある）。油壺移転後もその設備は備えられ、希望者がいれば観覧出来るようになっていた。また、明治四十二年には水族室を含む水族飼養棟が新築され、研究に支障がない限りという条件で一般に常時無料公開されることとなったようである。この水族室は大小七個のコンクリート製の水槽が設置されており、年間見学者数が、当初、七百〜九百人であったものが、大正八年には五、六二〇人と激増し、その人気は鰻登りとなっていった。

谷津は、この実験所の三代目の所長に任命された翌々年、実験所大改造の構想のもとに新しい計画を立てていた。臨海実験所に保存されている文書には、谷津の手書きの実験所の拡張案があり、それには臨海実験所の使命として「学生ノ実習、実習会、研究、一般ノ教育」の四つが挙げられていた。そのうちの第四には「村民及ビ参観者ニ対シ、海ノ生物学ノ知識ヲ分ケ与フル為メニ博物室、水族室ヲ完備シ、時ニ講演ヲ開キタシ（入場料及ビ聴講料ヲ徴収セズ）」の注がつけられていたという。しかし、同年の関東大震災が起こり、実験所の被害は少なかったものの、その計画は日の目をみることがなかった。

昭和三年（一九二八）、博物館事業促進会が結成され、谷津は評議員となった。当初から博物館事業促進会は動物園、水族館、植物園も博物館の一種であるという方針をもっていた。そのため、昭和三年の理事会で「江の島海洋博物館並に水族館建設者の依頼に応じて臨時委員会」の設置を決め、検討をはじめた。委員は、谷津は勿論、棚橋源太郎、石川千代松、塚本靖、宮島幹之助、三宅驥一といった同会の理事、評議員の学識経験豊富なそうそうたるメンバーであった。討議の結果、決定した計画案は、水族館と海洋博物館を併せたものであり、水族館内に研究所を設けようとするなどほかに類を見ないものであった。しかし、この計画もその後進展せず、立ち消えとなりいわばまぼろしの「江ノ島水族館」となった。水族館学の大家である鈴木克美は「その計画はいくつかの不運が重なったのが主な原因となって実現せずに終わったが、残されている設計図や計画内容は、とてもりっぱなものだった。建物の外観も内容も運営方針も、明らかにナポリ水族館をモデルにしたと思われるこの水族館が、もし実現していたならば、日本の水族館史はちがっていたものになっていたはずである。」と述べており、いかに壮大なスケールなものであったかが窺い知れる。

周知の通り、谷津が所長を務めた三崎臨海実験所の水族室は幾度かの変遷を経て、水族館として現在では一般に「油壺水族館」と略称され親しまれ、また、江ノ島水族館も、計画案が立ち消えとなった後に、当時委員だった者達の後進によって片瀬江ノ島海岸に建てられ、現在に至っている。我々が憩いの場として利用しているこれら水族館建設の裏には、谷津の献身的な活動があったのである。

終　焉

多年に亘る動物学会への勲功に対し、従三位勲功二等が授けられた谷津は、帝国学士院会員に列された。そして昭和十三年（一九三八）には東京帝国大学の教授職、三崎臨海実験所の所長職を退き、名誉教授の称号を得た。谷津はその後も日本動物会の会頭も続けたが、これも老齢を理由に自ら辞意を表明し、退いた。そして、昭和二十二年十月二日、病床に伏しわずか数日にして逝去した。熱心なクリスチャンであった谷津であったため、葬儀は本郷教会で執り行われた。享年七十であった。

主要著書

「活気ある博物館にすべし」『新日本』第二巻第二号　一九一二　一二四―一二八頁
『動物分類表』一九一四
「自然科学博物館に就いて」『博物館研究』第六巻第十号　一九三三　三―四頁
「自然科学博物館に就いて（承前）」『博物館研究』第六巻第十二号　一九三三　一―三頁

（下湯直樹）

濱田　耕作（はまだ・こうさく）

明治十四年（一八八一）〜昭和十三年（一九三八）

明治十四年（一八八一）、大阪府南河内郡古市村にて源十郎の長男として出生、青陵と号す。明治三十五年、東京帝国大学文科大学史学科に入学し西洋史学を専攻。『國華』や『史學雑誌』の編集に携わる。卒業後は『日本美術史特に外國美術との關係』を研究テーマに同学大学院に進学。明治四十三年、京都帝国大学文科大学講師を委嘱される。同年、野村琴壽と結婚。欧州への留学を経て大正五年（一九一六）、京都帝国大学文科大学に考古学講座を開設。研究室には石田幹之助や新村出、清野謙次をはじめ様々な研究者が出入りし、『カッフェ・アルハイオローギア[註1]』と呼ばれていた。また大正九年頃から太田喜二郎画伯に絵を学ぶなど趣味も多彩を極めた。この間、法隆寺壁画保存委員、国宝保存会委員、考古学会副会長、東京人類学会評議員、日本古文化研究所理事などを歴任する。昭和十二年（一九三七）、京都帝国大学総長に就任し、粛学の重責を担う。昭和十三年の春頃から健康を害し、同年七月の帝室博物館復興開催準備に関する顧問委嘱が最後の奉職となった。七月五日、所謂『清野事件』を受け自宅にて総長辞職の声明書を発表。同月二十五日逝去。鹿谷法然院青陵塔に葬られている。

濱田耕作と考古学研究

濱田耕作を考古学に誘ったもの、それは七～八歳頃に見た鉱物標本箱の中に収められた矢の根石（石鏃）である。石鏃には思い入れがあったようで、大学時代水谷幻花とともに東京都権現台などで表面採集を行い、晩年には石鏃を拾う夢が一番嬉しいと回述している。書籍や遺物に執着しなかった濱田耕作の意外な一面を垣間見ることができる。

東京帝国大学に提出した卒業論文は『漢唐の間に於ける希臘的美術の東漸を論ず』であり、遺物を詳細に観察しつつも大枠を摑もうとする研究姿勢は、美術史の研究を通じて体得された。

濱田耕作の研究対象は先史時代から近代に亙るため、時系列に沿っての記述では散文的になりやすい。そこで日本国内と中国、朝鮮半島という地域を設定し概観していきたい。

日本国内の研究

京都帝国大学に考古学講座を開設するにあたり欧州に留学した濱田耕作は、ペトリー（W. M. F. Petrie）やセイス（A. H. Sayce）から直接考古学の大綱を学ぶ。帰国後、考古学の目的、調査・研究方法や学問的倫理を『通論考古學』によって著わした。本書は「考古の栞」として史学研究会機関紙『史林』に連載されていたものであり、項目立てや内容の一部は、ペトリーの著書“Methods & Aims in Archaeology”に拠るところが大きい。また、考古学研究の根幹となる年代論については、モンテリウス（O. Montelius）の“Die älteren Kulturperioden im Orient und im Europe”中‘Die Methode’を全訳した『考古學研究法』で紹介した。発掘資料の相対的な前後関係を明らかにする層位学や型式学的研究は、大阪府国府遺跡の発掘調査などですでに実践されていた。

濱田耕作は、日本人起源に関する研究においても重要な位置を占める。第三高等学校時代、『東京人類學雜誌』上で坪井正五郎が主張するコロボックル説の問題点を指摘、アイヌ説の優位性を主張したという前史がある。大正五年（一九一六）の大阪府国府遺跡の調査報告に際しては、縄文土器と弥生土器、弥生土器と須恵器が共伴したという所見からこれらを年代差とみなし、土器の型式変遷から人種論を構築しようと試みた（『京都帝國大學文科大學考古學研究報告』第二冊　一九一八　京都帝國大學）。濱田耕作が提示した『固有日本人』説やそれに対する喜田貞吉の反論は立論の過程で資料の扱い方や前提条件に問題が含まれていたが、発掘調査によって土器の層序を確認するなど新たな方向性を示したことは評価されよう。

中国大陸・朝鮮半島での調査

旧植民地であった中国・朝鮮半島での調査は、大正七年（一九一八）朝鮮総督府古蹟調査員、朝鮮総督府博物館評議員に委嘱されて以降活発となり、特に研究組織の構築に尽力した。昭和元年（一九二六）、北京大学考古学会と共同研究するための日本側の組織として、東京帝国大学の原田淑人、島村孝三郎とともに東亜考古学会を設立。昭和二年、濱田耕作指揮のもと遼寧省貔子窩《ひしか》（単砣子《たんだし》）を発掘。東方考古学叢刊第一冊として『貔子窩』（一九二九　東亞考古學會）を刊行した。その後も中国大陸の旧石器時代から漢代にかけての遺跡を調査し、甲種六冊、乙種八冊の報告書を出版している。さらに両国の学会が共同で発掘調査を行うため東方考古学協会を創設。総会での講演内容は『考古學論叢』として二冊が上梓され、また留学生の交換なども行われた[註2]。

濱田耕作の博物館研究

「遺物の保存と密接なる關係を有し、更に研究と教育との意義を兼ぬるもの」（『通論考古學』一九二二　大鐙閣）が濱田耕作の考える博物館であった。展示方法や技術に関する体系的な記述は少ないが、欧州留学中ほぼ毎日博物館や美術館を見て回る中で、展示方法に関して採光（Lighting）の良否を評していることが多い。[註3] 直接光線を必要とするが明るすぎず、展示品に適当な方向から光が当たることが良い条件であった。考古学博物館の展示方法については地域による大分類を行い、それを年代ごとにわけ、同時代の資料は種類・質量によって細分することや、同一地点や同じ層から出土したものは一箇所にまとめて展示するのがよいと述べている。出土資料を型式学的方法によって配置したロンドン大学エジプト資料（現在のエジプト考古学ペトリー博物館）や、オックスフォード大学ピット・リヴァース博物館を考古展示の模範としている。また、石器時代の農業の様子を人形を用いて復元するなどわかりやすい展示に努めているデンマーク国立博物館先史時代展示室は、考古学博物館の中で高く評価している。

濱田耕作の理想とする博物館を文章によって紙上に建てたのが『博物館』である。[註4] 本書は博物館の概説と欧米博物館の紹介、仮想の欧州考古展示室（旧石器時代室・新石器時代室）・日本考古展示室（先史時代室・原史時代室・朝鮮満州の古墳室）[註5] という構成になっている。梅原末治は京都帝国大学文学部陳列館を想起しながら筆を執ったと述べているが（「あとがき」『考古學入門』一九四一　創元社）、欧州考古展示室にみられる巨石記念物（Dolmen）の模型や青銅器の展示方法はデンマーク国立博物館の先史時代室と酷似している。しかしながら、実際に濱田耕作が開設したのは考古学の専門教育を目的とした博物館であった。

京都帝国大学文学部陳列館考古学列品室の概要

京都帝国大学が所蔵する考古資料の展示は、濱田耕作が文科大学講師に着任した明治四十二年（一九〇九）、美学美術史研究室の一隅に四魏四面像などを設置したことに端を発する。その後、中国大陸での資料収集、織田考古館資料の一括寄贈、エジプト発掘財団（Egypt Exploration Fund）からの資料交付を受けるなどして標本を蓄積していった。(註6) 資料の増加と管理の必要上、新たに文学部陳列館を建設することとなり、明治四十四年に起工。翌年には地理学教室の一部に資料を移管した。

京都帝国大学文学部陳列館考古学列品室（第二室）

大正三年（一九一四）に文学部陳列館竣工。濱田耕作は欧州留学中であったため、今西龍が資料の管理にあたる。考古資料の展示は三室で、第一室―ギリシャ・エジプトなど西洋の遺物・彫刻・模型、第二室―日本・中国の明器・土器・銅器などの発掘品、地理学関係の模型・標本、第三室―日本・朝鮮・中国の発掘品、国史に関する風俗上の参考品、であった。第二室の写真を見ると展示ケースは立面と覗きケースを組み合わせたものを採用し、下段に収納用の引き出しをつけているが、これは陳列館に合わせて島田貞彦らが設計したものである。また、埴輪の展示ケース上に坪井正五郎の写真を飾っているのは興味深い。坪井正五郎は日本人類学の祖とされ、『はにわ考』（東洋社　一九〇一）など埴輪に関する研究も数多い。東京帝国大学時代に講義を聞き、(註7) 日

本人種論に関する論争を行った坪井正五郎に対する濱田耕作の敬愛の表われと捕らえることもできよう。(註8)

大正五年に考古学講座が創設されて以後、濱田耕作をはじめ教室員による発掘調査や史蹟名勝天然紀念物に関係した各地の調査で国内の資料の充実を図る。大正十一年には、イギリスエジプト考古学会（British School of Archaeology in Egypt）よりエジプト関係の発掘品の寄贈を受ける。昭和四年（一九二九）、陳列館の北側が増築されると北正面に第一陳列室、その東隣に第二陳列室、西側に考古学実習室・教官室・研究室を配した。また入口にキリシタン墓碑、中庭には京都府久津川古墳石棺などを展示した。

京都帝国大学文学部陳列館資料の調査・研究

文学部陳列館は研究者や学生を対象とした博物館である。日本および外国の考古資料の収集と管理を目的としており、即位大典や大学記念日など特別な場合を除いて一般に公開はされていなかった。

そのため資料は目録や図録という形で公開されていた。大正十一年（一九二二）、皇后陛下の陳列館通覧を機に編纂されたのが『京都帝國大學文學部陳列館　考古圖錄』（一九二三　文星堂）である。解説書とともに七十のコロタイプ版が一枚ずつ濃緑の台紙に貼られ、帙に納められていた。この図録を縮小し数版を加えた『京都帝國大學文學部陳列館　考古圖錄　增訂新版』（一九二八　芸艸堂出版部）、さらに数版と原色図版を追加した『京都帝國大學文學部陳列館　考古圖錄　增訂版』（一九三〇　京都帝國大學文學部）、『京都帝國大學文學部陳列館　考古圖錄　增訂版』以降収集した資料のみを収録した『京都帝國大學文學部陳列館　考古圖錄　續編』（一九三五　京都帝國大學）がその後刊行されている。

『支那古明器泥象圖說』（一九二五　桑名文星堂）は明治四十三年（一九一〇）から収集していた中国明器の目録

であるとともに、中国考古学を代表する遺物の概説書である。遺物の集成を目的とした図録は濱田耕作の没後、梅原末治によって継承された。また、『京都帝國大學文科大學陳列館考古學標本繪葉書』も継続的に出版された。(註9)

濱田耕作が特に力を入れたのが考古資料の標本模型である。欧州より帰国後、大正六年の夏にはパルテノン神殿の百分の一模型を作成した。さらに、陳列館地下の暗室を工作室に充て、遺跡・遺物の模型作製を上野製作所の荒谷芳雄に依頼している。それらは『考古學關係資料模型圖譜』（一九三一　岡書院）に収録され、教材や展示資料として販売されていた。複製や模型は鉄製品など保存に限界のある資料の原形を留めておくと同時に、遺物の製作技術や遺構の構造を理解するなど考古学教育での活用が期待されていた。

『京都帝國大學文科大學考古學研究報告』の刊行

濱田耕作の主導により梅原末治ら教室員が携わった調査については、『京都帝國大學文科大學考古學研究報告』（『京都帝國大學文學部考古學研究報告』）として公刊された。遺跡の発掘は破壊行為であり、出版によって記録を学会に報告することが考古学者の道徳的義務であるというペトリーの教えを忠実に受け継ぎ、企画・編集されている。全十六冊中、濱田耕作の存命中に十四冊が刊行された。貝塚・古墳の発掘報告のほか、大分県磨崖石仏やキリシタン関係遺物の研究など、幅広い時代や主題を扱い学際的な研究を展開している点は濱田耕作の学風を端的に表している。事実記載と自身の推測を厳格に区別し、図画・写真の引用に際してはその出典を明記することや、英文要旨を第二冊以降掲載することで国外の研究機関とも成果を共有することに留意している。

体裁については図版が主であり本文を客とする原則により、例えば土器破片は直射日光で文様に陰影をつけて俯瞰撮影するなど工夫もみられた。また第二冊図版第二十の「南高安村恩智發見土器」では二色コロタイプ版を採用、桑名文星堂に一切を依頼するなど京都の印刷業界の発達にも貢献した。
『京都帝國大學文科大學考古學研究報告』の刊行は調査報告書の様式を確立することを意としており、その構成は現在の発掘調査報告書にも踏襲されている。

結　語

濱田耕作の中で学校教育、博物館教育、大学教育の対象者は明確に区分けされていた。博物館と学校の違いについて、博物館は展示を見ながら学問ができ、教師もおらず、一時間ずつ構成内容も決まっていないと説明している。これは博物館が図書館と同じく小・中学校卒業後に学問を続ける、生涯学習の場として位置付けられていたことを意味する。一方で大学は高等専門教育と研究を行う機関であり、大学附属博物館はそれらを補助する役割を担っていた。京都帝国大学文学部陳列館の列品室は原則非公開であり、デンマーク国立博物館のようなわかりやすい展示を心がけてはいない。

昭和二年（一九二七）の出張でスウェーデンの博物学博物館を見学した濱田耕作は、「スヱーデンでは、大學なるものは教育を主とし、博物館こそ研究をやるところであり、（中略）而して私は實にこれが本當のやり方であらうと思ふのである（『考古游記』一九二九　刀江書院）と感想を述べている。京都帝国大学文学部陳列館は、北欧やイギリスの大学・博物館を範としながら、日本考古学界を牽引する考古学講座の研究組織の一翼を担っていたのである。

主要著書

『通論考古學』一九二二　大鐙閣
『美術考古學發見史』一九二七　岩波書店（A. Michaelis 著）
『博物館』一九二九　アルス
『東亞文明の黎明』一九三〇　刀江書院
『考古學研究法』一九三二　岡書院（O. Montelius 著）

註

1　石田幹之助の言。『カフェ・アーケオロジー』と呼ばれることが多い。また参加者の一人であった角田文衞は『円卓会議』と回述している。
2　東亜考古学会、東方考古学協会の活動については『太平洋戦争と考古学』（坂詰秀一　一九九七　吉川弘文館）に詳細が述べられている。坂詰秀一はこの中で東方考古学協会設立の目的を河南省殷墟の発掘と推測した。
3　十分な光量を確保している博物館として、デンマークのナイ・カールスベルグ美術館を挙げている。一方同国国立博物館やフランスのルーブル美術館は昔の建物をそのまま利用しているため、光線の具合が悪いと評している。
4　『博物館』はアルスの日本児童文庫として昭和四年（一九二九）に出版。濱田耕作の没後、昭和十六年に創元社から『考古學入門』と改題出版された。戦後、『考古學入門』のほか、『やさしい考古学』（一九六二　有紀書房）や講談社学術文庫『考古学入門』（一九七六　講談社）として版を重ねている。

5 『博物館』記載の地域名に準拠した。

6 京都帝国大学文科大学最初の標本は、濱田耕作が第三高等学校時代に大阪府古市丸山古墳で採集した家形埴輪片数点であった。

7 濱田耕作が受けた坪井正五郎の講義は『人類学』(一九〇二)、『地理学』(一九〇三)などであった(『特別展　日本考古学のあゆみ　濱田青陵と大和の遺跡』一九八二　奈良県立橿原考古学研究所附属博物館)。

8 『通論考古學』の自序中、坪井正五郎に中学生の頃から指導を受けてきたことを明記している。また『博物館』では坪井正五郎の教えを受け、考古学が一層好きになったと回述している。

9 『京都帝國大學文科大學陳列館考古學標本繪葉書』(『京都帝國大學文學部考古學敎室標本繪葉書』)は大正七年(一九一八)頃から昭和二十二年(一九四七)までに十九輯が発行された。第一輯は「和泉國神於発掘銅鐸」「唐代泥像頭部」「埃及中帝國石碑」の三枚一組で、その後五枚・十枚一組と一輯あたりの枚数が増えている。写真はコロタイプ版で単色(モノクロ)表現であるが、『京都帝國大學文學部考古學敎室標本繪葉書　B種原色版』(七枚一組)という原色版も桑名文星堂から刊行されている。

(平田　健)

写真/梅原末治編『濱田先生追悼録』一九三九　京都帝國大學文學部考古學研究室より転載/『京都帝國大學文學部陳列館　考古圖錄』一九二三　文星堂より転載

川村　多實二（かわむら・たみじ）

明治十六年（一八八三）〜昭和三十九年（一九六四）

岡山県津山町（現在の津山市）に父川村良治郎、母（福田）勘の次男として生まれる。川村が二歳のとき、現在の奈良県大和郡山市に移るも、十歳の年に父良治郎が新設の津山中学校の数学教諭として迎えられたため帰郷する。川村は二十歳まで生きられるかどうかといわれるほど生来病弱であったようであり、津山中学校に進学するも、肋膜炎にかかって一年間休学するという苦い体験をした。その後、津山を離れ、京都市にある第三高等学校（現在の京都大学の前身の一つである旧制高等学校）に明治三十六年（一九〇三）から三年間通い、その傍ら、浅井忠から絵画の本格的な指導を受け、習熟に努めた。その三年間、共に下宿生活を送ったのが、後に昭南島（現在のシンガポール）博物館長となり『南方文化施設の接収』を著した田中館秀三である。

学　統

明治三十九年（一九〇六）に東京帝国大学動物学科に進み、教授であった同郷の箕作佳吉博士に加え、飯島魁、渡瀬庄三郎両教授に指導を受けることとなった。三高時代に写生に明け暮れた川村であったため、研究者自身で図を巧みにつくるのでなければ真相が明らかに出来ない複雑な構造群体のクダクラゲの研究を任せられた。そして、飯島の指導のもと、クダクラゲの研究に取り組み見事な彩色図を伴う卒業論文を仕上げたのであった。

しかし、明治四十五年に突如、東京を去り、京都帝国大学医学科大学に移って、生理学の探求をはじめるようになった。在学中は特待生、卒業時に恩賜時計をもらうほど優秀であった川村の都落ちともいえるこの行動の経緯について博物学史の大家であり、川村と師弟関係にあった上野益三は『博物学者列伝』の中で尊敬していた箕作の死と、分類形態に終始している東大の現状によるものとした。そしてさらに「死んだ動物の標本ばかり研究して、どうして生きている動物の本質がわかるだろうか。そのような川村先生の言動が東大で異端視されるようになったのは、やむを得ないことであったろう」とも推察を加えている。川村は京都帝国大学の生理学研究室で助手として研究を始め、主任教授であった石川日出鶴丸博士が創設した医科大学附属の臨湖実験所の所員として淡水生物の研究に取り組むこととなった。もともと野外へ関心の高かった川村にとって淡水生物学に取り組むうち、野外生物学（後の生態学）により惹かれていくようになっていった。

大正八年（一九一九）、京都大学の理科大学は理学部へと改称され、部内に動物学講座が設置された。当時助教授であった川村は、将来増設予定の動物学第二講座の担当教授候補者として在外研究を命ぜられ、欧米各大学で動物生態学、比較生理学の視察を行うことになった。その二年間の留学中にアメリカの各大学で野外授業の実際を目にした川村の研究志向は生理学から生態学へ移ることが決定的となった。その留学中での行動記録として川村が大正九年『動物学雑誌』第三十二巻第三七七・三七八・三七九号に投稿した「欧米雑感」がある。川村は主としてアメリカの諸大学や研究機関を回り、先進的な生理学や生態学の研究に触れることができ、「予は予の数年来心潜に狙ひ来りし目標が、動物学進歩の大勢に於て、甚だしく方向を誤つて居なかつたことを僥倖として」と報告の最後を締めくくっている。これは上野の推察の如く形態分類中心の東大から異端視されたことに対して、分類学から生態学へ研究志向を変えたことの正当性を暗に主張するものであろう。

大正十年、欧米留学から帰った川村は、京都帝国大学理学部の動物学第二講座担当の教授に任ぜられ、欧米から学んだ野外実習を採り入れた授業カリキュラムを展開していった。これは日本ではじめての動物生態学の講義で、動物学界に新風を吹き込むこととなった。昭和六年（一九三一）には日本語で書かれた体系的な動物生態学の第一書とされる『動物生態学』を、昭和十三年には『動物群集実験法』を著し、これらは生態学への誘いとして多くの学徒の啓発の書となったことであろう。

川村多實二と動物園・水族館

川村はそうした大学の研究や教育の傍ら、博物館や動物園、水族館といった社会教育施設に対しても意見を述べていった。これは二度に亙る欧米留学中に川村が大学のみならず、博物館や動物園、水族館を努めて訪れていたことに起因する。博物館に関しては後述することとして川村が晩年までに書いた動物園、水族館に関する論文として、大正十五年（一九二六）『自然科学』「動物園と水族館」、昭和十一年（一九三六）『文藝春秋』「動物園の職能と様式」、昭和十四年『博物館研究』「動物園の改善策」、昭和二十五年『宝塚昆虫館』「欧米の水族館」等が挙げられる。特にその初見ともなる「動物園と水族館」は動物園や水族館の起源を歴史的に紐解くとともに、その目的と効用までまとめている。またその末文を「動物園はもはや浅草花やしき式の観せ物ではなくて、通俗学術教育の必要機関であり、専門的研究の好き実験室であらねばならぬ」という言葉で締めくくっている通り、川村の動物園、水族館意識はモノそのものの研究に留まらない、まさにモノと人を結びつける施設という認識であり、まさに博物館学意識といっていいものであった。

このような意識や積極的な取り組みもあり、川村は昭和九年には京都市の記念動物園長に抜擢され、京都大学の教授と兼任することとなった。その在任期間中は「動物の生態学的飼育管理を指導したり、展覧会を催す」など手腕を振るったようであった。

また、今日我々の知る川村の有名な言葉として「現在のものを日本では動物園と呼んでいるが、Zoological Park, Zoological Garden であるから、これは〈動物学園〉と訳さねばならぬ所であろう」がある。この言葉が我々の知るところとなったのは、佐々木時雄の『動物園の歴史』という名著の冒頭に引用されたからに他ならない。川村が「元来は Zoological Garden だから、〈動物学園〉と訳すべきものを、学の一字を脱したのは、最初の翻訳者の失態である」と書いた内容について佐々木が決め付けではないかと問題提起し、その語源について話が進められているものである。確かに佐々木の研究の通り最初の訳者であるとされている福澤諭吉だけの問題ではないが、決めつけではなくむしろ正確に「動物学園」と訳して欲しかったという念がこの言葉の真意であろう。あくまでも川村は「日本の動物園がいっこうに進歩しない」ことが「邦人の動物園の職能や教育効果に対する昔からの無理解に基づく」とし、動物学を介さない見世物的な動物園に留まっている現状の原因をそこに求め、もし正確に訳してくれれば、本来動物園や水族館が目指すべき「動物学の進歩」と「国産動物の保存」といった目的が果たされていたのではないかと考えていたに違いない。

川村多實二と博物館

そのような博物館学意識を持っていた川村であったため、博物館に関しても数々の意見を残している。その中でも「欧米雑感」は都合二十一頁にも及ぶ記録であり、川村の博物館意識の萌芽が窺い知れる。川村はアメリカの多くの博物館や動物園を巡り、それらが多額の寄付により成り立ち、またキュレーターや助手など職業形態が確立し、その研究者に見合う研究室の広さと充実した設備が与えられている現状を知った。一方で、アメリカではすでに大学が動物生理学や生態学研究での中心となり、博物館では世界中から集められた標品を保存し、分類するなど形態分類研究中心となっていることを認識し、それぞれの研究の分業の有効性を見出していた。しかし、我が国では、川村がその有効性を述べても一向に大学と博物館の研究の分業化は実現せず、学芸員の社会的地位は低いままとなっていた。川村は晩年に「自然科学博物館の必要性―大学的研究と博物館的研究―」（筒井嘉隆が『博物館研究』に転載した）を著している。川村はその中で再度進んだ欧米の現状を紹介し、東大に籍を置きながらも講師以上のポストを与えられなかった日本植物学の父と尊称される牧野富太郎を引き合いに出し、[註1]「博物学のうちで、実験を必要とする諸分科の研究は大学でやり、分類学ならびに応用方面の研究は博物館でやるというように両者分業」の有効性を主張した。「結局、わが国の政府も民衆も、この大学と博物館の分業ということを考えず、博物館の進歩を等閑した文教政治家の責任である」と日本の博物館の在り方について厳しい意見を投げかけている。さらに博物学教育の展開が不十分であることの打開策として、博物館の増設の必要性と野外における自然研究の重要性を力説している。

川村が紹介したカンザス大学自然史博物館の展示「Cyclorama group」

川村は「欧米雑感」の中でアメリカの博物館の先進的な展

示にも触れ、「寸法を測り鱗を勘定して、外観を記載するを以て足れりとする分類学は、余程以前から人に飽かれて居るのである」とし、「通俗教育として最上の効果があると認めらるる「生態陳列」」の必要性を述べた。これは博物館が形態分類研究の中心となるべきであるとする立場と相反するように思われるが、それは川村が強く博物館を通俗教育施設と意識し、博物館の「研究」と「展示」という機能を整理して考えていたことに起因することと思われる。そして、分類展示がすでにアメリカで飽きられていたこともあり、日本でもいずれその時が訪れることを予期してか、「欧米雑感」から稿を改めて『動物学雑誌』第三八〇・三八一号に「米国博物館の生態陳列」と題する先進的な展示手法の報告をしている。

それまでにも生態展示は箕作佳吉や谷津直秀、三好学などによって紹介されてはいるが、都合十二頁にも及ぶ、詳細な報告は戦前、戦後を通してみても類を見ないものである。その中で川村は生態展示の歴史について詳しく言及し「然るに千八百六十年頃から九十年頃までの間に英國ブライントン市で熱心に鳥類を採集し且剥製標本を作りつゝあつたブースといふ人が、鳥の姿勢を正しく寫すことに苦心し、且つ幾分其鳥を射落した場所の状況を模して背景を添えることを試みた。これが今日の所謂「生態陳列」の濫觴である」とし、その後もイギリスにおける生態展示の発達、さらにはアメリカ自然史博物館における生態展示の発達過程をまとめている。そして祖国日本でも生態展示が製作可能なようにその展示技術についても多くの紙幅を使っている。生態展示の展示特徴ともいえる「数箇所の實景材料を用ひて、人工の臭みを残さぬまでに巧に組み合わせた、理想上の景観」を造り出すため、再現する候補地の綿密な調査、材料の収集に、背景画や剥製、展示ケースの製作法など自身が知り得たことを事細かくまとめている。この文献が木場一夫の『新しい博物館』の中でそっくりそのまま引用されているが如く、博物館学における基本文献の一つであることは言うまでもないことである。

終　焉

川村は優秀な後進を育てた人物でもあった。専門である生態学の後進は勿論のこと、博物学史の大家の上野益三、博物館学者の筒井嘉隆、梅棹忠夫らを育てた。一度目の留学時に理想的なアメリカの博物館の現状を見るにつけ「陽光のさし込んだ明るい室々に美しい動植物の陳列を見る毎に、遥に上野の森陰の、あの暗い、骨董品が到着する度に剥製が一々宛倉庫の中に追ひ込まれる博物館を想ひ出して、何となく我影が薄い様に感じた」というように当時の我が国の未成熟な博物館の現状を我が身の如く忸怩たる思いで吐露した川村であったが、後進によって川村の想いが実を結んだ形となる。まず、筒井嘉隆により大阪市立自然科学博物館（後の大阪市立自然史博物館）が、そして梅棹忠夫により国立民族学博物館が創設され、見事欧米にも劣らない博物館が誕生したのであった。

川村は昭和十九年（一九四四）に京都大学を定年退職（後に名誉教授）したあと、昭和二十五年からは滋賀県立大学長を六年間務め、昭和三十二年から京都市立美術大学学長を二期六ヶ年に亙って務めた。昭和三十六年以後は、京都風致審議会委員として京都市の自然の保存に協力し、京都市の文化団体懇談会の会長も引き受けた。川村の文化に対するこうした功績に、市は昭和三十八年に名誉市民を授与した。幅の広いさまざまな分野について非常に博識であり、弟子から「春風人」と評されるほど温厚で恩恵深かった川村であったが、脳卒中から発病し一年病床の後、昭和三十九年十二月十六日に京都市中央病院で八十一年の生涯を閉じた。

主要著書

「米国博物館の生態陳列」『動物学雑誌』第三十二巻第三八〇号　三十三―三十七頁・第三八一号　十七―二十二頁　一九二〇
「欧米雑感」『動物学雑誌』第三十二巻第三七七号　九十五―一〇三頁・第三七八号　一三〇―一三五頁・第三七九号　一七五―一八〇頁　一九二〇
「欧米の動物園と水族館」『宝塚昆虫館報』第六十八号　一―十八頁　一九五〇
「自然科学博物館の必要性―大学的研究と博物館的研究―」『博物館研究』第三十一巻一号　十六―二十一頁　一九五八

註

1　川村は、顕花植物の分類を得意とした牧野ではあったが発生・解剖・生理・生態・遺伝等といったことに精通しておらず、分類学の講義を任せるにしてもほかにシダ類・菌類・藻類・細菌類・粘菌類まで幅広い知識を必要とするため牧野では不十分であり、わずか数人の枠しかない教授、助教授の席を提供しなかった東大の措置の妥当性を述べている。しかし、分業化された博物館であれば顕花植物だけの研究に専念する牧野を喜んで受け入れ、相応の席を用意することが出来たのではないかと考えていた。

（下湯直樹）

後藤　守一

（ごとう・しゅいち／もりかず（註1））

明治二十一年（一八八八）～昭和三十五年（一九六〇）

明治二十一年（一八八八）、神奈川県逗子市小坪にて出生、小坪と号する。大正三年（一九一四）、東京高等師範学校本科地理歴史部入学。卒業後は静岡県静岡中学校教員となるも、大正七年東京帝室博物館雇員を委嘱される（註2）。大正十年からは東京府史蹟調査属託として、瀬戸岡古墳群をはじめ府下の古墳や、西秋留石器時代住居跡など縄文時代敷石住居の発掘に携わる。『東京府史蹟名勝天然紀念物調査報告書』では、「府下に於ける石器時代住居阯發掘調査」（第十冊　一九三四）、「東京府下の古墳」（第十三冊　一九三六）、「東京府下に於ける石器時代住居阯」（第十四冊　一九三八）を執筆し、先史・原史時代の研究の基礎資料を提供した。大正十五年、東京帝室博物館鑑査官に着任（昭和十五年退職（註3））。昭和十六年（一九四一）、日本古代文化学会会長に就任する。戦後、甲野勇らとともに秋田県大湯環状列石を発掘するなどいち早く考古学研究を再開させる。また、静岡県登呂遺跡の調査に参加、弥生時代の集落址の解明にあたった。昭和二十三年、明治大学文学部教授となる（昭和二十五年、考古学専攻初代主任教授）。昭和三十年東京都文化財専門委員会初代会長に就任し、伊豆諸島の学術調査を推進した。同年には静岡県蜆塚遺跡の調査と保存措置に尽力している。昭和三十五年、『古墳の編年的研究』により東京教育大学より文学博士の学位を授与される。同年七月三十日逝去。静岡県塩満寺に建立された墓石は、稲村坦元の設計による五輪

塔形式であった。

後藤守一と考古学研究

後藤守一が考古学を志した動機は明らかでない。東京帝室博物館の職員となった経緯は諸説あるが、東京高等師範学校時代に教えを受けた三宅米吉が関与していると思われる。

考古学者の研究を評価する上で、著書や論文の主題は一定の指標となる。後藤守一の著作目録を通覧すると、対象は縄文時代から歴史時代に亙っているが、古墳文化の解明に主眼が置かれていたことがわかる。遺物研究では、東京帝室博物館収蔵品を基に、鏡鑑をはじめ大刀や鉄鏃など鉄製武器の体系的な集成と分類、編年を通じて古墳文化変遷の把握に務めている。また高橋健自の研究に倣い、有職故実に基く遺物の名称や用途の推定を試みた（「上古時代の杏葉について」『日本文化の黎明』一九四一　東京考古學會）。

遺跡研究においては、古墳が築造された時代に生活を営んでいた族長一族とその部民との関係が墳墓に反映していると考え、東日本に点在する大小数十基の古墳を群として捉えることを提唱した（「古墳群の研究について」『先史考古學』第一巻第二号　一九三七　先史考古學會）。古墳群研究は、群馬県白石古墳群（「白石古墳群の研究（一）」『考古學雜誌』第二十四巻第九号　一九三四　考古學會　相川龍雄と共著）や静岡県御厨《みくりや》古墳群（『静岡縣磐田郡松林山古墳發掘調査報告』一九三九　静岡縣磐田郡御厨村郷土教育研究會）の調査で実践され、古墳群の形成された年代や群内の古墳の関係について言及している。

こうした遺物と遺跡から歴史を復元しようとする姿勢は、古墳文化研究の軸である埴輪研究に端的に示されている。従来形態や機能論に終始していた埴輪について墳丘上の配置を発掘調査で確認し、各種埴輪の出土位置を分析することで、それらが古墳時代葬礼を表現したものであると結論付けた。また人物埴輪や有職故実、文献史料から古墳時代の衣装の解明にあたった（『日本古代文化研究』一九四二　河出書房）。後藤守一の考古学研究は、『古事記』や『日本書紀』など文献史料と、有職故実によってより具体的な歴史叙述が試みられていることが特徴であり、そうした学問体系は上官である三宅米吉や高橋健自の流れを汲んだものであった。

大正七年（一九一八）以降は東京帝室博物館を活動母体とする考古学会の機関誌『考古學雜誌』の編集に携わっている。特に書評欄では考古学のみならず様々な分野の書籍を紹介しており、当時の学界動向や研究成果を幅広く把握していたことが、『日本考古學』（一九二七　四海書房）や、『日本歴史考古學』（一九三七　四海書房）といった概説書の執筆につながったと思われる。昭和十六年（一九四一）、在野の考古学者を組織するため再編成された日本古代文化学会では会長に就任し、機関誌『古代文化』の編集にもあたった。太平洋戦争開戦以降はラジオや普及書を通じて、『大東亞共榮圏構想』や日本精神の解明という考古学の社会的意義を表明した。

終戦の翌年には、「三種の神器の考古學的檢討」（『あんとろぽす』第一号　一九四六　山岡書店）など、『記』『紀』神話と考古学研究についての論文を矢継ぎ早に発表した。神話は史実として認められないが部分的には過去の文化を反映しており、それは縄文時代まで遡ることができるというのが後藤守一の主張であり、歴史観であった。

昭和二十二年、登呂遺跡の発掘が始まると登呂遺跡調査会役員として参加し、住居址の復元や木製品の研究を深めた。昭和二十五年には登呂遺跡調査特別委員会委員長に就任し、『登呂』本編の刊行に尽力する。同時期には、『日本古代文化の話』（一九四七　愛育社）などの普及書を著わし、考古学研究の現状と古代史の復元について平易な文章でまとめている。『登呂』本編刊行後は、『日本考古学講座』の編集に携わり、古墳時代から歴史時代研究の体系化に務めた。

欧米博物館の視察

東京帝室博物館監査官に着任した翌年、後藤守一は欧米の考古学研究と博物館視察のため、インド、セイロン（スリランカ）、イギリス、オランダ、ドイツ、スウェーデン、ノルウェー、デンマーク、オーストリア、ブルガリア、ギリシャ、クレタ島、イタリア、スイス、フランス、アメリカ、カナダを歴訪する。主務は考古学研究であり、博物館については主要都市にある歴史博物館の査察が中心であった。この在外研究は、関東大震災で倒壊した東京帝室博物館を復興するための視察でもあった。帰国後、東京美術学校講堂で「歐米博物館の施設」という講演を行い、さらに『博物舘研究』誌上で「歐米博物館の動き」を連載、正式報告は『歐米博物館の施設』として帝室博物館から出版された。

後藤守一が欧米の博物館で高く評価しているのがスウェーデン国立博物館である。この博物館はモンテリウス（O. Montelius）が展示を監修しており、石器、銅器時代の出土資料はモンテリウスの分類に従って配列されている。同時にヨーロッパや日本出土の資料を比較博物館で展示し、スウェーデンの地域的特徴を明示している。一国の歴史を系統的に示し、比較資料を用いて地域性をわかりやすく展示している点は東京帝室博物館を復興する上で参考になったと思われる。

博物館を視察するなかで後藤守一が注視したのは歴史博物館の独自性、ことに美術博物館との違いである。歴史博物館では個々の展示資料を有機的・集合的な関係で展示しなければならない反面、美術館では絵画や彫刻が必ずしも関係づけられて展示される必要はなく、散列展示を普通としていることや、陳列札に関しては、美術方面の展示では誰が、何を、いつ、どこで、という内容を伝えればよいのに対し、歴史・科学方面の展示では、詳細な説明によって初めて資料的価値を把握することができると述べている。これは「繪畫・彫刻の如き美術方面の列品は、感覺に訴へるを目的とし、歴史或は科學方面のものは觀察的のものである」（『歐米博物館の施設』一九三一　帝室博物館）という理論に準拠したためであった。

東京帝室博物館の考古室

東京帝室博物館は、大正十二年（一九二三）の関東大震災で甚大な被害を受けたが、大正十三年四月には表慶館での展示が再開された。当初歴史部は表慶館一階第八室・第九室のみであったが、昭和八年（一九三三）頃には三室が充てられ、後藤守一が展示設計を担当している（「帝室博物館歴史部の陳列」『博物館研究』第六巻第七号一九三三　日本博物館協會）。第一室は各時代の文化的特徴を表わすもので、原史時代（古墳時代）の埴輪を中心に、前時代である弥生時代の青銅器・磨製石剣を展示。男女埴輪像を配置することで装飾品や武具の着装がわかるようになっている。第二室では特定の文化事象を時代を通じて展示しており、奈良朝以降の宗教遺物が並べられた。第三室は遺物から年代的変遷や地方色を明らかにする目的で、弥生土器と土師器が地域別、時代順に配列されていた。展示内容は小学校卒業程度の観覧者を想定して計画されている。

昭和十三年に復興開館した本館では、一階の三室が考古に割り当てられている。第一室では石器時代（縄文文化・青銅器文化）と古墳時代の資料が八台の展示ケースに陳列されている（写真）。弥生土器は地域別・年代順に配されており、これはスウェーデン国立博物館を意識した見せ方である。第二室は飛鳥時代以降の宗教関係出土資料[註4]、特別第一室には古墳時代前期と後期の埴輪が比較できるように展示されていた。

東京帝室博物館の調査・研究活動

明治三十二年（一八九九）四月の『遺失物法』公布を受け、埋蔵物を発見した場合、石器時代遺物は東京帝国大学人類学教室、古墳時代以降の遺物は宮内省に報告し、重要な資料は買い上げて保存することとなった。後藤守一はこうして集められた資料を、『帝室博物館年報』や『考古學雑誌』を通じて紹介している。しかし、これらは遺物自体の資料価値は高いものの、偶然に発見されたものや、各地の史蹟調査委員が実査した記録が付される程度で、出土状況が不明瞭なものが多かった。このため後藤守一は在外研究から帰国後、一年一基程度の割合で古墳を発掘し、成果を公刊するという目標を掲げた。その最初の発掘となったのが群馬県佐波郡赤堀村茶臼山古墳である。

調査は群馬県史蹟調査会と帝室博物館の共同で行われ、後藤守一が帰国した年の十二月十九日から二十八日にかけて実施された。墳丘の築造方法をトレンチ調査で確認し、葺石の残存状況から本古墳を前方後円墳と推定した。また木炭槨から出土した副葬品は原位置を留め、埋葬当時の状況を明らかにすることができた。

本調査で特筆すべきは、後円部墳頂で出土した家形埴輪の全体像が破片の接合作業を通じてわかったこと、加えて家形埴輪の配置が復元できたことである。そうした成果は、昭和五年（一九三〇）十月十六日から

東京帝室博物館本館第一室（考古）

三十日まで『埴輪特別展覽會』という速報的な特別展により公開された。展示室は四部屋で第一室が茶臼山古墳出土埴輪、第二室は人物埴輪、第三室は動物・器財・家形埴輪を展示した。第四室は、埴輪概説という主題で四つの展示ケースが用意された。第一と第二のケースには当時の服飾を理解するため人物埴輪・復元図・発掘資料（玉類・甲冑・大刀・馬具）の三者を展示した。第三のケースは対をなして並べられた埴輪として、武装男子一対、踊る埴輪、第四のケースでは一古墳から出土する埴輪について、埼玉県上敷免発掘資料を一堂に展示した。いずれも観覧者を意識し、視覚的に原史時代が理解できるよう工夫されている。

十月二十日には講演会も開催され、後藤守一が調査成果をもとに「上古時代の住宅」を発表し、濱田耕作が「埴輪に關する二三の考察」として埴輪研究の現状を語った。『埴輪特別展覽會目錄』や『埴輪特別展覽會繪葉書（五枚一組）』甲・乙などの目録も充実している。また特別展を機に、東京帝室博物館所蔵資料を中心とした『埴輪集成圖鑑』が編纂された。後藤守一が編集を担当し、各コロタイプ版十一枚一組で解説書付、昭和六年より昭和十九年までに十二冊が刊行されている。

茶臼山古墳の調査成果は、昭和八年に帝室博物館学報第六冊『上野國佐波郡赤堀村今井茶臼山古墳　附録　埴輪家聚成』として公刊された。発掘調査成果・主要遺物・家形埴輪集成という三部構成となっている。二年をかけて破片を接合した結果、家形埴輪の全体像や蓋・翳埴輪など器財の概要も判明した。人物埴輪が前方部や周溝、家形埴輪や器財が後円部上から出土したことから、埴輪は葬送の様子を表わしたものであると結論づけた。

後藤守一と郷土博物館

戦前、後藤守一は帝室博物館における展示方法の調査と併行して郷土博物館についても研究していた。郷土博物館では地域の過去と現在を理解させ、その理解は郷土を愛する熱情に押し上げられるべきと主張する（「郷土室の經營」『博物舘研究』第五巻第十一号　一九三二　日本博物館協會）。展示は歴史、考古、地理、博物の分野で構成され、その地方の特色を理解させることが肝要であった。

後藤守一は戦後、こうした理念に基き武蔵野博物館の開館に尽力する。展示室の詳細は甲野勇によって立案されたが、『武藏野博物館建設趣意書』に見られる古代文化部（考古学）、歴史部、民俗部、自然科学部という枠組みや、野外展示『祖先の村』の古代住居を茶臼山古墳出土埴輪によって復元したことは後藤守一の発案と思われる。

武蔵野博物館では研究発表「武蔵野の古墳文化について」や、研究遠足会での指導にあたっている。また、武蔵野博物館叢書『武藏野の考古學―武藏野博物館を見る者のために―』（一九四九　武藏野文化協會）や『古代の武藏（一）奈良朝時代を中心として』（一九四九　山岡書店）などを通じて博物館教育にも関わっていた。

結　語（註5）

各地から集められる発掘品を調査して展示するというそれまでの帝室博物館から、監査官自らが研究主題を設定し、発掘調査によって遺跡と遺物の関係を明らかにする。さらにその成果を展示や出版物で公開した点において後藤守一の果たした役割は大きい。こうした姿勢は博物館が展示によって文化的変遷を示す成人教育、公衆教育の場であるという考えに裏打ちされていた。また図画や模型品を多用したのは、歴史博物館が陥りやすい静的な展示からの脱却を図ると同時に、静的な展示を必要とする美術館との違いを明確にするためであった。

関東大震災から博物館を復興するため設立された大礼記念帝室博物館復興翼賛会は、東京帝室博物館を東洋美術の優秀と我国美術の精華を内外に普及する古美術博物館と位置付けた。昭和四年（一九二九）翼賛会内に設けられた東京帝室博物館建築設計調査委員会も「陳列品ハ東洋古美術トス」とし、「帝室博物館ニ現在設ケラルル歴史部ノ内容ヲ整理シ考古學的資料と稱スベキモノニ限定シテ之レヲ廣キ意義ニ解スル古美術ニ合併スル事」と答申している。これを受けて復興博物館開館前年には『宮内省分課規定』が改正、歴史課と美術課は列品課と学芸課に改組された。発掘品は歴史資料であり、資料は有機的関係をもって配置されるべきと考えていた後藤守一は、殊に東京帝室博物館が美術館として位置付けられることに考古学者として危惧を抱いたと思われる。

『歐米博物館の施設』は、「東洋美術の覇を唱へてゐる我が國に、美術博物館の建設の必要はいふ迄もないが、又、最も美しい歴史を誇る我が國が、困難も伴ひ、かつ歐米に著しく進んだもの丶ない歴史博物館を完成して、世界に誇示すると共に、國民教育に向つて奮起するはより緊々事であらうと信ずるものである。」という一文で締め括られている。また復興博物館の考古展示を石器時代、青銅器時代、鉄器時代という文化変遷で構成したのは、こうした東京帝室博物館の流れに対する後藤守一最後の抵抗であった。

主要著書

『漢式鏡』日本考古學大系一　一九二六　雄山閣
『歐米博物館の施設』一九三一　帝室博物館
『上野國佐波郡赤堀村今井茶臼山古墳　附錄　埴輪家聚成』一九三三　帝室博物館
『日本古代文化研究』一九四二　河出書房
『先史時代の考古學』一九四三　績文堂

註

1　戸籍上は「もりかず」であったが、「しゅいち」と呼ばれることが多く、そのまま訂正しなかったとされている（江坂輝彌「多摩の考古学五〇年のおもいで」『多摩考古』二十二号　一九九二　多摩考古学研究会）。

2　後藤守一の学歴は『東京高等師範學校一覽　自大正六年四月至大正七年三月』（一九一七　東京高等師範學校）を参照した。

3　酒詰仲男編『貝塚』十八号（一九四〇年三月十二日　山岡書店）の「人の動き」欄に「今回後藤守一氏は博物館を優退石田茂作氏が後任と決定した」という記事がある。

4　第二室は和歌山県那智経塚・奈良県金峯山出土遺物が展示されていたと考えられる。いずれも帝室博物館鑑査官補の石田茂作が調査し、写真や実測図は帝室博物館学報に報告された。

5　本節の執筆に際しては『東京国立博物館百年史』（一九七三　東京国立博物館）を参照、一部引用した。

（平田　健）

写真／立川明氏所蔵・椚國男『土の巨人―考古学を拓いた人たち―』一九九六　㈶たましん地域文化財団より転載／『東京帝室博物館復興開館陳列案内』一九三八　帝室博物館より転載

藤山　一雄（ふじやま・かずお）

明治二十二年（一八八九）～昭和五十年（一九七五）

山口県出身。東京帝国大学を卒業後、昭和十四年（一九三九）に満州国国立中央博物館副館長に就任。欧米に倣い、社会に積極的に働きかける教育・普及活動である「博物館エキステンション」を展開し、新しい博物館を目指した。藤山が中心となり手がけた民俗博物館は日本人が初めて着手した本格的な野外民俗博物館である。昭和十五年に、満州国で日本人が初めて博物館を論じた市販の単行書である『新博物館態勢』を刊行。

生い立ちと略歴

明治二十二年（一八八九）四月十六日、山口県玖珂郡神代村平原（現・岩国市由宇町神東舟木）に父・藤山浅治郎、母・千賀の長男として生まれる。生来病弱であったため、体質改善を目的に六年間を大阪人形浄瑠璃文楽師匠豊沢雷助に弟子入りし名取となり、義太夫と太棹を習得する。またその後の生活信条となる真言密教の三密の業（意密・身密・口密）を学ぶ。帰郷後、鳴門村立小学校、岩国中学校、第五高等学校第一部甲を卒業、大正二年（一九一三）に弥寿と結婚、大正五年に東京帝国大学法科大学経済学科を卒業後、祖父の命により帰農。大正七年湯浅貿易株式会社に入社、大正八年三十歳にて相場師となり、三力商店を設立。大正九年の大ガラで失敗してその後デンマーク農業を研究し、ヘンリー・ソロー、リチャード・エマソンへ傾倒することにより、下関市長門一宮で櫟畠を開墾して農業主体の生活を営む。また文学、絵画、音楽、建築を手がけて文化的、創造的な生活をも実践した。大正八年に下関日本基督教会で受洗。大正十年に下関梅光女学院初代学院長広津藤吉の要請で地理科教諭に就任。法制経済等の教鞭を執り、大正十二年の梅光女学院専攻科創設にあたる。在職中、執筆活動を盛んに行う。昭和元年（一九二六）に退職した後、渡満。昭和二年、大連基督教青年会常任理事に就任。昭和四年に満州鉄道関連会社嘱託を命じられ、満鉄総裁山本条太郎の配慮により下関から諏訪丸にて欧米視察旅行をする。渡航中『大連新聞』に旅行記を寄稿。パレスチナの聖地巡礼、イギリス・ドイツの港湾荷役作業・労働事情調査、デンマーク・スイスの農村農業・教育調査を果たし、アメリカ経由で帰満。昭和五年関東庁方面委員に就任。昭和六年の満州事変で満州国「独立宣言」文案を作製し、これにより満州国国務院実業部初代総務司長に登用されるが、半年後に観察院に移動、女子人文学院講師に就任。昭和十年、満州国国務院恩賞局長に就任。昭和十二年、国務院総務庁嘱託で恩賞事務顧問、満州国協和会参与、国都建設記念式典委員会委員、新京特別市諮議会議員に就任。昭和十四年、満州国国立中央博物館副館長に就任。生活の改善と新しい農業創出のための民俗博物館を企画立案し、「新博物館態勢」を打ち出す。終戦引揚げ後は故郷神代村で山の植林、農業、畜産に着手、昭和二十二年、周東畜産協会を創立、会長に就任。昭和二十四年、柳井女子商業高等学校校長に就任、周東養鶏農業協同組合理事長に就任。昭和二十九年、農山漁村生活改善新生運動推進者として農村文化研究会を創設、山口県知事顧問に就任、地域文化、産業の育成・発展に貢献した。昭和五十年、享年八十六にて永眠。

研究の軌跡・学問の特徴

昭和十二年（一九三七）七月の辞官を機に満州国に関する随筆『帰去来抄』を編む。そこに収録された「博物館小考」は満州国国立博物館開館後の昭和十年の脱稿で、藤山の最初の博物館論である。そこには国立博物館を「特異性なき骨董倉」と非難し『新博物館態勢』の考えの原形が見られ、スカンセンを模した博物館の必要性も論及している。

満州国国立中央博物館

昭和十五年十月に刊行された代表著書『新博物館態勢』は、満州国で日本人が初めて博物館を論じた市販の単行書である。藤山自身「私は博物館のことはずぶの素人であつて」と謙遜しているが、藤山の『新博物館態勢』は十九世紀の欧米で展開された「博物館エキステンション」を積極的に実践するものであり、「単なるモノの展示場」としての博物館ではなく、教育機能と研究機能の両方を兼ね備えた新しい博物館を目指したものであった。藤山は博物館の教育機能も研究機能も共に国民へのサービスとして位置付け、その結果、博物館をサービス機関と見做し、学芸官に対しては「所謂〝専門の穴〟に隠れるな、博物館は研究も勿論必要であるが、常に文化の指導者として、教育者として、サービスに専念せねばいけない」と考えた。故に藤山の博物館理論は現代の博物館理念に近いものであり、この『新博物館態勢』の考えは藤山が副館長を務めた満州国国立中央博物館で実践された。

この博物館は、満州国国立博物館と満鉄教育研究所附属教育参考館を統合して昭和十四年の官制施行を機に活動を開始したが、日中戦争に伴う庁舎払底と資材統制により、新設の施設を即座に持つことができなくなり、「庁舎なき博物館」を標榜とした「博物館エキステンション」として様々な活動を展開した。これは利用者を待つのではなく、積極的に社会に働きかけるという博物館活動で、学芸官も博士・学士クラスを擁したものであった。満州国国立中央博物館は後の博物館友の会の先鞭となる「満州科学同好会」を組織して例会を開催し、また「満州生物学会」の事務局を博物館に置いて外部学会との連携を図った。この満州生物学会は第四回総会まで満州医科大学に事務所を置き、月例会を開催し年四回会報を発刊したが、第四回総会で新京会員有志である木場一雄らによって事務所を国立中央博物館に移すことが提起され、その後可決されたという経緯を持つものであった。これによって国立中央博物館は外郭団体となり、学芸官遠藤隆次が会長を務めた。また、小中学校に学習機械化を図るために、標本・映写機・フィルムを携えて巡回する「移動講演会」を開催したり、「現地入所科学研究生」として現役の小学校教員を博物館に一定期間受け入れて、標本整理・講義・実験の指導を実施したりした。さらに一般市民の「智的啓発・情操滋養・科学知識の大衆化」を目的として、国立中央博物館直営の中心的教育活動である「博物館の夕」で通俗学術講演会、映画、音楽会を開催し、また、「科学ハイキング」としてレクレーション的性格を兼ねた野外自然観察会や特別展覧会を開催した。さらに、『国立中央博物館時報』・『満州帝国国立中央博物館論叢』・『満州民族図録』などの文献を発行。これは「博物館エキステンション」の一貫として利用者向けの定期刊行物の発刊意図があったが、『国立中央博物館時報』は昭和十四年の第一号から昭和十九年の第二十三号までの刊行で定期刊行にはならなかった。しかしその内容は学芸官を中心とした執筆陣で構成され、満州科学同好会の頁も加えられた会誌的性格も備わったもので、科学教育を強調し、明治以来の日本の人格教育中心主義を批判したものであった。これらの教育活動の対象は移動講演会を除いて日本人の成人を対象としたものであった。

国立中央博物館官制は「学芸官は館長ノ命ヲ承ケ資料ノ蒐集・保存・展覧及其ノ研究ヲ掌ル」（第五条）として学芸官の研究を掲げており、その成果は『満州帝国国立中央博物館論叢』に発表された。藤山は学芸官ではなく、副館長と人文科学部長事務取扱を兼務し、民俗展示場の企画案と民俗調査を行った。藤山は「多くの日本人は『博物館』を骨董品の陳列場位にしか考へさせられてゐない。実際何処の博物館に行つても仏像とか古刀、甲冑、陶器、瓦のかけら、乃至古書画等が塵のかかつた硝子戸棚に雑然と監禁、拘束されて居る。博物館は『生きて居るもの』でなく、それ自体が冷たい棺桶のやうな感を与へる」と日本の博物館を批判している。また、満州国の各地に建設された小規模博物館施設について「近代博物館の水準に達せざる地方小博物館」「単なるモノの展示場」と見做し、「一刻も早く博物館法を公布し、一定の規格を与へ統制するか、或は中央博物館の分館として、新態制を執らないと日本に於ける如く、将来総力的な活動を阻礙される禍因となりはしないかと心配する」と表明し、『国立中央博物館時報』第十六号に「小型地方博物館の組立て」と題し、棚橋源太郎の『眼に訴える教育機関』で紹介されたローレンス・コールマン“Manual for Small Museums”をアレンジして、満州国における地方博物館の近代化モデルを提示した。

藤山は、東京帝国大学在学中、北海道に酪農指導に来ていたデンマーク人農家で労働に従事し、その経験から得た知識・技術・生活様式から、食生活の改善こそが日本の創造に至ると確信する。この文化生活、合理性が藤山の考える「生活芸術」の始まりであり、デンマーク農業の研究、及び『森の生活―ウォールデン』の試みとなっていく。この思想と実践記録は『清貧饗盤抄』・『住宅芸術』として刊行された。渡満後はそのテーマは産業の改善、新しいタイプの農業創出に移行し、そのモデルは国立中央博物館の民俗博物館で実践された。

この満州国の民俗博物館は藤山が中心となって手がけた博物館であり、昭和四年の渡欧の際に見聞したスカンセンを範としたもので、「現住諸民族の生活を如実に展示し北圏生活を自然に順応せしめ、合理化して生活文化の水準を向上せしめようとする」「生活試験場ともいふべき機関」として目指したものであった。

藤山は『新博物館態勢』の中で、野外博物館を露天博物館と呼称し、その概念を詳細に記しており、「民俗博物館について」の章で「スカンセンはその面積に於てあれより少し狭いが地形多様性で、岩山あり、湖水あり、森林あり、その間に数世紀に亙るスカンヂナビア各地方の郷土色豊かなる住宅、その外の古建築が地形に應じ、模造、又は移築せられ」とスカンセンに模造が含まれていることを明記しており、棚橋源太郎と同様に他の研究者には見られないような鋭い観察力を持っていた。藤山は昭和四年に渡欧した際にスカンセンを見学し、これまでの博物館に対する概念を再認識したと同時に、まさにその時に受けた感銘が後に手がけた満州国の民俗博物館構想の範となったのである。

また、慶州博物館については慶州の町全体を一つの「露天博物館」として捉え、「露天展示場」のある郷土博物館についても説明している。これに対して後藤和民も「今日の新しい〝野外博物館〟やEcomuseumの観点を先取りしていることに敬服させられる」と述べているように町並み全体を博物館として捉えた発想には驚かされるとともに藤山の博物館に対するスケールの大きさを感じ取ることができ、この思想は満州国の民俗博物館構想にも大きく反映されていったのである。しかし民俗博物館計画は急速に停滞し、結果的には中止に追い込まれていくが、その後も民俗調査は続けられ、烏拉調査に於いては「烏拉の如きはその集落及び環境全体が一の展示資料として高い価値を有する」として集落全体を野外博物館あるいはエコミュージアムとして捉え、藤山の野外博物館に対する思い入れと憧れを強く窺い知ることができるのである。

昭和二十一年の引き揚げ後は、自分の作品を展示する美術館を建設するという計画以外、博物館に関わることはなかったが、民俗博物館構想の目的であり悲願であった、日本人の食生活の改善と新しい農業の創出を実現させることに奔走した。しかし、それ以降の時期を除いて藤山の人生の中で、国立中央博物館在籍期間が最も長く安定しており、充実した時期であったと言える。

昭和三十年以降は、山口県の町村合併促進審議会委員、農山漁村振興対策審議会委員、町村合併調整委員、新市町村建設促進審議会委員、農業会議会員、農業改良委員会専門委員、公明選挙推進協議会会長等の各種公職に就任したが、前述の如く、博物館に関係した職務に就くことはなかった。

昭和元年（一九二六）、三十七歳で毎日新聞懸賞論文「五十年後の九州」が一等に入選する。また現存するものは唯一昭和九年の建国功労章だけであるが、満州国の勲章や記章を一通り得ている。恩賞局長在任中、日本の瑞宝章に相当する文化勲章桂国章を制定し、自らがそのデザインを考案し、その後授章する。また我が国の瑞宝章も授章する。昭和三十一年、周東養鶏農業協同組合理事及び組合長在任中、畜産功労で農林大臣賞を受賞する。

藤山一雄の横顔

『住宅芸術』で住生活を論じた如く住まいへのこだわりが強く、長門一宮の藤山宅は藤山自らが設計・建築したものであった。新京の藤山邸はイギリスのコテージ風住宅で、これは満州国日系官吏の住宅建築としては最初のデザインであった。藤山が考案した桂国章のデザインは宮殿寺院建築の桂礎を中心に四方に桂冠が配されており、熱河で見た建築美から発想されたものである。

音楽面では、下関在住の人々から組織された楽団「海峡オーケストラ」にフルート奏者として所属し演奏活動をした。新京において第二木曜日に集まって長唄と義太夫の芸を披露しあう二木会を結成。自宅居間で様々な楽器に囲まれた和装姿の藤山の昭和八年（一九三三）～昭和二十年頃の作とされる肖像画も残る。

絵画面では、唯一現存する大正十四年（一九二五）の作品「深夜の吹奏」は、渡満以前に制作した油彩画である。また、昭和四年～昭和五年の渡航時に描いた「聖地パレンスタイン風物」は七百六十点にものぼる。昭和四十三年制作の水彩画「心境の熱河」の原画は、昭和十三年満州国美術展覧会で特選になった百号大の油彩画で、イタリアのムッソリーニに贈呈されたものである。昭和三十五年以降、藤山自身の作品を展示する美術館「イスラエル館」建設を計画し、候補地も挙がっていたが実現することはなかった。

このように絵描きであり、小説家でもあり、歌を詠み、作曲もし、ピアノやサックスを演奏し、欧米に渡ったときは太棹の三味線を携えて白人を驚かせたという逸話も残る多彩な文化人であった。

（落合知子）

主要著書

『五十年後の九州』壷南荘叢書第四編　一九二八　還元社
『新博物館態勢』東方国民文庫第二十三編　一九四〇　満日文化協会

顔写真／藤山浩一郎氏所蔵・梅光学院大学博物館提供

米村　喜男衛（よねむら・きおえ）

明治二十五年（一八九二）～昭和五十六年（一九八一）

明治二十五年（一八九二）、青森県南津軽郡常盤村字久井名館にて亀吉の長男として出生する。明治三十五年、青森市青森高等小学校に入学、二年終了後に理髪師見習いとして修行に入る。明治四十三年上京、神田小川町の高木理髪店で仕事を続けながら考古学を勉強し、東京帝国大学鳥居龍蔵などから指導を受ける。明治四十五年、『千島アイヌ』（鳥居龍蔵　一九〇三　秀英舎）に触発されアイヌ研究を志し渡島。大正二年（一九一三）、モヨロ貝塚を発見する。（註1）網走では米村理髪店を開業、生計を立てながら網走救護団の結成や網走青年学校の教員として地元の教育・行政に関与していった。昭和三年（一九二八）北見郷土研究会を設立し、網走管内の考古・民俗資料の調査、収集に努める。研究と教育活動の拠点として昭和十一年に北見郷土館を開館。モヨロ貝塚の史蹟指定を推進し、貝塚の保存・活用に生涯関わった。

戦後は網走郷土博物館の館長として博物館の運営にあたる。また日本博物館協会理事となり博物館法制定に尽力。昭和二十九年にはユネスコ主催の国際セミナーに日本代表として参加するなど、博物館教育に力を注いだ。昭和五十六年二月十六日逝去。その生涯は『はるかなりモヨロの里』（吉樹朔生・高田勲　一九八七　くもん出版）として伝記になり読みつがれている。

米村喜男衛と考古学研究

米村喜男衛と考古学は、尋常小学校三年のとき偶然畑で拾った石鏃によって結び付けられる。高等小学校中退後、理髪師として上京した折には書店街の傍に仕事場を見つけ、『考古學研究法』（八木奘三郎・中村士徳一九〇五　春陽堂）などを読破して考古学を学んでいった。明治四十三年（一九一〇）頃には東京帝国大学人類学教室の鳥居龍蔵を訪ね、大森貝塚や西ヶ原貝塚出土資料を見ている。

古書店で購入した『千島アイヌ』がアイヌへの関心を高め、実態を確かめるべく渡島を決意する。大正二年（一九一三）九月一日、函館から網走に入り、翌朝旅館を出て散歩の途中網走川河口の断面に貝層を発見、これがモヨロ貝塚であった。網走で米村理髪店を開業すると地表面や貝層から遺物を採集するのが日課となり、一部発掘を行いながら資料を収集していった。その後築港工事に伴って土器をはじめとする遺物が売買の対象となると、散逸を防ぐために奔走した。また、京都帝国大学の清野謙次による人骨の採集に同行するなど、全国から訪れる研究者を案内している。(註2)

このような発掘や乱掘による遺跡の破壊を懸念した米村喜男衛は、昭和七年（一九三二）頃から史蹟指定の準備を進める。昭和十年に桂ヶ岡砦（チャシ）阯、昭和十一年にはモヨロ（最寄）貝塚が史蹟指定となった。この間、北見郷土研究会の機関誌『郷土研究』をはじめ、史前学会機関誌(註3)『史前學雜誌』を通じて道内外にモヨロ貝塚を紹介した。

昭和十五年頃、史蹟指定地内に軍事施設建設の計画が持ち上がり、測量がはじまると工事の中止を要請する。網走町長、米村喜男衛、海軍省高官、斎藤忠（文部省保存課技官）の協議で貝塚は一部指定の解除に留まり、計画は大幅に変更された。この時米村喜男衛に対しては工事区内の立ち入りも許可され、資料採集や調査が継続的に行われた。同時に北海道帝国大学の児玉作左衛門による人骨調査も許可されている。米村喜男衛は昭和十七年から昭和十八年にかけて、日本古代文化学会の機関誌『古代文化』上で「北方日本の古代文化」を連載し、戦前のモヨロ貝塚発掘調査を総括した。

終戦とともに歴史学の分野で考古学の重要性が認識されると、モヨロ貝塚を学術的に調査しようとする機運が高まる。昭和二十年前後、杉山寿栄男や東亜考古学会の島村孝三郎により発掘調査の準備が進められる。昭和二十一年、島村孝三郎、原田淑人、金田一京助らが実地調査。翌年九月中旬より十月下旬に網走郷土博物館、東亜考古学会、東京大学、北海道大学、文部省によるモヨロ貝塚調査団が結成され、合同調査が実施された。昭和二十三年には第二回発掘調査が行われたが、米村喜男衛は調査に参加している研究者に北海道の考古学・民俗学に関する講演を依頼、先史考古学講座が四日間に亙って開催された。その時の講義内容は『北海道先史學十二講』（米村喜男衛編　一九四九　北方書院）として公刊されている。

以上の調査を受けて、『北方文化研究報告』（北海道大學北方文化研究室）のほか、『モヨロ貝塚』（兒玉作左衛門　一九四八　北海道原始文化研究會）、『私たちの研究　モヨロ遺跡と考古學』（名取武光　一九四八　札幌講談社）が出版された。米村喜男衛もまた、網走郷土資料館収蔵資料を中心に、『モヨロ貝塚資料集』（一九五〇　網走郷土博物館）を刊行。オホーツク文化期のモヨロ貝塚出土土器を「モヨロ式（モヨロ型）」と命名し、出土遺物をふくめその特異性を明らかにした。またモヨロ式（モヨロ型）の出自が中国東北部奥地に求められ、宗谷海峡を渡って北海道に上陸したと推測した。こうしたオホーツク文化を代表するモヨロ貝塚の展示・研究施設が北見郷土館（後の網走郷土博物館）である。

米村喜男衛と博物館活動

モヨロ貝塚をはじめ管内の遺跡調査が進む中で、米村理髪店の一部を郷土研究の資料室に充てたのが大正四年（一九一五）頃である。米村喜男衛はここを『郷土室』と呼んでいた。大正六年には網走管内の小中学校教員を主な会員とした網走史辿会を設立、事務所を『郷土室』に置く。網走史辿会では考古学的な調査をはじめ、各地域に残る神話や伝説、入植当時の話を採集している。こうした民話を郷土教育に活用するため、大正十四年、網走史辿会内にすずらん童話会を設け、少年少女に童話や児童劇を演じさせた。その後会員の増加に伴い網走史辿会は発展的解消を遂げ、昭和三年（一九二八）、北見郷土研究会の設立となった。網走支庁長が会長となり、米村喜男衛は幹事長として会の業務の一切を引き受けている。北見郷土研究会は網走史辿会の活動を継続したほか、道内の景勝地や自然保護を普及するため探勝会を結成。知床半島探勝団（一九二八）、阿寒探勝会（一九二九）が組織された。なお、阿寒探勝会での調査を契機として阿寒は国立公園の指定を受ける。また昭和三年より機関誌『郷土研究』を発行。「アイヌ人と其の史前」（第五輯　一九三一）、「北見に於ける農業景観地域の研究」（第七輯　一九三五）などの特集も組まれた。採集したアイヌ民話や開拓当時の挿話は『北見郷土史話』（一九三三　北見郷土研究會）にまとめられている。

昭和八年頃、紋別鴻ノ舞鉱山（住友金属鉱山）に勤務していた地質学者久保田定次が『郷土室』を見学、資料保存の観点から博物館施設の必要性を忠告し、住友家から資金提供を受けるための交渉が始まる。紋別海岸地域での鉱毒賠償問題から資金は減額となるが、住友家から社団法人北見教育会へ一万円の寄付が行われた。周辺の鉱業や管内市町村からも寄付を受け、米村喜男衛自身も住宅や倉庫、展示ケースを提供し、昭和十年建設着

北見郷土館　全景

工、翌年十一月、皇太子殿下御降誕記念事業として北見郷土館の開館となった。館長は北見教育会会長、米村喜男衛は主事として郷土館の展示、運営にあたる。

田上義也によって設計された建物は二階建てで、一階に教育部、産業部、研究調査部（図書室）、二階に考古学部、講堂、応接室、そして廊下に写真などを掲示している（写真）。考古学部はモヨロ貝塚出土資料を中心に展示が構成された。郷土博物館としての枠組みは、郷土の行政組織の変遷を明らかにする目的に沿ったためであった。また『アイヌ人模型解説』（北見郷土館資料第一號　一九三七）、『のびる北見の農業』（北見郷土博物館叢書第二輯　一九四三）などの研究報告や、『北見郷土史話』も再版された。

広大な管轄地域に対応するため、北見郷土館では巡回展示も実施している。昭和十九年、北見市商工経済会北見支部で行われた移動博物館は、図表による資料、パノラマ、紙芝居を用いて郷土の主要生産物を解説した（「北見郷土博の地方進出」『博物館研究』第十七巻第四号　一九四四　日本博物館協會）。これは戦時下における食糧増産に呼応した展示である。

昭和二十年七月十五日の網走空襲では郷土館のガラスが破壊されたものの、建物や展示資料の被災は免れた。

北見郷土館から網走郷土博物館へ

昭和二十三年（一九四八）四月、社団法人北見教育会の解散により北見郷土館は網走市に移管され、市立網走郷土博物館として再開館を迎える。前年には米村喜男衛から一部二階建ての整理室が寄贈されたが、展示レイアウトは北見郷土館を踏襲し、教育、産業、歴史、考古部門にわけ、考古部門ではモヨロ貝塚出土資料五千点と貝塚の断面標本、人骨の埋葬写真、網走管内の遺跡・遺物分布図を展示した。土俗品についてはアイヌが実際に使用していたものをジオラマや写真を援用しながらわかりやすく示している。モヨロ貝塚の調査・研究成果をまとめた『モヨロ貝塚資料集』（一九五〇）や『網走の遺跡』（一九五一）をはじめ、博物館の研究は網走郷土博物館研究叢書として公表された。『北海道先史學十二講』（第一輯　一九四九）、『モヨロ』（第二輯　一九五一）、『アイヌの熊祭』（第三輯　一九五二）が刊行されている。

館長に就任した米村喜男衛は小中学生を対象とした網走郷土博物館友の会を設立するなど、博物館を利用した理科・社会科教育の実践にも取り組む。（註4）映画、スライド、レコードを揃えて講堂で上映し、講習会を開催したほか、積極的に展示解説を行った。こうした活動は、博物館の展示が大衆に興味を持たれるようなものでなければならないという考えによるものであった。

なお、昭和三十六年には北見郷土館から通算二十五年となったことを記念して、地下一階、地上二階の新館を増築する。また、昭和四十一年には網走郷土博物館の分館としてモヨロ貝塚館が開館し、貝層や人骨の出土状況が復元されている。

米村喜男衛と博物館教育

昭和二十二年（一九四七）に制定された教育基本法は、教育があらゆる機会・場所において実現されることを謳っている。これを受けて昭和二十四年には社会教育法が制定され、博物館に関する法整備も進められる。(註5)昭和二十五年に網走市で開催された全国観覧教育講習協議会では博物館法制定促進を決議し、日本博物館協会は陳情書と理由書を添えて文部大臣に陳情を行っている。翌年の大会最終日には博物館法施行推進委員会が設立され、米村喜男衛が委員長となり衆参文教委員長に面会、博物館法の必要性を訴えた。これにより昭和二十六年十二月に博物館法は議会を通過し、翌年六月より施行となった。

昭和二十七年六月、日本は国際博物館会議（ICOM）への加盟が認められる。この年の十一月開催のユネスコ第七回総会決議に基き、昭和二十九年、第二回国際セミナーがアテネで開催されることになる。そして米村喜男衛はこのセミナーに日本代表として参加することとなった。(註6)

セミナーは九月から一ヶ月間、歴史・考古学・民俗学博物館と近代美術・科学博物館・教育関係機関のグループにわかれ、博物館の教育的役割を軸に論題が組み立てられた。「教育と博物館についての一般的討議」という理念にはじまり、「博物館の教育的利用法及び理想的資料の陳列法」という実践に至るまで幅広い内容で討議が進められている。期間中にはアテネの歴史的建造物や国立考古博物館などを見学、その展示や説明方法がセミナーの研究資料として活用された。米村喜男衛は「日本における博物館教育について」という報告で、戦後の博物館活動を総括し、(註7)組織的利用について学校教員と懇談会を行っていることや、網走市立郷土博物館の積極的、走郷土博物館友の会を紹介した。また各国博物館で作成した映像資料の公開では、アイヌ熊祭を上映している。

十月末に帰国した米村喜男衛は、高松市で開催された第二回全国博物館大会で国際セミナーの報告を行った。欧米の博物館教育活動を紹介し、日本の教養水準がまだ低いと実感したことや、観光を中心とした博物館・インフラ整備の重要性などを述べている。なお、セミナーの行程と各国が提出した資料の要約は『各国における博物館の教育活動』として公刊された。

結　語

米村喜男衛が北海道に渡ったのはこの地が未開拓であり、本や遺物を通じて思い描いた先史時代に近い生活が営まれていると考えたためである。ところが偶然の発見となったモヨロ貝塚により明らかにされたオホーツク文化は、本州の同時代文化とは全く別世界であった。そして網走管内の考古学研究、民俗調査により米村喜男衛の中には郷土という視点が目芽えていたように思われる。

この郷土という発想は太平洋戦争下、大東亜共栄圏の一翼としての北方文化圏の建設という主張（『北海道オホーツク海の古代文化』一九四二）につながるが、戦後は一元的に説明されてきた国史に地方差を認め、モヨロ貝塚の発掘や網走郷土博物館を通じて地域研究の意義を普及していった。

北見郷土館、網走郷土博物館の展示で一貫しているのは地域の特性を実物資料から視覚的に理解させ、文化の発達や産業の振興といった生活の向上と直結している点である。米村喜男衛の博物館教育は「よりよい郷土の発展はよりよく郷土を知ることから」（『モヨロ悠遠　米村喜男衛遺稿』一九八五　北海道出版企画センター）という言葉に示されているように郷土愛の醸成に向かっていた。

主要著書

『北見郷土史話』一九三三　北見郷土研究會
『北見郷土博物館案内』一九四二　北見郷土博物館
『モヨロ貝塚資料集』一九五〇　網走郷土博物館
「『教育における博物館の役割』に関する国際会議報告」『博物館研究』第一巻第十一号　一九五四　日本博物館協会
『各国における博物館の教育活動　博物館の教育的役割に関する第2回ユネスコ國際セミナーの報告』一九五六　日本博物館協会
『モヨロ貝塚　古代北方文化の発見』一九六九　講談社

註

1　モヨロ貝塚の発見は、明治二十二年（一八八九）、北海道石器時代遺物遺跡地名表に「北見國綱《ママ》走郡綱《ママ》走市中及四近」として掲載されたのを嚆矢とする。明治四十四年、鉄道敷設により貝塚付近の土砂が採取され、多くの遺物が出土したことから当時小学校の教員であった荒沢雄太郎が一部発掘を行い、大正十一年（一九二二）『考古學雑誌』に「網走の竪穴と貝塚」を報告した。調査の沿革は「最寄（モヨロ）貝塚の調査の沿革」（斎藤忠『オホーツク海沿岸・知床半島の遺跡』下巻　一九六四　東京大学文学部）に詳しい。

2　この時米村喜男衛は外面に紋様のある土器と土製紡錘車を清野謙次に寄贈した。清野謙次は米村喜男衛の印象を、

「此地方の遺跡遺物に通じて、通論考古學や鳥居氏の著作が散髪床に置かれて居る、網走と云ふ町は變な町である。」（「北海道東北部紀行　網走方面の探求」『民族』第三巻第三号　一九二八　民族研究所）と評している。

3　米村喜男衛は昭和六年（一九三一）史前学会に入会。『史前學雜誌』第三巻第四号には、甲野勇により米村喜男衛の著書『アイヌ人と其の史前』（一九三一　北見郷土研究會）が紹介されている。また、北見郷土研究会では史前学会、東京帝国大学人類学教室の要請に応じ、モヨロ貝塚出土資料を寄贈していた。

4　網走郷土博物館の開館に伴い、北見郷土研究会は網走郷土研究会として活動を続けた。網走管内（網走・北見）の自然・文化・史跡名勝に関する研究調査と普及を目的としている。会員には博物館の無料観覧、参考書や資料調査が許されていた。

5　博物館法の制定について日本博物館協会では昭和二十一年（一九四六）より調査委員会を設置し、『博物館並に類似施設に関する法律案要綱』『本邦博物館・動植物園及び水族館施設に関する方針案』を文部省に上申している。

6　当初、米村喜男衛と小石川植物園長小倉謙の二名が参加者として推薦された。しかし、小倉謙はオブザーバーとしての資格しか認められなかったため、米村一人の参加となった。

7　「日本における博物館教育について」はセミナーの資料として事前に提出されたもので、戦前と戦後の二部構成であった。前半は棚橋源太郎が執筆している。また鶴田総一郎は国内博物館施設を対象に実施した教育活動に関するアンケートを集計、分析したものを提出している。

（平田　健）

写真／米村喜男衛『モヨロ貝塚資料集』一九五〇　網走郷土博物館

澁澤　敬三

（しぶさわ・けいぞう）

明治二十九年（一八九六）～昭和三十八年（一九六三）

日本銀行総裁、大蔵大臣などを歴任し、我が国経済界に多大な尽力を果たした一方で、幼少からの夢であった学者への道を追うべく、東京帝国大学在学中にアチックミューゼアム（屋根裏の博物館）の活動に傾倒する。ここを拠点として郷土玩具、民具等の収集・共同調査研究を行ない、未開拓の研究分野を開き、我が国の学問・文化の発展に大きく寄与し、多くの学者・文化人を育てた。また、「民具」という語を確立し、その生涯、常民生活の史料の収集・保存と博物館の建設に尽力した人物である。

生い立ちと略歴

明治二十九年（一八九六）八月二十五日東京深川福住町に、父・澁澤篤二、母・敦子の長男として生まれる。祖父に日本資本主義の父と呼ばれた澁澤栄一を持つ。明治三十三年、東京女子高等師範学校付属幼稚園に入園。明治三十六年、東京高等師範学校付属小学校に入学。明治四十二年、同付属中学に進み、大正四年（一九一五）、仙台第二高等学校法英科に入学、澁澤同族会社社長に就任。大正七年、東京帝国大学経済学部に学び、大正十年、横浜正金銀行へ入行。大正十一年、登喜子と結婚。横浜正金銀行ロンドン支店に転勤。大正十五年、第一銀行・東京貯蓄銀行・澁澤倉庫の各取締役に就任。昭和二年（一九二七）、東洋生命取締役、理化学興業監査役に就任。昭和六年、祖父栄一の逝去により、子爵を襲爵。東京貯蓄銀行取締役会長に就任。昭和七年、第一銀行常務取締役、澁澤倉庫参与に就任。昭和十年、京城電気取締役、澁澤倉庫取締役に就任。昭和十二年、帝国生命取締役に就任。昭和十六年、全国貯蓄銀行協会会長、第一銀行副頭取に就任。明治十七年、日本銀行副総裁に就任し、すべての会社役職を辞任する。昭和十九年、日本銀行総裁、大蔵省顧問に就任。昭和二十年、貴族院子爵議員に当選。内務省顧問に就任。幣原喜重郎内閣大蔵大臣に就任し、新円切換・財産税など戦後経済再建の基礎を築いたが、翌二十一年、公職追放となる。昭和二十四年、水産庁から水産史料収集を委託される。日本民族学協会理事長事務取扱に就任。昭和二十六年、公職追放から解除される。日米産業調査会会長、開国百年記念文化事業会評議員に就任。昭和二十七年、文化財保護委員会委員、日本学術振興会理事に就任。昭和二十八年、国際電信電話（KDD）取締役社長に就任。日本博物館協会顧問、文化財協会評議員に就任。昭和二十九年、沖縄戦災校舎復興期成後援会会長に就任。昭和三十年、東京国立博物館評議員、日本人類学会評議員に就任。昭和三十一年、国際電信電話（KDD）取締役会長に就任。（財）日本モンキーセンター会長に就任。昭和三十二年、外務省顧問に就任。社会経済史学会顧問、文化財専門審議会第三分科会専門委員に就任。昭和三十三年、国際電信電話（KDD）取締役顧問、（財）日本民家集落博物館顧問に就任。昭和三十五年、国際電信電話（KDD）取締役社長、文部省史料館評議員に就任。昭和三十六年、東洋大学理事、日本通運（株）取締役に就任。昭和三十七年、（財）日本民家集落博物館理事に就任。昭和三十八年、東洋大学より文学博士の名誉学位を授与される。

アチックミューゼアム

澁澤は博物館学の父・棚橋源太郎の教え子であった。澁澤が東京高等師範学校付属小学校に在籍していた時期に、棚橋源太郎は同校付属教育博物館主事に就任しており、棚橋の博物館教育が澁澤に影響を与えたことは容易に想像できる。財界人でありながらその傍らアチックミューゼアムに没頭したのは、祖父栄一の跡継ぎを余儀なくされ、学問への道が閉ざされたというだけではなく、幼少の頃の棚橋との出会いが、澁澤の博物館に対する素地となって生涯持ち続けられたからといえる。

アチックミューゼアム

幼少期にアチックミューゼアムの基盤となる「腕白倶楽部」を結成し、後に同人誌『腕白雑誌』、『腕白世界』を発行する。東京帝国大学在学中の大正七年（一九一八）頃、鈴木醇、宮本璋の三人で自宅物置小屋の屋根裏に動植物標本・化石標本・郷土玩具を持ち寄り展示を始める。大正十年、アチックミューゼアムソサエティ会を結成し、郷土玩具を中心に本格的な資料収集・研究を始める。昭和二年（一九二七）、アチックミューゼアムを車庫の屋根裏に移す。昭和八年、アチックミューゼアムを新築した為、Attic（屋根裏）ではなくなった。同時に漁業史研究室を新設し、昭和九年、祭魚洞文庫の新築に伴い、内浦史料編纂室が移され本格的な漁業史研究が始まる。昭和十年、「アチックマンスリー」第一号を発行。昭和十一年、日本民族学博物館が開設され昭和十三年には、野外展覧部分の復元移築工事が竣工され、今和次郎監督による「武蔵野民家」が日本初の野外展示「オープンフィールドミュージアム」第一号展示物となる。昭和十四年、日本民族学会附属民族学博物館が開館。昭和十七年、アチックミューゼアムを日本常民文化研究所と改称する。昭和二十六年、民族学博物館が登録博物館となる。昭和三十七年の文部省史料館民具収蔵庫の完成に伴い、民族学協会はアチック関係資料を文部省史料館に寄贈し、民具収蔵庫で管理される。これらの資料は、その後昭和五十二年、国立民族学博物館へ移管され現在に至る。

初期のアチックミューゼアムソサエティの活動は標本の蒐集、整理、研究（殊に玩具の研究）、文献の蒐集、特殊旅行案の作成、研究旅行（一村一邑を各方面より研究する旅行案）、また先輩を招じて講話を聞くといった総合的研究を意図していた。大正十一年、澁澤はロンドン赴任の滞在中にバンクホリディを利用してヨーロッパ各地を巡り、海外の文化に触れ多くの博物館を見聞し、学問に対する視野を広げた。イタリア美術の見聞は、「ギリシャの美術を低く見たのではなくて、奈良美術を低く見過ぎていたことに気付いた」というように日本美術の再確認を促したものであった。また、オスロのノルウェー民俗博物館、ストックホルムのスカンセン野外博物館との出会いは、その後の民俗学博物館建設構想に大きな影響を与えることとなった。「我が国にもこのような大規模な民俗園が必要である」と考え、小規模ながら可能な範囲で着手していった。

帰国後、アチックミューゼアムの研究は「チームワークとしての玩具研究」を活動方針とし、昭和初期に流行した郷土玩具のコレクションブームとは一線を画した、玩具を資料化し学術資料として位置づけるものであった。昭和四年の奥三河の花祭調査を機に、研究対象は玩具から民具へ転換していくことになり、土俗品（民具）を民俗学的資料として捉え、収集の方向性を示すようになる。この花祭調査では16ミリフィルムで映像記録を行ない、報告書、写真、関係資料の収集という成果が初めて揃った調査となり、アチック調査の原点ともいえるものとなった。昭和七年、澁澤は三津に療養滞在中に、後の『豆州内浦漁民史料』として刊行された厖大な量の古文書の漁民・漁村史料を発見し、この史料整理に伴ってアチックを拡張し、邸内に漁業史研究室を新設した。この史料の序文には「論文を書くのではない、史料を学界に提供するのである」と記され、基本方針として資料を収集、整理し、公刊することによって研究者を援助することが進められた。それ以後のアチック刊行物はこの理念のもとに出版された。この『豆州内浦漁民史料』は日本農学会の「農学賞」を受賞し、以後民具・民俗研究に加えて、漁業史研究が日本常民文化研究所の主要テーマとして位置付けられた。

昭和十年、「多数の同人諸氏の研究の融和と相互の親睦を計る使命として」のニュースレター『アチックマンスリー』第一号が発刊される。澁澤自身がアチックの必要性を自問し、「人格的に平等にして相異つた人々の力が仲良き一群として働く時その總和が數學的以上の價値を示す喜びを皆で味ひ度ひ。ティームワークのハーモニアスデヴェロープメントだ。自分の待望は實に是れであつた」と述べている。出版活動はアチックの大きな仕事の一つであり、戦前までのシリーズは昭和九年を皮切りに『アチックミューゼアム彙報』五十九冊、『アチックミューゼアムノート』二十四冊、『文献索引』、『日本国宝神仏像便覧』、『蒐集物目安』『祭魚洞文庫図書目録』などが刊行され、昭和二十年の『台湾原住民族図誌』が戦前の最後の出版となった。このようにアチックミューゼアムは澁澤の私的研究所であった為、若い研究者は自由に新しい学問に取組み研究成果を発表し、その研究活動は共同調査・学際調査として計画して実施され、多くの若手研究者に個別研究を勧め、さらに日本各地の篤学の士というべき人々に自身の生活の中から民俗の実態を記録することを奨励し支援した。

澁澤の研究活動は主に物質文化の研究、文字資料の重視、漁業・漁村研究の三本柱から構成されていた。澁澤は柳田国男の民俗学に対して、柳田が取り上げなかった事象を充実させ、今日一般に言われる「民具」という語を作り浸透させた。日本全土の民具収集を行ない、製作・使用方法を記録、その成果は『民具問答集』として刊行された。また、大川家文書の発見と『豆州内浦漁民史料』の刊行は、常民生活の研究には文字資料も重要であることを実証し、これまでの柳田民俗学とは違った積極的な文字資料の調査研究を始めた。この内浦の文書整理に伴い漁業史研究室が設置され、これまで民俗学ではあまり研究対象とされなかった漁業技術に焦点をあてた研究がなされた。調査方法は、農耕儀礼・年中行事を入念に観察し、写真や映画で記録、さらにノートにも記録し、民具は収集するといった、極めて実証的な方法であった。特に採訪旅行で膨大な写真を残しており、それらは現在神奈川大学日本常民文化研究所、澁澤史料館、宮本記念財団に保存されている。

また澁澤が晩年まで熱意を傾けた仕事に「絵引」がある。絵巻物から貴族・僧侶・武家の文化を取り去れば、当時の常民の生活記録のみが残り、現代の民具で使用目的が理解できないものは絵巻物から答えが得られること、また絵巻物に民具や動作などをみることは事物のクロノロジーを定めるのに有効であるとし、「絵巻物研究会」を立ち上げて作業が進められた。戦争の激化に伴い一時中断されていた絵巻物研究会はその後再開されたが、澁澤自身『絵巻物による日本常民生活絵引』の刊行を見ることはできなかった。

澁澤敬三と博物館

最後にアチックミューゼアム以外で澁澤が構想した博物館はいくつか挙げられるが、全部が実現されたものではない。まず、「延喜式博物館」については昭和十二年（一九三七）に、我が国の複雑な魚名と実体を明らかにするために、魚方言の収集と整理作業を始め、その成果を『日本魚名集覧』全三冊として上梓した。その研究を進める中で『延喜式』には水産物に関するデータが豊富に含まれていることに着眼し論文を発表している。『延喜式』を核としてそのほかの古文献を収集・整理し、「理論づける前にまず総てのものの実体を掴むことが大切である」という澁澤の基本的理念に基づいた研究方法がなされた。『延喜式』は水産物関係のみならず、古代日本を理解するうえで重要な文献でその総合的研究の必要性を説き、「延喜式博物館」の建設を思い描いたが、その実現は困難であり果たすことができなかった。

「日本実業史博物館」は祖父栄一の生誕百年を記念し、その威徳を顕彰するとともに近世経済史を展観することを目的に計画された博物館であった。建設予定地は飛鳥山の澁澤邸で、昭和十四年、澁澤栄一生誕百周年祭の一環として、澁澤青淵翁記念事業実業博物館の地鎮祭および資料収集が行なわれた。資料の収集は当時澁澤が頭取をしていた第一銀行本店五階の部屋で行なわれた。その後博物館建設が困難となり、澁澤本人の日本銀行副総裁への転出と相俟って資料も転出することを余儀なくされ、旧阪谷芳郎邸を博物館とする計画を立てて開設の準備を進めるが、これもかなわず資料の保存のみの継続となった。東洋の貨幣の一大コレクションとして世界的に知られた「銭幣館」は、田中啓文が五十年かけて収集した貨幣・金融関係のコレクションを保存展示していた個人博物館であり、澁澤は日銀総裁に就任する前からこのコレクションを見学し、その膨大な資料が綿密に網羅され、研究されていることに驚嘆し注目をしていた。戦争による散逸を恐れた田中からの相談が発端となり、そのコレクションは寄贈されることになり、現在は日本銀行貨幣博物館で公開されている。この「銭幣館」の全収蔵資料を戦災から救い、今日の貨幣博物館に繋げた功績は大きい。澁澤自身も「僕は日銀総裁として何もしなかったが、田中さんのコレクションを譲り受け、保存した事だけは良い事をしたと思っている」と回想している。

その他澁澤の指導によって開館した博物館として、昭和二十八年の十和田科学博物館、昭和三十六年の小川原湖博物館がある。残念ながら小川原湖博物館は経営者が変わり、多くの民俗資料が整然と展示されているにもかかわらず現在閉館中となっている。また（財）モンキーセンターや日本民家集落博物館など多くの博物館に係わったのである。

澁澤は公職追放の身になりながらも、学問の基礎たる史料の滅失に対して、史料を公共のものにするという保存方法を選び、私的欲望にこだわらない澁澤の適切な判断により、今日多くの史料が滅失を免れ残された。「研究をするのではない。史料を学界に提供するのだ」という理念を貫き、学問こそ社会の前進の基礎になるという信念に支えられ、私財を投入して長年収集してきた史料を提供した。戦前のアチック時代以来収集した漁業・水産関係の史料・図書を中心とした祭魚洞文庫のすべてを東京大学農学部に寄贈したことからも窺われる。

昭和二十五年に施行された文化財保護法に民具も文化財として初めて法的に保護されることが謳われた。昭和二十九年には民俗資料が独立部門の位置を確立したが、これはアチックの民具収集活動によって形成された分類が原点となったものである。昭和三十年には最初の重要民俗文化財の指定が行われ、第一号に「おしらさまコレクション」が、第二号に「背負運搬具コレクション」が、第三号に「山袴コレクション」が指定を受けた。このように澁澤の活動が文化財保護に影響を与えたことも高く評価できる。

このような澁澤の民俗学への貢献に対し、昭和十六年、日本農学会から『豆州内浦漁民史料』に日本農学賞が授与され、昭和三十八年には、永年に亘る我が国民俗学への貢献に対し朝日新聞社より朝日文化賞が贈られた。さらに、勲一等瑞宝章を受け、葬儀に際して天皇より祭祀料が下賜された。

（落合知子）

写真／渋沢史料館所蔵／神奈川大学日本常民文化研究所所蔵（二点とも横浜歴史博物館・神奈川大学日本常民文化研究所『屋根裏の博物館』二〇〇二より転載）

徳川　宗敬

（とくがわ・むねよし）

明治三十年（一八九七）～平成元年（一九八九）

徳川宗敬は一橋徳川家の第十二代当主である。

江戸幕府第八代将軍吉宗の第四子宗尹《むねただ》が寛保元年（一七四一）、江戸城一ツ橋門内に屋敷を与えられ、本丸から移り住んだことにより、一橋徳川家は始まる。田安家（八代将軍吉宗の二男宗武）、清水家（九代将軍家重の二男重好）とともに「御三卿」と称され将軍家の身内として、賄料十万石を給され，大名並みの格式を与えられる。一橋家は幕政とのかかわりも深く、二代治済《はるさだ》の長子豊之助が十一代将軍家斉《いえなり》である。また、幕府最後の将軍慶喜は水戸徳川家藩主斉昭の七男として生まれ、弘化四年（一八四七）九月一日、一橋家を継ぎ、さらに十五代将軍となる。慶喜は幕末緊迫の中、慶応三年（一八六七）十月十四日、大政奉還し、幕府政治に幕を下ろすことになる。慶喜が将軍になったことにより一橋家は尾張家十五代の隠居、玄同《はるあつ》が相続し茂栄《もちはる》と名を改める。慶応四年・明治元年（一八六八）五月二十四日、田安家と共に藩となり、独立大名となる。

明治二年の版籍奉還に諸藩同様奉還を願い出て、十二月に聴許となる。しかし、他藩の藩主が引き続き知藩事となったのとは異なり、廃藩を命じられる。したがって、明治三年六月に一橋藩は消失し、同時に御三卿としての一橋家も終わることとなる。江戸時代に称していた「一橋」を廃藩とともに元に戻し、「徳川」と称することとなる。

明治十七年、華族令の公布で一橋徳川家は伯爵の爵位を授けられる。

生い立ち

明治三十年（一八九七）五月三十一日、宗敬は父徳川篤敬、母総子の二男として水戸徳川家に誕生し、敬信と命名される。一歳二か月で父を亡くし、大伯父の昭武が親代わりとして後見する。東京向島小梅（現隅田公園）にあった水戸徳川侯爵邸で、わりあい自由に育てられた。ワンパクな少年時代を送ったであろうことが、残された写真の表情からうかがえる。

二十歳で一橋徳川達道《さとみち》伯爵の養嗣子となり、敬信を宗敬と改める。御三卿の当主は歴代その時の将軍の一字を名につけていたが、宗敬の代からは初代の宗尹の名をとり、宗敬とする。ちなみに長男は宗信、そして宗親、宗史と続いている。

大正九年（一九二〇）四月、池田仲博侯爵（旧鳥取藩主家）長女幹子《もとこ》と結婚、一男二女の親となる。

学歴を連ねてみると、明治三十七年四月、東京高等師範付属小学校入学、同四十三年五月、学習院中等学科入学、大正五年四月、学習院高等学科入学、同九年九月、東京帝国大学農学部林学科入学、同十二年四月　同大卒業、大正十五年五月～昭和三年（一九二八）ドイツ留学、そして、昭和十六年五月、「江戸時代における造林技術の史的研究」により、農学博士の学位を取得する。戦前の一時期、貴族院議員を務めるかたわら、東京帝国大学農学部や明治大学農政科で講師も務めている。

「生きて帰ったら農業者になる」といって出征した宗敬だが、これは、第一次大戦に敗戦したドイツに留学して、没落しても昔の夢を追うロシア貴族、それに反してたくましく生きるドイツ貴族を見て、「日本で同じことが起きたら、私たちは生産者になろう」と決意していたことによると、幹子夫人は述べている（徳川幹子『林と生きる徳川宗敬の肖像』一九九〇　毎日新聞社）。その言葉通り、戦後の生活を維新前は水戸藩軍馬養成所であった水戸市郊外の丹下地区七十町歩の開拓にかけ、旧士族三十四世帯と入植する。風呂も電気もない当初の生活では、維新後に北海道開拓の辛苦を味わった人々と同様の苦労を味わうこととなる。「作物がまあまあというところまでこぎつけるのに丸八年、自分で作った作物ができたときの喜びは本人でなければわからない」と、幹子夫人は開拓生活を語っている。開拓に専念するはずだった宗敬には、戦後の日本の復興のためのさまざまな公務がもたらされ、開拓の核は幹子夫人であった。今は酪農を営む丹下農場となっている。

宗敬は昭和二十一年六月、貴族院副議長となり、翌年の貴族院の終幕まで務める。続いて林業界の代表となり、戦後第一回の国政選挙で参議院議員（昭和二十二年〜三十四年）となり、同二十四年〜二十八年までは緑風会議員総会議長として、国の復興に携わることとなる。昭和二十六年九月には、サンフランシスコ講和条約・日米安全保障条約調印の全権委員の一人として渡米する。

議員のかたわら各種団体の役職も務めるが、力を注いだのは、焼土となった国土の緑化をするため、昭和二十一年からスタートさせた植樹祭がある。昭和二十五年からは昭和天皇・皇后の行幸啓を仰ぎ、全国植樹祭として恒例行事となる。お手植される陛下のそばには温顔の宗敬の姿があり、木を育てる喜びにあふれているように見受けられる。国土緑化運動推進への尽力とそのほかの功績により、昭和五十六年春の叙勲で勲一等瑞宝章を皇居・宮中正殿で昭和天皇から親授される。植林は宗敬にとってまさに「天職」であったといえる。

そして、昭和四十一年七月、二十年ごとの遷宮をひかえた伊勢神宮の大宮司に就任する。国内はもとよりハワイ、アメリカ、ブラジル、メキシコと遷宮資金の調達に奔走することとなる。当初三十二億円だった予算が四十五億八千万円までふくらむが、将来を見据えて九州に二百ヘクタールの山林を購入し、植林する措置をとる。現在の環境の状況を考えると、まさに先見の明といえよう。

遷宮を無事に終えて十年間勤めた大宮司の職を退くと、同時に神社本庁の統理に就き、逝去するまでの十三年間務めることとなる。昭和五十三年七月、日本バチカン宗教代表者会議（ネミ会議・イタリア）、昭和六十一年十月の宗教サミット（アッシジ世界平和祈願の日）に日本の宗教界を代表して出席する。ローマ法王との会見を果たすなど、宗教界の融和に努める。アジアの宗教者平和会議、世界仏教徒会議への出席等々、日本はもとより世界平和のために宗教界の連帯・融和のために捧げた後半生といえる。

昭和六十四年一月七日、昭和天皇が崩御され、元号が「平成」に改まった五月一日、九十一歳の生を閉じる。叙従三位を贈られる。

日本博物館協会会長

日本博物館協会は、昭和三年（一九二八）、昭和天皇の即位大礼の記念事業として、「博物館に関する思想を普及し、建設の機運を促進する」ことを目的に、平山成信、棚橋源太郎らが図って政界・財界・学界の有識者二十二名を糾合して、博物館事業促進会を創設したことに始まる。昭和六年十二月には会の名称を「日本博物館協会」と改め、同十五年には荒木貞夫陸軍大将・男爵を会長に迎え、社団法人としての許可を得る。終戦とともに、荒木会長が退任し、宗敬が戦後の混乱の中、空席のままであった会長に昭和二十一年七月に就任する。七代目の会長である。以後、平成元年（一九八九）の逝去まで、四十三年の長きに亘って博物館界の要として活躍した。

会長就任の経緯を「日博協五〇年の歩み」（『博物館研究』第十三巻第十一号）の座談会のなかで、次のように語っている。

渋沢敬三さんがやはり棚橋先生の教え子なんです。私の一年先輩ですが、渋沢さんが当時大蔵大臣だったか、日銀総裁だったかで要職におられた。棚橋先生が敬三さんのところへいったがどうしても駄目だった。折悪しくか良かったか、私も同じ貴族院にいたので、敬三さんがお前やれと。棚橋先生のご命令なのでお引き受けしなければならないと思って、何も知らずにお引き受けしたのが三十二年もご厄介になるとは……。貴族院にいて同じ県から出ていたので、どう考えたのか敬三さんにいわれて。しかし棚橋先生は熱心でした。

就任当初は博物館法の制定に向けて、館界一体になっていた時期で、協会内に二つの小委員会を作って準備を進め、昭和二十二年から二十六年にかけて、ＧＨＱ、文部省へと、再々にわたる折衝や陳情に率先して歩かれる。この博物館法制定への努力は昭和二十六年に実を結ぶが、突発的に起きた法隆寺金堂の壁画火災は、博物館法の中から、国立博物館を除くこととなり、法の内容は当初博物館界が望んだ内容とは隔たったものとなった。しかし、法制定後、昭和二十八年には第一回全国博物館大会が開催され、以後、遅い歩みではあっても、年々の大会決議が博物館行政や博物館の振興に影響を与えていく。博物館の望ましい設置基準、地方交付税の積算に学芸員の人件費を組み入れることなど、地味な努力が重ねられる。昭和五十六年には皇太子殿下・同妃殿下（今上天皇陛下・同皇后）のご臨席の下に、博物館法施行三十周年記念式典が挙行される。席上、博物館の振興に努力した方々の表彰も行われた。晴れやかな方々の表情が印象に残る。

日本博物館協会の会員は会長のお名前を「そうけいさん」とお呼びして、親しんだ。その会員たちがＭＯＡ美術館を会場に、会長の米寿を祝って記念祝賀会を開催している。福田副会長のお祝いの言葉、祝賀記念の能、仕舞「八島」、能「枕慈童」で会長のますますの長寿を祈念した。一白庵における「お祝いの茶会」は、葵文菊水蒔絵台子総飾りに大名物漢作鮟目肩衝・銘　紀伊胴高の茶入は紀州徳川家伝来のもの、灰被天目・銘　秋葉は仙台伊達家伝来政宗公所用のもので一服と、亭主ＭＯＡ美術館の心配りで、連なる会員も武家式正の祝いをうかがわせる席に連なり、和やかな談笑は懇親パーティまで続き、右耳に手を当てられてお話を聞く会長は終始にこやかであった。

会長就任時の調査には百四十七館園がアンケートに回答しているが、実質的博物館活動を開始している博物館園は三十三館という状況であった。戦後の復興は法の整備が行われ、学芸員を養成する大学の増加は学芸員有資格者の増加をもたらした。これは、博物館活動の理解を促進することともなった。

しかしながら、博物館を統括する日本博物館協会の運営自体は組織的にも財政的にも、たびたび危機に見舞われ、そのたびに会長をわずらわせることとなった。博物館振興資金として私財を投じておられる。そして、昭和六十一年には社団法人から財団法人へと組織強化を図っている。

筆者は徳川会長の下で日本博物館協会事務局に勤めていた経験をもつが、理事会、評議員会、総会はもとより、事務局に立ち寄られた折にも、会長は常に良く聴く方であった。会員の声も、職員の声も。会長と会話することで、明日も頑張れるという気持ちにさせる不思議な力をお持ちだった。会長の周囲は常に穏やかで、春風駘蕩の気が漂っていたように思う。会長が亡くなられて二十二年、行政にも通じ、文化や教養の大切さ、博物館活動の大切さを理解し、支えてくれた大事な庇護者を失ってしまった。時代の変転はめまぐるしく、博物館の置かれている状況は冬を通り越して、氷河時代という人もいるが、会長は木を育てるように根気強くと励ましている気がする。

博物館関係の役職は、イコム（ＩＣＯＭ）国際博物館会議日本国内委員会の委員を昭和二十六年から務め、昭和五十九年六月からはイコム顧問に就任している。また、全日本博物館学会顧問を亡くなるまで務めている。

一橋徳川家伝世品

昭和五十八年（一九八三）一月四日付「いはらき」新聞は「歴史館へビックな贈り物」と、県民への大きなお年玉をいただいたことを報じている。それは、宗敬が旧一橋家に伝わる資料の散逸や焼失など不慮の事態を懸念して、永久保存できる茨城県立歴史館への資料寄贈を決意したことを知らせるものであった。

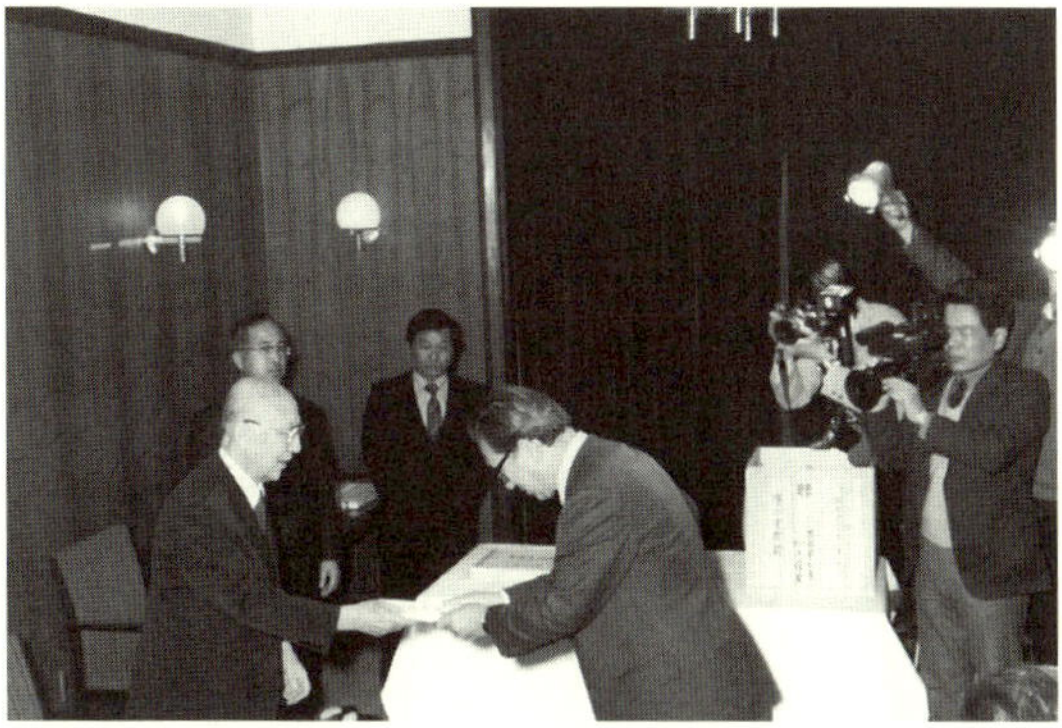
贈呈式で知事に目録を手渡す宗敬

県立歴史館による資料調査が済んだ翌年二月七日、知事公館での資料目録の贈呈式が行われ、初代宗尹から二百五十年にわたる約六千点にも及ぶ膨大な資料が寄贈された。それ以前の昭和五十三年には雛人形・御所人形一括も寄贈されている。

明治維新の動乱、第二次世界大戦の戦火をくぐりぬけ、まとまった形で伝世されたことは、一橋家の代々の方々の「もの」に対する並々ならぬ愛情、努力、献身の賜といえる。田安家、清水家の史・資料が散逸してしまった現在、近世大名の中でも特殊な立場であった「三卿」の格式を示す表道具、生活を示す婚礼道具や雛道具・人形、遊戯具等々の奥道具は貴重である。将軍家斉、慶喜を輩出した一橋家の公私に亘る古文書や歴代当主の日記、消息類、また幻の名画といわれた曽我紹仙の「夏冬山水図」（室町時代）、英一蝶の「風俗画絵鑑」（江戸時代）、伝可翁筆「寒山拾得図」（鎌倉～南北朝時代）等々、研究者にとっても貴重な資料の出現といえる。茨城県ではこの貴重な資料の公開と保存のために、昭和六十二年十月二十日、県立歴史館の中に「一橋徳川家記念室」（展示室、収蔵庫、機械室を含む五九一平方メートル）を設け、テーマを設けて展示公開している。

一橋徳川家は、このほかに昭和十八年戦火が東京にも及び、空襲もひどくなってきて、千葉への疎開を決めた折に、東京帝室博物館と靖国神社遊就館へ大部の資料を寄贈している。

東京帝室博物館へは徳川本と呼ばれる和書一万二千八百二件である。東京国立博物館では『東京国立博物館蔵書目録（和書　2）』（昭和三十二年三月）として公刊している。寄贈された和書の内容は総記以下、宗教、哲学、文学、語学、音楽、歌謡、演劇、歴史、地理、政治・法制、経済、教育、理学、医学、産業・交通、美術、諸芸、武芸、朝鮮本、雑に分類され、A４判、本文三九一頁、索引七六頁にまとめられた。その幅広さをうかがえる。

遊就館へは変わり兜、武具、刀剣等約三百五十件が奉納（寄贈）されている。遊就館は創立百三十年記念事業として平成十四年（二〇〇二）に展示を改装している。常設展示室第二室「日本の武の歴史」の資料として、寄贈資料の一端を観ることができる。九州筑前住源信国助左衛門尉吉包作の大太刀は、長さ四尺四寸二分という、まさに大太刀で周囲の展示物を圧倒している。信長所用と伝えられる金箔押八間南蛮帽形兜は鉢裏に明珍繁定の銘がある。安土桃山時代の立涌威具足等、武具とはいえ、どれも優美なもので、武士の美意識を偲ばせる。

何館かに分かれたとはいえ、まとまった形で公の機関に永久保存される措置をとったことは、時代の変遷を見据えた十二代当主としての宗敬夫妻の英断であったと思う。また、趣味でもあった宗敬撮影の写真類一万二千件強が茨城新聞社に寄贈されている。

九十歳の園長先生

宗敬の仕事は、文化放送協会長、日本漆工協会長、日本書芸院会長、林政審議会委員等々各種団体の顧問、会長、委員などあげればきりがない。

その中で、「子供といる時が一番楽しい」と、昭和二十九年（一九五四）から死去するまで勤めた本郷学園もみじ幼稚園の園長先生は少し異色ともいえる。園長先生は子供たちの人気者で、お母さんたちが作った「えんちょうせんせいは九十歳」という絵本のことが、朝日新聞の天声人語（昭和六十三年四月二日付）で紹介されている。それによると、卒寿を迎えた園長先生の「おたんじょうかい」に園児から出た質問を二人のお母さんが文と絵にまとめたもので、「あのね、えんちょうせんせい、こどものころ、ちょんまげあたまだったの」「ハハハ、ちょんまげはしなかったよ」「いたずらしたこと、あるのかな」「そう、とってもいたずらがすきでした。にわの、おおきなきに、かくれては、のぼったよ」と、微笑ましいやり取りがつづられている。

「人を育てるのは木を育てるのと同じ。根がしっかりしていないと倒れてしまう」と、常々語っていたが、各種団体が戦後の混乱から立ち直ろうとするとき、幅広い学識、人徳をしたって持ち込まれた役職も、木を育てるのと同じような気持ちで、心配りしていたことだろうと推測する。

結び

鶏鳴は遥かにきこゆ神域の社は暁の日を受けて染む
烈公の遺志継ぎ享けて酪農の業成し遂げむ丹下原に
天皇の御手に播かれし杉の種子生ひ茂る日の宮城野を想む

昭和五十一年（一九七六）に上梓した歌集『鶏鳴』に収録されたものである。短歌は佐々木信綱を師に昭和三十年頃から始めたという。写真、宝生流の謡曲、仕舞、絵、水泳、登山、学習院時代はボート部で活躍と趣味は幅広く、まさに文武両道兼ね備えた一橋家最後のお殿様であった。

（松浦淳子）

写真／茨城県立歴史館提供

甲野　勇（こうの・いさむ）(註1)

明治三十四年（一九〇一）～昭和四十二年（一九六七）

明治三十四年（一九〇一）、日本橋薬研堀にて甲野棐《たすく》の五男として出生。大正十一年（一九二二）、東京帝国大学理学部人類学科選科に入学。卒業と同時に同学人類学教室副手となる。昭和元年（一九二六）、大山史前学研究所に入所。同年、甲野綾子と結婚。この頃関東地方の主要な縄文時代貝塚をはじめ、台湾烏山頭《うさんとう》遺跡、樺太庁摩多来加貝塚なども調査している。昭和十六年、日本古代文化学会の設立に際し在京発起人に名前を連ね、機関誌『古代文化』の編集に関わる。昭和十八年、厚生省人口問題研究所人口民族部嘱託となり、東南アジアの先史学・民族学研究を進め、『南方民族圖譜』の編纂、スライド映画『文化光画　ジャワとスンダの住民』の監修にあたる。昭和二十二年、朝日新聞社の後援により秋田県大湯環状列石を調査。昭和二十三年、武蔵野文化協会幹事を委嘱される。武蔵野博物館の開館とともに博物館勤務。国立《くにたち》文教地区指定問題で国立町浄化期成同志会に参加。昭和二十九年、国立《くにたち》音楽大学教授に就任する。この間、平城宮跡の保存運動や八王子城保存に尽力。昭和四十二年十月十五日、逝去。絶筆は「石器時代の対話―生いたち―」(註2)であった。

戦前の研究

甲野勇が考古学に興味を抱くようになったのは、母方の大叔父、遠藤信吉によるところが大きい。幼い日、遠藤信吉が北海道で採集した黒耀石製の石器・石鏃を見て、大昔の人間の暮らしに関心を持つようになったと回述している。大正七年（一九一八）、東京人類学会に入会。翌年、処女論文「相模國岡本村沼田石器時代遺跡」を『人類學雑誌』に発表。東京帝国大学在学中は講義以外の時間にタイラー（E. B. Tylor）、ハッドン（A. C. Haddon）、バルフォア（H. Balfour）、ラボック（J. Lubbock）などイギリス人類学・文化人類学関係の洋書を精読していた。また、ダーウィン（C. Darwin）の『種の起源』、モルガン（L. H. Morgan）の『古代社会』にも早くから接している。甲野勇は八幡一郎に「自分は日本のハッドン、日本のバルフォアとなるのだ」（『追悼誌　甲野勇先生のあゆみ』一九六八　多摩考古学研究会）と冗談混じりに言っているが、こうした幅広い分野の知識が甲野勇の学問の基礎となっている。

大山史前学研究所では関東地方の貝塚を百ヶ所以上発掘し、土器群と出土層位の関係から、縄文時代を前・中・後期に細分。共伴事例から各時期の石製品や骨角器などを明らかにするとともに、生産活動の変化にも言及した。入所した年に発掘した埼玉県真福寺貝塚は、報告書刊行後、昭和十五年（一九四〇）と同二十四年の二回再調査を試みている。真福寺貝塚から出土した石製装飾品や骨角器、土偶や耳飾は『未開人の身體裝飾』（一九二九　史前學會）をはじめ、「日本石器時代土偶概説」（『日本原始工藝概説』一九二八　工藝美術研究會）、『日本原始美術　二　土偶・装身具』（一九六四　講談社）という代表的な著書に結実する。甲野勇の考古学は真福寺貝塚に始まり、そして帰着するといっても過言ではなかろう。

一九二〇年代の考古学界は、山内清男《やまのうちすがお》を中心として、八幡一郎、甲野勇らによる縄文土器の全国的な編年研究が推進された時期である。(註3)だが、「土器を通じて古代人の心にふれ、生活を窺うことが、土器研究の本当の目的であって、細かい繁雑な型式分類などは、それにいたる一つの過程にすぎない」(『縄文土器のはなし』一九五三　世界社)というのが甲野勇の立場であった。

編集者として

甲野勇は『人類學雜誌』を筆頭に、『史前學雜誌』(一九二九～一九四三　史前學會)、『日本考古學』(一九四八～一九四九　日本考古學研究所)など自身が籍を置いた研究機関の雑誌編集を担当している。学術雑誌のほか一般誌にも関心があり、『ドルメン』(一九三二～一九三九　岡書院)や『民族文化』(一九四〇～一九四三　山岡書店)などの編集にも協力した。『ドルメン』では刺青・仮面・日本石器時代などの特集を企画している。『ドルメン』終刊後は東条書店の支援により翰林書房を設立し、『ミネルヴァ』の編集者となった。『ミネルヴァ』は十号で停刊となったが、座談会を多く催し、縄文時代終末期問題をめぐる喜田貞吉と山内清男の『ミネルヴァ論争』を仕掛けるなど編集者としての才能を十分に発揮している。戦後はいち早く『あんとろぽす』(一九四六～一九四八　山岡書店)を刊行、考古学の普及に大きな役割を果たした。また、『中央線』という通勤者向け雑誌の構想も練っていた。

戦後の研究

終戦後、甲野勇は考古学の普及に力を入れる。戦前は日本石器時代人の存在が黙殺されるか、我々の祖先とは関係がないように扱われ、国史が国民精神運動の一方便として利用されてきたことを批判。古代史を考古学的事実から復元する必要性を表明した。その理念は武蔵野博物館での活動と、普及書という形で具現化される。また、考古資料が少ない地方の小学校を対象とした『考古掛圖』[註4]（一九四八　山岡書店）を作成するなど学校教材の開発にも携わった。

普及書については『圖解　先史考古學入門』『縄文土器のはなし』の二冊を著した。『圖解　先史考古學入門』では従来の普及書にはみられなかった発掘方法や遺物整理の手順などの項目を加え、遺跡や考古資料が一部の研究者のものではないことを強調する反面、発掘は再検証ができない実験的方法であり、遺跡は単なる遺物採集地でないと戒めた。また国立《くにたち》高校をはじめ数多くの中学・高等学校歴史クラブ活動の指導にもあたった。

国立市に転居してからは武蔵野地域をフィールドとし、縄文時代の遺跡を中心に、武蔵国分寺跡、八王子城の調査を行った。「私は私たちの遠い祖先のめいめいが持っていた、小さな生活史をとりあげ、狭い地域から次第に広い地域に、それを及ぼしてゆきたいと思っている」（『武蔵野を掘る』一九六〇　雄山閣出版）として、地域史研究の方向性を示した。

甲野勇と武蔵野博物館

戦前の皇国史観への反省から、科学的な古代史を国民、特に子供に伝えるための場として甲野勇は博物館を重要視していた。

当時は珍しいものを並べ、説明を加える程度の博物館が一般的であった。甲野勇は従来の展示について、資料の多くが静的であること、学校見学の場合に学習の延長という意識があること、資料が子供たちの生活となんら関係がない、という理由で魅力的でないと主張する。こうした課題を踏まえ、昭和二十三年（一九四八）十月に井の頭公園内の講堂を利用して開館したのが武蔵野博物館である。契機となったのは、在野の考古学者である塩野半十郎が発掘した考古資料を歴史教育の一環として公開するためであった。

『武蔵野博物館建設趣意書』では郷土教育の重要性から博物館を設置するという主旨が述べられている。博物館は武蔵野の自然界、歴史を明らかにすることを目的とし、㈠古代文化部（考古学）、㈡歴史部、㈢民俗部、㈣自然科学部に分け、武蔵野博物館では古代文化部の展示を担うこととなった。活動母体は武蔵野博物館協会で、幹事には後藤守一（明治大学教授）、甲野勇（慶應大学講師）、和島誠一（東洋大学講師）、前島密彦（東京都主事）が任命された。[註5] 会長は後藤守一であったが、展示方針は甲野勇が決定し、塩野半十郎、丸山孝、吉田格《よしだいたる》、和島誠一らが準備に当たった。

武蔵野博物館屋外展示　祖先の村

博物館は展示室と屋外展示で構成される。展示室は木造五十二坪で十二台の展示ケースと十五枚の解説パネルを用い、更新世の動物化石から古代の資料までを展示した。土器の展示では、完全な形の資料だけでなく、型式の特徴を表わす破片を系統的に並べ、それぞれの時期の利器や装飾品との関係がわかるように工夫されている。復元図を積極的に援用し、石器や骨角器には柄を着けて使用方法を提示した。さらに、ボタンを押すと関東地方の地図上に縄文時代各時期の貝塚の位置が点滅するような仕掛けも取り入れられた。

野外展示はスウェーデンのスカンセン野外博物館・北方博物館を意識したもので、『祖先の村』と名づけられ、西多摩郡片砂敷石住居・瀬戸岡古墳石室（移築）、竪穴住居・貝塚・古代住居（復元）が展示されている（写真）。『祖先の村』は実地で遺跡を見たことがない人々に対し観察の場を提供していた。加えて井の頭公園自然文化園の入口近くにあり、復元住居内の炉に赤色電球を灯す演出などから、展示室への導入という効果も期待していたと思われる。

武蔵野博物館では研究活動にも力を入れている。開発に伴う緊急調査が多いものの、多摩地域を中心とした発掘調査を展開した。代表的な調査として明治大学考古学研究会と共同で発掘した板橋区茂呂遺跡が挙げられる。(註6)研究発表会、研究遠足会なども一ヶ月に一度程度の割合で実施した。特別展は、開館に併せて『モース先生記念展』『井頭公園今昔展』を開催。以後、考古学、歴史学に関するものを主として、民俗や植物など幅広い内容で催されている。さらに幅広い層の人に展示を観てもらうため、日本橋三越や上野松坂屋を会場とした巡回展を開催した。

研究成果は刊行物としても公開された。展示解説である『武蔵野博物館案内』（一九五一　武蔵野文化協會編）をはじめ、この地域の先史・歴史・民俗などを平易にまとめた『武蔵野博物館叢書』も八冊(註7)出版された。機関誌としては、鳥居《とりい》龍蔵《りょうぞう》(註8)がかつて発行していた『武蔵野』の復刊（一九四九〜）、武蔵野の人文・自然科学に関する『武蔵野手帳』（一九五一〜一九五二）、武蔵野文化協会考古学部会による『考古學ノート』（一九五一）が発刊された。(註9)

体験学習『石器時代の一日』について(註10)

実験好きで知られる甲野勇は、石器時代の生活を疑似体験させる、今日の体験学習のようなプログラムを立案した。それが『石器時代の一日』である。昭和二十六年（一九五一）七月二十日が第一回で、昭和三十年七月二十～二十一日に実施されたことも確認できた。こうしたことから、『石器時代の一日』は武蔵野博物館で継続的に行われていたと考えられる。

高等学校と中学校上級の生徒を対象とし、甲野勇・吉田格が指導にあたった。明治大学考古学研究会の学生も補助として参加している。発掘調査に基づいて復元された石器時代の生活を検証させる内容で、当日は次のプログラムが用意された。

(1)弓矢の機能…石鏃の着柄。生きた動物を的にして弓矢の威力を調査。(註11)
(2)石斧の機能…着柄方法。石斧で木を切り倒す。打製・磨製・鉄製斧での比較。
(3)石鍬の機能…着柄方法。石鍬の使用。鉄鍬との比較。
(4)竪穴の生活…竪穴住居での生活。炉の煙がどれだけ苦痛になるか。温度・湿度の変化。
(5)土器の機能…土器の用途。煮沸具に適した形の実験。
(6)発火法のいろいろ
(7)土器・石器をつくる

参加する生徒はいくつかの班にわかれ一つの実験を担当する。実験は一班ずつ行われ、実験班以外の班は全員でそれを観察する形で進められた。甲野勇は実験データを詳しく記録するよう生徒に指示しており、その結果は刊行物として公開することを目論んでいたと思われる。実験結果が大系的にまとめられることはなかったが、例えば『縄文土器のはなし』の中では(5)のプログラムによる尖底・丸底・平底土器の煮沸実験により尖底が最も早く沸騰したことに触れている。本書では、この時使用した土器の表面の色の変化や付着物が実物の土器片と同じ位置に見られることを指摘しており、実験結果と考古資料を再度比較検討している点は今日の実験考古学に通じるものであった。

『石器時代の一日』は、静的な展示資料を祖先の道具として認識させ、さらには歴史へと昇華する過程を体験させる博物館教育の一環として評価することができよう。

結　語

甲野勇の研究は実証的な縄文文化研究を経て、郷土史の構築へと向かっていた。その基本となるのは発掘資料であり、編年という基礎研究の後、用途・機能論へと展開する。古代文化の復元には民族学・文化人類学の成果を介在させ、また仮説を立証するために実験を繰り返し行った。

武蔵野博物館は、こうして具体的に示される古代の生活をわかりやすく、実体験を通じて体感する場であり、学問と社会の接点として甲野勇の中で位置付けられていた。郷土博物館という形にこだわった背景には、権威主義に反発するという甲野勇自身の性格に起因するところもあるが、ナチュラリストとして先史学や民族学を人類史に高めた西欧流の学問を目指していたためと思われる。武蔵野博物館の大綱は、大昔から連綿と続く知性の把握と、人間性を追及することであった。

主要著書

『埼玉縣柏崎村眞福寺貝塚調査報告』　一九二八　史前學會

「古代史と博物館」『あんとろぽす』第一号　一九四六　山岡書店

『圖解　先史考古學入門』一九四七　山岡書店
『縄文土器のはなし』一九五三　世界社
『武蔵野を掘る』一九六〇　雄山閣出版

註

1　戦前は天草五郎、松岡厳、平賀源三郎、小野慮外というペンネームを用いて論稿を発表している。
2　『縄文土器のはなし』改訂版の冒頭に掲載するため病床で執筆されたもの。メモ用紙六葉の未完成原稿である。『甲野勇先生のあゆみ』に転載されている。
3　こうした『編年学派』に対し、用途・機能研究の重要性を主張したのが江馬修（赤木清）である。飛騨考古土俗学会の機関誌『ひだびと』上で議論されたため、『ひだびと論争』と称されている。甲野勇は「遺物用途問題と編年」（『ひだびと』第五巻第十一号　一九三七　飛驒考古土俗學會）の中で編年研究の意義を説明している。
4　『あんとろぽす』第九号（一九四八）の広告によると、『考古掛圖』は菊版八頁大、一輯三図で二輯作成された。第一輯は縄文式土器土版土偶土面・縄文式石器骨角器・弥生式土器石器木器、第二輯は青銅器・貝塚竪穴住居阯・石器時代生活復原図という内容。棟方末華の原画で、オフセット印刷であった。
5　くにたち郷土文化館 甲野資料中、『武藏野博物館協會』に依拠する。
6　明治大学考古学研究会は学生が組織する研究会で、茂呂遺跡発掘当時は芹沢長介が委員長であった（芹沢長介「茂呂遺跡の発掘について」『夢を掘った少年たち―小茂根・稲荷台・志村・小豆沢・西台の遺跡―』二〇〇五　板橋区立郷土資料館）。

7　『武蔵野博物館叢書』は『武蔵野の考古学』『古代の武藏』など五輯が出版された。武蔵野郷土館開館後は『武蔵野郷土館叢書』として引継がれ、『武藏野の石器時代』など第八輯まで刊行されている。

8　一般的には「りゅうぞう」であるが、これは東京帝国大学英文職員録に「Ryūzo」と明記したためであり、本来は「りょうぞう」である（鳥居龍蔵『ある老学徒の手記　考古学とともに六十年』一九五三　朝日新聞社）。

9　甲野勇と山岡書店の山岡吉松との関係は、昭和十五年（一九四〇）、『民族文化』刊行前後と考えられる。武蔵野博物館関係の出版物の多くは山岡書店から出版されており、また博物館内には書架が置かれ、山岡書店の書籍を販売していた。

10　『石器時代の一日』の詳細は、甲野勇「なぜ『石器時代の一日』を行うか？」（『武藏野手帳』第二号　一九五一武藏野文化協會）、「子供たちと博物館」（『武藏野』第三十四巻第一号　一九五五　武藏野文化協会）に記録されている。

11　ウサギを放し学生十人位で射たところ、矢があたり皮が切れることが確認されている。しかし生き物を傷つけることに対して外国人から抗議が出たため、実験を続けることができなかった。

（平田　健）

写真／くにたち郷土文化館所蔵／『武藏野博物館案内―目で見る祖先の生活―』一九五一　武藏野文化協會

木場　一夫

（こば・かずお）

明治三十七年（一九〇四）〜昭和五十六年（一九八一）

明治三十七年（一九〇四）三月十九日、鹿児島県揖宿郡頴娃町（現南九州市）において、弘・登美の長男として生まれる。鹿児島県第一師範学校で学び、隈之城小学校訓導となるも、その後、東京高等師範学校に進んで修身・教育・地理・博物（植物・動物・鉱物）の教員免許を取得。埼玉師範学校教諭兼訓導となった。しかし、昭和五年（一九三〇）、これを休職して東京文理科大学に入学し、岡田彌一郎（動物学）に師事した。

略歴

東京文理科大学で動物学を学びながら、入学の翌年には早くも師・岡田と共著で「本邦に産するカハシンジュガヒ Margaritifera margaritifera(L.) とその分布」および「日本に於ける動物分布に関する考察」の二編を『動物学雑誌』第四十三号に投稿している。その後毎年のように続々と研究成果を発表し、研究者としての位置を不動のものとしていく。

昭和十一年（一九三六）、東京文理科大学を卒業。同年六月十六日付けで南満洲鉄道株式会社に出向を命ぜられ、また同二十九日付けで奉天千代田尋常高等小学校訓導に任ぜられた。さらに満鉄教育研究所講師として両棲類・爬虫類・甲殻類などの動物学研究を推進し、後の基礎を築いていく。

　翌十二年十一月には奉天千代田尋常高等小学校を依願免職、南満洲鉄道株式会社は十三年四月をもって免職となり、同年（満洲暦の康徳五年）五月一日、満洲国総務庁事務官に叙せられる。また、六月二十八日には民生部事務官を兼任する。なお、満鉄教育研究所はこの年廃止となった。

　そして、康徳六（昭和十四＝一九三九）年一月一日付けで、満洲国立中央博物館の学芸官に任ぜられた。この時まさに、博物館の世界に身を投じることとなったのである。

　満洲国立中央博物館というと、『新博物館体勢』（一九四〇）を執筆した藤山一雄が副館長を務めた博物館であり、博物館エキステンションを推進したことは周知のとおりである。木場も学芸官の立場で、その博物館エキステンションを推進する一員となっていた。例えば、「博物館の夕」は、全十七回中、三回において講演を行い、大経路展示場における「通俗講演」では四回行われたうちの一回を担当。同じく四回行われた「科学ハイキング」でもそのうち一回において現地講演を行っている。これらは、今でこそ当たり前のように実施される普及事業の先駆的なものであろう。

　同博物館の研究成果を公表する刊行物としては『満洲帝国国立中央博物館論叢』（以下、『論叢』）と『国立中央博物館時報』（以下、『時報』）があり、『論叢』では、刊行された計七冊、二十五編の論考中、木場は四冊に一編ずつの計四編を執筆（第三号「満洲国産ザリガニに就きて（第一報）」など）。また、『時報』二十三冊、九十五編の論考中、七冊に一編ずつの計七編を執筆した（第七号「ハロン・アルシヤンの聖蛇」など）が、『時報』ではさらに、「新著紹介」として計十九冊の文献を取り上げて紹介するなど、同館刊行物への執筆に積極的な姿勢が窺われる。さらに『時報』の第三号では「輯後書」を執筆していることからもわかるとおり、それらの編集にも深く関わっていたのである。

これらの同博物館における活動は、木場自身の動物学の専門性を活かして行われたものであり、専門分野の一般への普及というものへの、木場自身への理解を促したことであろう。

昭和十八年（満洲暦の康徳十年）に、満洲国立中央博物館を退職。文部省科学教育局に移籍し、科学官、文部事務官を歴任する。そして、大東亜博物館構想設立準備に携わって、欧米諸国や国内の博物館を視察調査するのである。この際、五大陸全てにわたり、三十数カ国を巡り、博物館に関する詳細な調査を敢行する。日本の敗戦によって同構想は頓挫するわけだが、その時の経験が後に大きく影響する。つまり、この成果をもとに『新しい博物館―その機能と教育活動―』を執筆、昭和二十四年四月一日に日本教育出版社から刊行するのである。また、博物館に関する主たる著作としては、『視覚教育精説』（「博物館」担当、昭和二十四年）、『聴視覚教育新書Ⅵ見学・旅行と博物館』（「博物館教育」担当、昭和二十七年）がある。

その後昭和二十七年、文部省から熊本大学に移る。この時をもって、木場と博物館学との関係は終止符を打つことになると言っても過言ではない。この後は動物学研究に没頭し、博物館学に関わることはなかったと見られるのである。昭和三十八年六月一日付けで、教育学部長に就任。昭和四十四年に退官後、群馬県にある日本蛇族学術研究所長を経て、昭和四十八年から銀杏学園短期大学（大学名は当時。二〇〇三年度、熊本保健科学大学に移行する）教授となった。昭和五十六年十月十日、肺がんのため熊本付属病院で逝去。享年七十七。

木場の博物館学と評価

動物学を修めた木場が博物館と関わるのは、満洲国立中央博物館学芸官となってからである。

そして昭和十八年（一九四三）から「大東亜博物館構想」の名の下で、欧米各国や国内の博物館調査に従事する。それらの経験を基にして書かれたのが、前述した通り昭和二十四年刊行の『新しい博物館―その機能と教育活動―』であった。〝新しい〟と記したのは、戦後日本の「新時代に即して社会と共に生きた博物館」を目指すものであり、「最も立ちおくれている博物館についての新しい構想」を生み出そうとする意識の現われと言えよう（かぎ括弧内は「序」より）。

しかし、生涯を通して木場が「博物館」に関する文章を執筆し、刊行したのは昭和二十三年～二十九年のわずか七年間という、極めて短期間に収斂されるのである。すなわち昭和二十三年、『新科学教育の課題』の中で「自然研究と路傍博物館」を担当したのを初めとし、昭和二十九年の『理科教育講座　三　理科の教材研究』で「学校外の理科施設の活用」を担当したのを最後に、その後はまた動物学研究に戻ってさまざまな成果を上げていくのである。

ところが、木場一夫の著になっていることが明らかではないものの、木場により書かれた可能性が極めて高い博物館関連文献がそれ以前に存在する。昭和十九年八月に文部省科学局により作成された「各国主要博物館の概況」は、全世界にわたる博物館の概況を示したものだが、その視察調査に関わった木場が、その著述にも関わったであろうことは、容易に推測できるし、『新しい博物館』との記述の類似性も指摘されているところである。そうすると、木場の博物館（学）関係の著作は十年ほどに及ぶとも言えるのである。しかしこれは公刊されたという性格のものではなく、木場を語る時には、やはり『新しい博物館』がその中心に置かれるであろう。

博物館学の体系化

その『新しい博物館』は、副題が「その機能と教育活動」とされるように、特に博物館における教育活動の必要性を打ち出しているかに見える。そして、博物館学の体系化を目指したような体裁（章立て）でもある。博物館史、機能論、施設・設備論、組織論、教育活動論といった内容を盛り込んでいるからである。しかし、その内容を具に確認すると、「美術館学」「動物園学」「水族館学」といったような館種別の名前を冠することのある種別博物館学とも言うべき「自然系博物館学」とでもいうような趣きを免れないものであることも確かである。その要因は、本書にて例示されるのがアメリカ自然博物館などの自然系の博物館であり（自然史または自然誌博物館）、また例示される資料や展示形態などの多くは、木場自身が言う「自然物、すなはち動物・植物・化石・地質・人類」である。もちろん、「メトロポリタン芸術博物館」や「スカンセン戸外博物館」なども登場するが、中核に置かれるものではない。さらに言うと、「第三章　博物館の設備」の三節目には、川村多實二の『動物学雑誌』掲載の文章を転記することを明らかにしつつ「生態展示」として記載するという念の入れようなのである。動物学者である木場の面目躍如と言ってしまえばそれまでだが、やはり偏重したものであることは否定しがたい。やはり自然（史・誌）系の博物館に焦点を当てた理論構築と言わざるを得ない。

　また、注意すべきは博物館の基本的機能を四段階とし、それを経て完成すると考えているが、その四段階とは「1　資料の蒐集

『新しい博物館』表紙

と整理保存」、「2　調査研究」、「3　出版」、「4　展示」として解説する。木場自身「自然博物館における方法」として上げているものであり、「通則としては」と言いつつも、全ての館種に共通するものではないようにも読み取れるのである。現在でも博物館機能論は必ずしも全ての研究者に一致するものではないが、二年後に制定の博物館法第二条に規定される博物館の目的（機能）と比較すると、その相違は明らかである。法では周知の通り「歴史、芸術、民俗、産業、自然科学等に関する資料を収集し、保管（育成を含む。以下同じ）し、展示して教育的配慮の下に一般公衆の利用に供し、その教養、調査研究、レクリエーション等に資するために必要な事業を行い、あわせてこれらの資料に関する調査研究をすることを目的とする」とあり、木場が三番目に上げる出版は、法によるところの目的ではない。その出版は、法では次の第三条において事業として捉えられている。つまり、木場の博物館機能論は、その後の博物館機能論のスタンダードにはならなくなる事実を確認するのである。

さらにその後半では、「児童博物館」、「学校博物館」、「学校システム博物館」、「路傍博物館」の章を設け縷々述べているが、これも極めて偏った編成と言わざるを得ない。つまり、博物館教育が児童生徒（子ども）に対する側面の強さを押し出していることと、自然の理解のためには所謂ハコモノとしての博物館を越えて、自然等のあらゆる環境と関連する博物館の姿を説くのである。路傍博物館は、今で言えばエコ・ミュージアムの考え方の緒言と言えなくもないだろう。しかし、博物館学未成熟期の当時にあっては、これをもって博物館学の理論として、広く受け入れられたとは到底思えないものであった。この路傍博物館の考え方は、その他の博物館関係著作でも重要な位置を占めて論じられているのであり（昭和二十五年『理科の学習指導　一般篇』や昭和二十七年『自然学習』など）、やはり自然系の立場としての木場一夫という存在感は免れないようにも思われるのである。

しかし、敗戦後間もない昭和二十四年という時代性や、昭和二十六年の博物館法制定を二年遡るものであることを考えると、極めて斬新な理論の登場であることは間違いないものであり、特に教育活動に視点を定めた博物館学構築の意識は十二分に評価されるところであろう。なんといっても、戦前から日本の博物館学を牽引してきた棚橋源太郎の存在がありながら、かように博物館学体系化を目指したその姿勢こそが重要な意味を持つ。

昭和三十一年、日本博物館協会が発行した『日本博物館学入門』以前のもので博物館学を体系化した文献と言えば、棚橋の『眼に訴へる教育機関』や『博物館学綱要』などの著作群、大森啓介の「ミウゼオグラフィー」（『新美術』三回連載）のほかでは木場の『新しい博物館』以外にないと言って良い。そういった中で棚橋博物館学は、当時の博物館界の牽引者であることからも博物館関係者の多くに受け入れられ、スタンダードの位置をある意味占めてきたと思われる反面、「自然系博物館学」ともいうべき木場博物館学は、必ずしも快く受け入れられる状況にはなかったのではないかとも考えてしまう。つまり、博物館学のスタンダードたり得なかったのではないかと考えるのである。今現在読み返しても、十分説得力のある博物館論が綴られるのであるが、伊藤寿朗のいう「第三世代の博物館」など期待すべくもない時代の書籍としては、あまりにも先行し過ぎた嫌いがあると言っては言い過ぎだろうか。したがって、棚橋と同時代にあった木場の先進性を再評価すべきであると考えるところである。

また、組織論を述べるその最後に、博物館倫理に関わる記述を含めているところなどは見逃せないであろう。即ち、「博物館職員はその仕事が管理に属するものであろうと、学術研究あるいは標本製作であろうと、サービスが本質的の要件であることはいうまでもない。したがつて館員は常に、かれらが従事している仕事のもつ大きい目的に対する熱心、協力者に対する信頼ならびに思考と行動を支配する正義にもとづく名誉の三つの道徳的基盤に立つて良心的に行動しなければならない。」とある。こういった指摘は、今現在でこそ当たり前のように捉えられるかもしれないが、法未整備段階の著作にて明言されていることの意義は大きいと思われる。

昭和二十七年、波多野完治監修による『聴視覚教育新書』の六冊目に編まれた『見学・旅行と博物館』では、「博物館教育」を担当して新たな木場博物館学が述べられるが、そこには「自然系博物館学」のイメージを一新して、「教育的媒体としての展示」を「技術的展示」、「科学的展示」、「自然的展示」、「人種学的および民族学的展示」、「歴史的展示」、「美術展示」と、網羅的記述に取って代わる。「小形生態群」という項も設けて述べており、少なからず「自然系博物館学」の意識が見え隠れするのは否めないとしても、この「博物館教育」をもとに発展的に広く博物館学として体系化を目指せば、棚橋と対等な立場での木場の存在感が示されたのではないかと考えるところである。しかし、その後木場が博物館学について言及する機会がほとんどなくなるのは前述した通りであり、また動物学に回帰することで、博物館学者としての木場一夫が改めて評価されるのは、その後相当の年を経てから、つまりその死後のことになってしまうのである。

（山本哲也）

主要著書

『新しい博物館―その機能と教育活動―』一九四九　日本教育出版社
「博物館」『視覚教育精説』（日本映画教育教会編）所収　一九四九　金子書房
「学校博物館と路傍博物館」『理科の学習指導　一般篇』所収　一九五〇　金子書房
「博物館教育」『聴視覚教育新書　第六　見学・旅行と博物館』所収　一九五二　金子書房

顔写真／藤山一雄『新博物館態勢』一九四〇　満日文化協会

樋口　清之

（ひぐち・きよゆき）

明治四十二年（一九〇九）～平成九年（一九九七）

樋口清之博士は、戦前戦後を通じて昭和期に活躍した歴史家である。中でも昭和初期の考古学の形成期に、多大なる業績を刻み、その後、考古学も分析学的に変貌する中で独自の文化史的学問分野を確立した。したがってその学風は考古学に留まらず、文化人類学、博物学、日本文化史、日本風俗史、食物史、さらには博物館学へと広く展開され、その学際的博識ゆえに〝歩く博物館〟とも評された。

研究に対する姿勢は厳しく、東京大空襲の折、防空壕の中で『群書類従』を読破したことや、卒業論文であった「石器時代の身体装身具」は膨大で、リヤカーで大学まで運んだなどのエピソードが今に語り継がれている。当然の如く、著書・論文は膨大で、自著の単行本のみを平積みにすると、自身の身長を凌駕するものであった。

生い立ち

出自については、樋口自身が記した「樋口清之略歴」(註1)に詳しい。

樋口家は、織田長益（有楽斎）である織田丹後守の家臣として、奈良県磯城郡織田村（現奈良県桜井市）に在する旧家であった。元は宮部と姓したが、祖父宮部清兵衛広網は、文久三年（一八六三）の天誅組の戦で大坂に敗走し、薩摩加治木藩蔵屋敷にかくまわれたのが縁で加治木藩に仕官し、同藩士であった樋口家の家督を嗣ぐことにより改姓になったという。墓所は、江戸時代初期以来長らく桜井市芝に所在する慶田寺であったが、世田谷に居住してから住職とも昵懇であった関係から世田谷の豪徳寺に自身が移し、菩提寺となっている。

父清二、母カメヲの長男として誕生。父は、旧制郡山中学校を経て、京都帝国大学卒業の植物学を専攻する教育者で、郡山高等女学校、秋田師範、愛媛県立東宇和高等女学校等々の校長を歴任するなどからも自明であるように、大学者を育てるには十分なる家庭環境であったことが窺い知れる。

また、大正十年（一九二一）四月に旧制奈良県立畝傍中学校に入学するまでの間、父の転勤により故郷を何度も離れ他地域に住したことにより、日本文化の多元性に気付く発露となったものと看取される。中でも秋田での生活は、すべての面で衝撃的であり日本食物史の関心の原点はここにあったように思うと話していた。

考古学への志

前述の如く、大正十年（一九二一）四月に旧制奈良県立畝傍中学に入学した頃より、大和という考古学的環境に呼応したのであろうか、遺物の採集をはじめるなど考古学研究を開始した。早くも大正十二年の三年生時に考古学雑誌に「大和の一遺跡について」の投稿を濫觴とし、少壮学徒としてその鬼才をあらわすのである。年歯僅かに十二歳であった。

考古学への触発となった人物として、同郷であり畝傍中学の六年先輩であった森本六爾がいる。森本は、東京高等師範学校校長であった三宅米吉の歴史教室の副手を務めた新鋭の考古学者であり、両家の距離は徒歩で約十五分の至近であったところから帰郷時に森本は、何度も夜中に裏口から来訪せられたと言っていた。この夜中訪問により、東京へのあこがれとフィールドを同じくするものとしてのライバル意識が更なる考古学への発奮となったものと看取される。

さらにまた、大正十二年の秋、奈良県郡山高等女学校で、当時國學院大學教授であった考古学者鳥居龍蔵博士の講演に接し、大きな触発を受け、上京への、國學院への進学を決定したという。

考古学の業績

樋口の考古学上の業績の中で、少壮考古学徒と決定づけた調査遺跡は三輪山麓祭祀遺跡であった。当該遺跡の調査成果は勿論のことであるが、紆余曲折が考古学徒樋口清之を決定づけたものと見做せる。この点については次の如く自身が記している。(註2)

大正十四年三月　三輪山麓祭祀遺跡の調査を進めているうちに、偶然その神体山中に磐座のあることに気づき、約半年間、毎日曜日これを調査。のちこれは「考古学研究」に発表したが、当時朝日新聞にこの発見が報ぜられて、宮司高橋万次郎氏を激怒させた。宮司は中学に萱島栄校長を訪ねて、神体山立ち入りを理由に本人を退学させよと申し入れた。しかし、校長の巧妙な質問で、神体山には一口金五銭の入山料を徴収していることが判明し、しかも神社の帳簿に毎日曜本人が正当に入山料を支払って許可を得て入っていることが書かれていることが電話照会でわかったので、校長の反激に遭い、かえって、校長が、奈良県の中学校としては、こんな調査は、校長の教育方針として命じているところで、干渉を受ける筋ではない。なぜ神社自身が一生徒の発見以前にその調査をしていないか、と痛罵した。このことが新聞に出て、かえって以降の調査は困難になった…（以下略）

昭和二年（一九二七）に國學院大學予科に入学され、中央進出を果たしたことも相俟って、考古学研究に更なる拍車がかかり、毎月雑誌に論文を発表している。予科を含めた國學院大學での六年間は、研究の上で正に大車輪であったと思われる。大山柏公爵の史前学の講義を、渋谷区隠田の公爵邸の書斎で受けたという。また、東京帝室博物館鑑査官・歴史課長であった高橋建自に、昭和四年に亡くなる直前まで教えを乞うたことや、東京帝国大学の小金井良精教授から一年間にわたり組織解剖や計測の講義を受け、人類学を学んだ。

戦前期の考古学研究は、大和平野や瀬戸内海周辺をフィールドに置いた遺跡の調査研究と装身具の研究が主であったが、昭和十四年に刊行された『日本原始文化史』は、当該期に於いては卓越した書としての評価を得、三版を重ねている。戦後まもなくは、登呂遺跡の発掘や、昭和二十四・五年の静岡県浜松市に所在する伊場遺跡の調査が、今日に続く市教育委員会が主催する調査として注目を受け、一つの範となった事例であった。

樋口文化史学の確立

この頃を境に、学問的特質は文化史的考古学・文化史学へ大きく変貌を遂げていった。明確な理由は詳かではないが、一つには学際的研究が特徴であったが故に当時の考古学の範疇に収まりきれなかったことや、また当時、東北大学医学部解剖学教室から東京大学理学部人類学教室へ転籍した山内清男を核とする、縄文土器型式の細別と編年、縄文原体の解明を目指す分析的な考古学への反発が、文化史学路線の確立を企てたものと看取される。広い視野と総合的な専門領域に立脚していた数少ない歴史学者であったことは事実である。この総合学的知識と視座が、その後博物館学へと展開されたのである。

考古学から博物館学思想へ

樋口の博物館学思想は、論理面もさることながら実践的であることを学統とする。つまり、博物館の骨格であり基盤をなすコレクションの形成に徹した点である。世に収集家は多いが、その大半が好事家であるのに対し、資料はあくまで学術資料として取り扱い玩弄することは決してなかった。収集は、確固たる目的と範囲・基準を定めた収集であり、研究の為の資料であり、それらの保存と活用の場として博物館は必要であるとする考え方が第一義であり、これを実現したのが國學院大學考古学資料室であり、設立に関しては次の如く記されている。(註3)

昭和三年四月　　せっかく鳥居先生をあこがれて國學院大學に入ったのに、学校にはその方面の何の設備も標本すらないのにびっくりした。当時、学校の専務理事桑原芳樹氏（のち熱田神宮宮司）の有為寮に私は下宿していたので、桑原先生に一夜懇願して、考古学の部屋を作って下さることをねがった。桑原先生は、ベニヤ板商の新田長次郎氏を訪ねて寄附を受けて来て下さった。しかし、そんなものではケースの三分の一も出来ないので、私の父にも願ったところ、幸い新田氏は愛媛県の出身で父が良く知っていたので、不足分は父が負担して、考古学資料室を作ることになった。本館二階の一ばん良い部屋を与えられ、私の収集品を全部寄附していよいよ考古学の施設がはじまったのは幸いだった。

これは、予科を終了し大学一年生の時である。大学一年生が大学に博物館を創設したのである。今日では信じられないがこうして大学付属博物館の先駆をなす國學院大學考古学資料室は設置され、考古学界はもとより社会にも大きな印象を与えたのであった。

樋口清之直筆扁額

博物館学講座の開設

博物館学芸員の養成と博物館学の研究機関として、國學院大學博物館学課程を開設したのは、昭和三十二年（一九五七）四月であった。これは、昭和二十六年十二月の博物館法制定により、博物館の専門職としての学芸員制度が設けられたことによるもので、昭和二十七年に民俗学者であった宮本馨太郎が立教大学で開講したのを嚆矢とし、昭和二十九年の考古学者酒詰仲男の同志社大学に次ぐ、我が国で三番目の開講となった。

樋口の博物館学は、前句の通り総合的・学際的思想が博物館学に共通するばかりではなく、すでに昭和四年に実施された文部省主催「第一回博物館講習会」を受講しており、そこで、棚橋源太郎・秋保安治・石川千代松らの講義により、博物館学思想が確立したものと想定される。これを契機に博物館思想から博物館学思想へとさらなる展開がなされたものと思われる。

つまり、今日に於いても学芸員課程でまま認められる学芸員養成を目的とするのではなく、博物館学の確立を企図したのであったことは評価されねばならない。具体的には、まず開講当初より法定の専門科目が、博物館学四単位、博物館実習三単位の計七単位をはるかに凌駕する単位と科目を設定したことからも窺い知れる。そこには、今日でも法定科目に指定されていない博物館展示法、資料収集保管法、資料分類目録法が設定され、これらの科目の設定により博物館学の大系を目指したことが理解できよう。

神社博物館の提唱

昭和四十二年（一九六七）に、全国博物館類似施設の中で当時最多であった神社宝物館を、地域社会に於ける文化・社会教育の核とすべく意図をもって、我が国ではじめての神社博物館の必要性とその使命を提唱した。まず、神社博物館の役割については、次の如く明記している。(註4)

博物館とは、社会教育の施設であり、その教育活動の場であるから、神社博物館は、単に好奇心を以て人を集め、珍妙なものを見せるためのものと考えてはならない。もちろんその神社特質の珍奇なものも必要であるが、それよりも、もっと大切なことは、その郷土にその神社が奉祀される由縁、神徳の性格とそれを通じて一般神道への理解、その神社の歴史的変遷とそれにともなう郷土の発展、その神社に伝えられる芸術とそれを通じて神道芸術一般への理解、国民生活と神道信仰の必然的結びつき、神徳に関連して日本人の生活技術やその発展、神事祭祀の解説などが留意されて、しかも、それが不特定多数の人々を対象として展示説明されていなければならないと思う。

神社博物館設立の目的と役割については以上の如く記し、その具体的内容については次の通りである。

歴代の神威を示す資料、奉納品、祭器調度、芸術関係資料、文書記録図書から神像神画の類まで、多くの資料を所蔵する神社が少なくない。これを公開展示する永久的施設として、近代博物館の条件を具えた宝物館（じつは内容は宝物であっても、新しく神社博物館とよぶのが正しいと思う）を設立運営すると、同時にその地方の郷土資料も自ら集まることになり、博物館学で言う宗教博物館、歴史博物館、郷土博物館と総合したものとなるであろうし、また御神徳が海に関する場合には海洋博物館が、山に関する場合は山岳博物館や岩石博物館が、農業に関する場合には農業博物館が各々その性格に加わることと思われる。

これは学際的に神社博物館を捉えると同時に、神社博物館の多岐に亙る専門領域を明示したものであり、その方向性の指針ともなった。勿論の事、神社の伝世品・過去の奉納品等々は歴史資料・美術資料であるところから、保存施設としての博物館の必要性を推し進めるものであった。

全国大学博物館学講座協議会の創設

本会の創設は、昭和三十年頃より、昭和二十六年（一九五一）に制定された博物館法に基づく博物館専門職である学芸員養成に関する情報交換を目的として、開始されたのが始まりのようである。(註5) この準備会の推進者は、國學院大學教授樋口清之を中心とし、同志社大学教授酒詰仲男、立教大学教授中川成夫、東京芸術大学教授藤田亮策の四名であった。昭和三十二年に前述したように國學院大學での博物館学講座の開講と同時に、本会は創設された。発足当初の名称は、全国大学博物館学教職員連絡会で、昭和四十一年には全国大学博物館学講座協議会懇談会となり、昭和四十九年から現在の名称である全国大学博物館学講座協議会となっている。このように樋口先生が立ち上げた加盟大学四大学であった本会は、現在加盟大学百八十五大学を数えるに至るとともに、さらに下部組織として全国大学博物館学講座協議会東日本部会と全国大学博物館学講座協議会西日本部会の両部会が設立され、学芸員養成制度の改善、向上について論議や関係方面への要望等も行っている。

全日本博物館学会の設立

次いで樋口は、昭和四十八年（一九七三）に全日本博物館学会を立ち上げることとなる。これはまた学芸員養成に留まらず、博物館学の確立を目的としたものであった。つまり、昭和三十二年に創設を見た全国大学博物館学講座協議会は、加入者は個人ではなく大学の博物館学講座・課程であるところから、本来の目的はそうであったのではあるけれども学芸員養成問題のみに専従する会となり、博物館学の追求と言った観点では全く不整合な会であった。

このような実情の中で、学芸員の養成にはまず〝博物館学ありき〟を樋口の哲学とし、学の追求を唯一最大の目的とする学会を昭和四十八年に創設するのである。

同学会の通信紙である『学会ニュース』(註6)の巻頭に、「学会創立にあたって」と題し次の如く記されている。

　博物館学というものが唱導されますこと自体日本では最近のことであり、しかも、その内容や機能については、これから組織作りと目的意識の確立を充実し、独立の「学」として自他ともに安心できるものに育てなければならないと心に期しております。とくに、わが国ではともすれば二次的と考えられやすい社会教育の一翼を荷《ママ》う重要な博物館の存在意義自体からして、啓蒙する必要があります。新しい方面を見出して行く必要があります。さらに、その実務を担当して、博物館自体を実際に運営する学芸員の質を高め意識を深める必要もあります。こんな博物館に課せられたいろいろの問題の解決の重要な背景に博物館学の存在のあることは言うまでもありません。本学会の設立が待たれた意味はここにあることを想いますと、私共の責任の重大さが痛感せられます。

以上でも自明であるように、博物館学の「学」としての確立と大系化を目指した数少ない研究者であったと同時に、博物館学に於いての現場である博物館の設置に伴う構想や設置後の運営等々に関しても数多く関与していたのである。今日でも同様であるが博物館学なくして博物館が存在し、博物館展示論なくして展示があることを常に嘆き、この間隙を埋めることを目的とする尽力が、樋口の博物館学の特質であった。

受賞歴

昭和四十七年（一九七二）　紫綬褒章／昭和五十一年（一九七六）　NHK放送文化賞／昭和五十四年（一九七九）　勲三等旭日中綬賞

主要著書

『日本古代産業史』一九四三　四海書房
『日本木炭史』一九六〇　全燃会館
『梅干と日本刀』一九七四　祥伝社

註

1　樋口清之「樋口清之略歴」『樋口清之博士略歴并著作論文目録』一九七九　樋口清之博士古稀記念事業実行委員会
2　註1に同じ
3　註1に同じ
4　樋口清之「神社博物館の提唱」『博物館研究』第四十巻　一九六七
5　全国大学博物館学講座協議会『全博協会報』創刊号　一九七六
6　樋口清之「学会創立にあたって」『学会ニュースNo.1』一九七四　全日本博物館学会

（青木　豊）

小森　厚

（こもり・あつし）

昭和三年（一九二八）～平成十四年（二〇〇二）

昭和三年（一九二八）一月五日、銀行員であった父の勤め先であるインドのボンベイで生まれる。昭和二十二年、上野動物園に就職し、戦後の動物園のめざましい復興を支えた一人である。多摩動物公園と上野動物園の飼育課長を務め、大著『上野動物園百年史』を編集委員長としてまとめあげた。昭和五十九年、上野動物園飼育課長を退任後は、日本動物園水族館協会事務局長に就任し、日本の動物園水族館のまとめ役として活躍する。平成四年（一九九二）から平成八年まで同協会専務理事を務め、日本の動物園水族館の国際的な地位の向上に力を注いだ。平成十四年四月三日に享年七十四で半世紀を越える動物園人生を閉じた。

略　歴

小森は東大病院での入退院を繰り返していた頃、死を覚悟したかのように、自分録ともいえる記録をパソコンに残していた。以下は小森自身が書いた年譜である。

・年譜（小森自身の自筆記録にもとづく）

一九二八（昭三）　一月十五日、英領インド、ボンベイに生まれる。

一九三三（昭八）　八月、一家ボンベイより帰国。杉並区に居住。

一九四四（昭十九）　四月、海軍飛行学校予科練習生となり、奈良航空隊に入隊。十二月、舞鶴海軍病院に入院。

一九四五（昭二十）　四月、土浦海軍航空隊へ転隊。九月、終戦により除隊し、一家疎開先の長崎へ帰参。

一九四七（昭二十二）　六月、上京し上野動物園に古賀園長を訪ね、就職する。七月から独身寮に入る。

一九四八（昭二十三）　四月、子供動物園飼育担当になり、「さる電車」運転手の世話を担当。九月、動物園に隣接する都立上野高校夜間課程三学年に編入。

一九四九（昭二十四）　三月、腰椎カリエスと診断され、休養となり長崎に帰省。

六月、再上京。子供動物園で普及、「どうぶつえんしんぶん」編集、図書収集、ラベル原稿製作などを担当。ゾウのインディラに付き添ってきた二人のインド人の世話を担当。

一九五〇（昭二十五）　三月、上野高校卒。ＹＭＣＡ英語学校夜間部へ入学。移動動物園要員として静岡、山形、青森、札幌に参加。

一九五一（昭二十六）　六月、伊豆大島での移動動物園で脱走したゾウ「はな子」を追う。

六月二十日、肺結核で国立横浜療養所に入院。ラテン語・ギリシャ語の勉強を開始。療養所の聖書研究会に参加。

一九五二（昭二十七）　十一月、横浜上原協会伊藤忠利牧師により横浜療養所で受洗。

一九五三（昭二十八）　六月、退院。飼育課企画係に復帰。

一九五四（昭二十九）　この頃より動物の音声収録を始める。

一九五五（昭三十）　この頃、岩波映画「動物園日記」撮影が始まり、羽仁進監督と知り合う。

一九五八（昭三十三）三十歳になり、九月四日、永田和子と結婚。

一九六四（昭三十九）八月、多摩動物公園へ転勤、南園飼育係長。

一九六五（昭四十）四月、多摩動物公園衛生第一係長。

一九六九（昭四十四）四月、多摩動物公園公舎に入居。

一九七三（昭四十八）九月、多摩動物公園飼育課長。

一九七九（昭五十四）八月、上野動物園飼育課長に転任。

一九八一（昭五十六）『上野動物園百年史』執筆をはじめ、翌年三月刊行。

一九八四（昭五十九）三月、上野動物園飼育課長退任。四月、日本動物園水族館協会事務局長。

一九九二（平四）五月末、日本動物園水族館協会初代専務理事。

一九九六（平八）五月末、日本動物園水族館協会専務理事を退任、顧問になる。

お猿の電車

小森厚は昭和二十二年（一九四七）一月十五日から二月十六日までに五回にわたり、当時上野動物園の園長であった古賀忠道に就職を願う手紙を出している。十九歳のときであり、その六月に意を決し疎開先の長崎から上京し、古賀を自宅に訪ねた。長い沈黙の後、古賀は正座して声のかかるのを待つ小森にやっと口を開いた。「何でもやるか」「はい、何でもします」この短いやりとりが、小森の半世紀にも及ぶ動物園人生を決定したのである。戦後間もない動物園は自動車がなく、餌の調達も動物の糞やわらなどのボロの運搬も荷馬車で行われていた。当時、使われていたのはウマとラバで、軽いものを運ぶのにはロバも使われていた。新米の小森の最初の仕

運転手のチーちゃんと小森厚

事は困窮していた餌の調達で、荷馬車で進駐軍、松坂屋や東大の食堂を周り、残飯を集めた。

小森の働きぶりから、その才能を古賀はいち早く見抜いたのであろう。採用八ヵ月で小森は新設の子供動物園担当になる。上野動物園は遊び場のない東京の子どもたちへの贈り物として、昭和二十三年四月に子ども動物園を開園させた。面積五百坪（一、六五〇平方メートル）ほどの小規模なものであったが、この年の夏休みには子どもたちを集めて林間学校を開催し、翌年から始まったサマースクールの出発点にもなった。サマースクールはその後しだいに発展し、上野動物園だけでなく、全国の動物園、水族館の年中行事になり、重要な教育普及活動になっている。

動物園から子どもたちへの次の贈り物として、同年十月十日にお猿の電車が開通し、爆発的な人気を呼んだ。小森は電車の運転手となるサルの調教を古賀から命じられる。進駐軍の兵士から寄贈されたメスのカニクイザル、チーちゃんはハンドルを引いて電源を入れる訓練を受け、お猿の電車の運転手としてアイドル的存在になった。古賀園長はお猿の電車を動物心理学的実験と考えて、実際にサルにハンドルを握らせた。小森は「人気もののチーちゃんがお客さんからキャラメルなどをもらうたびにハンドルから手を離すので、電車は止まってしまう。そのたびにチーちゃんを叱っていたら、チーちゃんは足でハンドルを握るようになり、電車を止めずにキャラメルを手に入れるようになった。古賀さんの思惑どおり、サルの知恵を見てもらうことができた。」とその著書に記している。

入退院と語学研鑽

小森は十六歳で海軍飛行学校予科練習生となるが、すぐに肺を患い舞鶴海軍病院に入院している。自身の年譜にあるように二十五歳まで、小森は体をこわしては入退院を繰り返した。十八歳のときに古賀の母校である佐賀高校を受験するが、軍学徒制限で不合格になり、長崎県庁に勤務している。こうした戦中戦後の混乱で進学を一度はあきらめたが、向上心に燃える小森は動物園に隣接する都立上野高校夜間課程三学年に編入し、昼間は仕事、夜は勉学という体に負担のかかる無理な生活を続けた。

退院し職場に戻ったときは直接の飼育現場を外れ、教育普及に関する担当を得て『どうぶつえんしんぶん』の編集、図書の収集、動物解説や案内のラベル原稿制作などをするようになった。小森は多くの動物図鑑や書物を著わしているが、この時代の知識がその源になっている。企画や動物の収集など飼育課のどこにも属さない、いわば雑用係であった。昭和二十六年（一九五一）に東京湾岸の千葉県大巌寺にあった「ウの森」からカワウ二十数羽を保護し、池畔での飼育を開始しているが、この時、お寺との交渉や千葉県教育委員会への捕獲手続き、捕獲と輸送などを行ったのも小森である。

昭和二十四年九月にインドのネール首相からインドゾウのインディラが贈られた。ネール首相からの「インドや日本の子どもたちが成長したときには、世界平和のために協力してください」というメッセージとともにインディラは平和の象徴となり、日本中を明るくしたできごととして、日本の戦後史に刻まれている。このときインディラに付き添ってきた二人のインド人の世話を担当したのも小森である。動物園も国際的な付き合いがこれから重要になると感じた小森は、ＹＭＣＡ英語学校夜間部へ入学している。

この年はインディラを中心にした移動動物園が北日本から東日本各地を回り、翌年、ゾウはな子が伊豆大島へ行く。小森は普及担当として参加し、はな子の脱走に遭遇し、尾にしがみついて収容するという活躍をした。その日の船で上野に戻った小森は、そのまま国立横浜療養所に入院、二年間の療養生活を送ることになったのである。動物ラベルの作成を担当し、学名について興味を持っていた小森は、絶望の中でラテン語・ギリシャ語の勉強を開始した。また、ラテン語への興味もあったかもしれないが療養所で聖書研究会に参加し、洗礼を受けている。後に著わした『どうぶつ学名散策』『聖書の中の動物たち』『聖書動物大辞典』は療養所生活で、独学で学んだラテン語と聖書の知識が基になっている。

日本初の国際血統登録

小森は昭和三十九年（一九六四）に日野市にある多摩動物公園へ転勤し、昭和四十四年からは園内の公舎に住み、動物とともに動物園のなかで生活した。小森は仕事が終ると部下やなかまを自宅である公舎に誘い、酒の宴を開くのが好きであり、酔うと必ず得意の喉を披露した。外国からの動物園関係者が来れば、にぎやかに歓迎会を開いたものである。スイスのバーゼル動物園からエリザベート・ハントルという女性飼育係が上野動物園に来て一ヵ月ほど実習をしたことがある。エリザベートが多摩動物公園を訪ねたとき、小森は公舎に彼女を招待し、数名の職員とともに「ジャパニーズ・フォンデュ」と称して、しゃぶしゃぶのパーティを開いた。小森は彼女もそろそろドイツ語が恋しいだろうと思い、シューベルトの野薔薇をドイツ語で声を張り上げて歌った。しばらくすると、彼女は隣に座っていた男性に英語で「ベェリー・シミラー・ツー・ジャーマン、ホワット・ランゲッジ?」と聞いたのであった。それ以来、小森の歌う外国語の歌はすべて「ホワット・ランゲッジ・ソング」と呼ばれるようになったのである。

多摩動物公園は昭和三十三年に上野動物園の分園として、日本やアジアの動物に力を入れる形で開園した。当時ニホンカモシカは難獣といわれ飼育の難しい動物であり、各地で保護されたものが動物園に送られてきても長生きしなかった。小森はニホンカモシカの飼育史を調べることで問題を解決できるのではと考え、日本で今までに飼われた個体について調査を始めている。この調査を通じて上野動物園の開園する三年前の明治十二年（一八七九）に日本から送られたニホンカモシカをロンドン動物園が入手し飼育したことも突き止めた。

このニホンカモシカ調査は昭和四十六年に開始したニホンカモシカの国際血統登録に繋がり、日本が担当する最初の希少動物の国際登録になった。現在では国際協力の中で飼育下の動物を管理するということが当たり前になり、百種以上の希少動物が国際血統登録されている。小森は日本で初の国際血統登録担当者となり先鞭をつけたことで、その後、タンチョウやコウノトリなど、日本の担当も増えて、国際的な活動への認識を広めた。

上野動物園百年史

昭和四十四年（一九六九）八月、十年にわたり住み慣れた多摩動物公園を離れ、十五年ぶりに上野動物園に飼育課長として着任する。小森を待ち構えていたのはパンダの妊娠と死であった。昭和四十七年に日中国交回復の記念として贈られたジャイアントパンダのカンカンとランランの人気は絶大であり、三百万人台だった年間入園者数は倍の七百万人を上回った。ところが、転勤まもない九月四日ランランが死亡する。五月にはカンカンとの交尾が成功し、八月に入っての食欲不振は妊娠のためと希望的観測を続けていた矢先のことである。

上野動物園に着任後、小森は五月のパンダ交尾のＶＴＲに目を通した。交尾は午前六時前後、すなわち朝と発表されていた。ところがＶＴＲの画面は、だんだん暗くなっていき、ゴーンという寛永寺の夕暮れ六時の時鐘の音まで入っていた。当時パンダの繁殖はマスコミも注目し、都庁では記者クラブと広報の間で、交尾から三時間以内に発表する約束が交わされていた。夕方ではＶＴＲのダビングも間に合わず、夜中の発表になってしまうため、都庁や記者クラブの仕事が始まる九時に発表させられたのである。本来学術的データであるべきパンダの交尾時間さえも事実を曲げて公表しなければならない異常さに、小森は昔とは変わってしまった上野動物園に違和感を覚えた。

明治十五年（一八八二）に開園した上野動物園は昭和五十七年に百周年を迎え、記念して『上野動物園百年史』を刊行した。この百年史は五九三ページにおよぶ本編と八五二ページからなる資料編からなる大部なもので、重さは一冊三・五キログラムにもなった。編集作業が本格化したのは昭和五十五年からで、小森は出版小委員会委員長すなわち編集長を務めた。本編の九割は小森の執筆で、原稿は二千枚に達し、積み上げると三十センチを超えた。小森はあとがきの末尾で、「後世に恥じるところのない立派なものをよく吟味して造りあげるには、あと一年ほしい、というのが出版小委員会の偽らざる心境であることを、ここでも、くりかえしてのべておきたい」と記している。

日本動物園水族館協会

小森は百周年を終えた二年後の昭和五十九年（一九八四）三月に、定年まで三年を残し五十六歳で、上野動物園飼育課長を退任し、日本動物園水族館協会事務局長に就任する。パンダが相次で死亡したとき、小森は責任を取り辞職したいと願った。おそらく、若いころ勤めた上野動物園とは異なった雰囲気になっていた職場に馴染めない気持ちがあったのであろう。しかし、百周年を二年後に控え百年史編纂の責任者として動物園を去ることは許されなかった。

小森が意を新たにして勤めた日本動物園水族館協会は昭和十四年に全国十七の動物園水族館が加盟して、小森が尊敬する古賀の提唱により発足し、当時四十五年の歴史を有していた。

当時の日本動物園水族館協会は希少動物の保護といった国際的な協力が必要な課題に対応しきれないでいた。小森は事務局長に就任した昭和五十九年に、日本の動物園水族館の希少動物保全に関する「種の保存計画」の策定に取り掛かる。自身が先鞭をつけたニホンカモシカの国際血統登録のように、日本で飼われている希少種の国内血統登録の推進拡大を図った。この動きは昭和六十三年に「種保存委員会」の発足に発展した。協会は形の上ではＩＵＣＮ（世界自然保護連合 International Union for the Conservation of Natural Resources）に加盟していたが、この年からＩＵＣＮの希少動物保全の実働機関であるＳＳＣ（ＩＵＣＮ種保存委員会 Species Survival Commission of IUCN）そしてＣＢＳＧ（保全繁殖専門家集団 Conservation Breeding Specialist Group）に参加し、希少動物の保護増殖事業を国際的な連携で取り組む態勢を整えた。また、この年より協会の総裁に秋篠宮文仁親王殿下のご就任をいただいている。

小森は平成三年（一九九一）にシンガポールで開催されたＣＢＳＧに出席し、二年後の平成五年に協会はＷＺＯ（世界動物園機構 The World Zoo Organization）に組織会員として加盟する。協会の国際化が進んだとはいえ、この時点でＷＺＯに加盟している協会加盟園館は上野動物園など数園館でしかなかった。小森は三年連続してＷＺＯの総会に出席し、日本の動物園水族館の現状について発表している。またＷＺＯと連動しているＣＢＳＧの会合にも出席し、ニホンカモシカをはじめ日本での希少動物の域外保全状況を報告している。また、平成六年には香港で開催されたＳＥＡＺＡ（東南アジア動物園水族館協会South East Asia Zoo Association）の総会にも出席し、アジア地域での協力について話し合っている。しかし、加盟園館が百五十に増えた協会全体の雰囲気は国際的な連携についていけない会員園館も抱え、小森の積極的な国際活動に否定的な雰囲気もあり、平成八年日本動物園水族館協会専務理事を退任することになった。現在の動物園水族館の事業は国際的連携がなくては進まず、協会の国際化を進めた小森の活動は高く評価されるべきであろう。

動物園の学芸員として

明治十五年（一八八二）に開園した日本最初の動物園である上野動物園は、農商務省博物局の所管する博物館の付属動物園として発足した。その後明治十九年の宮内省移管、大正十三年（一九二四）の東京市への下賜などの変遷を経て動物園の性格を変えてきた。博物館時代の動物園は、博物学者や動物学者が係わってきたが、東京市営動物園は獣医師である園長に任された。第二次大戦後、上野動物園の復興は目覚しいものがあり、復興の先頭に立ったのは園長の古賀忠道である。戦後の復興から発展期に古賀を支えた動物園人のひとりが小森厚であった。古賀は動物園を単なる見世物的な施設ではなく博物館施設として位置づけようとしていた。古賀を支える若手職員のなかにあって、小森は現在の学芸員に相当する立場で動物園の社会的文化的地位の向上に尽くした。小森が学芸員の資格をもっていたかどうかは定かでない。しかし小森の仕事ぶりは学芸員そのものであり、動物園も博物館であるという古賀の意向を受けて、動物園での学芸員活動に従事した草分けの一人であったといえるのではないだろうか。

（小宮輝之）

加藤　有次

（かとう・ゆうじ）

昭和七年（一九三二）～平成十五年（二〇〇三）

加藤有次博士は、戦後の我が国の博物館界・博物館学界の牽引者の一人であると同時に、博物館学の「学」としての確立と大系化を目指した博物館学研究者であった。

國學院大學教授であった樋口清之博士を師とし、國學院大學博物館学課程を継承した上で、社会の博物館に関する意識が大きく発展変革した時期とも相俟って、博物館学の構築を天命とし人生の大半を博物館学に賭けた数少ない博物館学者でもあった。その表れは、当時の文部省の関連諸委員はもとより、各地の大学に於ける博物館学課程開講への尽力、さらには博物館新設に伴う設立委員・構想委員・建設後の運営に関する諸委員等の数は実に夥しいものであった。

また、博物館学の理論の追求のみではなく具体的に川崎市市民ミュージアムの館長に就くなど、実践的に博物館運営にもたずさわる等々、博物館学界に於ける加藤学を確立した。

出自と学統

昭和七年（一九三二）八月一日、父加藤光吉・母アキの四人兄弟の長男として生まれる。幼少期より学業優秀にして東京都立第弐中学校（現東京都立立川高等学校）に進学し、両親をはじめ周辺者の大半は、二中の学風より東大か一橋かと嘱望していたと言う。

ところが大学進学に蟠りを持ち続けていた。それは後に師となる國學院大學教授の樋口との、青年学校時代の迎合に起因するものであった。樋口の講演の中に当時武蔵野台地では未だ遺跡が発見されていなかったこともあって、「武蔵野台地には原始人すら住めなかった」というくだりがあって、これを聞いた加藤少年は講演終了後樋口に、かねてより自宅付近で表面採集していた石鏃を示し、武蔵野台地の遺跡存在の可能性を述べたと言う。樋口は「武蔵野の広漠たる原野に、要するに水のないところに人は住めないよ」と、子どもを慰めるように一蹴したと言う。

この出来事が反発となり、周囲の反対を押し切って國學院大學への道を歩む結果となったと自身で述べている。以上の点からも明白であるように、学問の面でも反骨漢であったことは事実であった。

少年期の樋口との当該論争に関しては、昭和四十六年に古墳時代の住居跡を発見し発掘調査を自らが行い、昭和四十九年には旧石器時代研究の学史に残る鈴木遺跡を発掘することにより、軍配は確定したのであったが、両遺跡とも調査団の顧問を樋口は務めている。

昭和三十一年三月に國學院大學を卒業し、社団法人全国燃料協会に昭和三十六年五月まで籍を置き、今日でも名著と称賛されている『日本木炭史』の編纂に従事した。その一方で、昭和三十二年に樋口により開講された母校での博物館学講座の聴講生となり、國學院大學での第一期生となる学芸員資格を取得している。

昭和三十五年二月に、樋口の招請により國學院大學考古学資料室専任学芸員となり、以降四十三年に亙り國學院大學教員の道を歩み続けたのであった。年歯二十八才。

昭和四十五年に助教授を経て、昭和五十二年に教授となり、平成十五年（二〇〇三）三月に定年を迎えた。この間、平成七年十一月に博士（歴史学）の学位を取得した。博士論文の題目は、『博物館及び博物館の歴史的研究』であり、本論文は、我が国では最初の博物館学での博士論文であった。これを受けて平成八年四月に國學院大學大学院文学研究科兼任教授となる。この年に國學院大學大学委員長小林達雄教授の全面的支援を受けて、我が国で最初の大学院での博物館学講座の開講となったことは、博物館学史として明記すべき点である。

全日本博物館学会の設立

加藤の博物館学界に於ける業績の一つとして、全日本博物館学会の設立とその後の献身的とも言える運営があげられる。全日本博物館学会は、昭和四十八年（一九七三）に國學院大學での設立集会によって設立を見たのであるが、当然のことながら種々の事前準備があり、その雑務を一手に引き受けたのが当初新進気鋭であった加藤であったことは、お手伝いをした筆者が最も良く知るところである。昭和四十六年十月に、全日本博物館学会設立世話人・設立準備委員・設立準備実行委員・設立準備実行委員会幹事・設立発起人・設立総会推進準備委員等々の役職をこなし、前述したように昭和四十八年八月に國學院大學教授樋口清之博士を会長とする全日本博物館学会が結成されたのであった。加藤は総務常任委員に就き、実質的な当学会の牽引者となったのであった。この後、長きに亙り総務常任委員を担当した後、平成六年六月より平成十五年（二〇〇三）十一月の逝去までの約十年間全日本博物館学会長の任に就いたのであった。

当該学会を設立する上での難題が二点あり、それは学会の財団法人化と学会そのものの名称であった。前者は、鶴田総一郎氏の発案と推進によるものであったが、最終的には文部省の認可が得られず断念せざるを得ない

全国大学博物館学講座協議会東日本部会（平成４年）

結果となったが、この間に必要書類作成のために徹夜が続く一方で、財団基金の確保に努力がなされた。その結果、笹川財団より五百万円の寄付がなされたが、その直後不認可の通知が鶴田先生よりもたらされ、当件は成就することなく終了した。残った問題は、寄付金五百万円の笹川財団への返却であったが紆余曲折を経て解決した。もう一方の難題は、当学会としては『日本博物館学会』をその名称として当初より決定していたのであったが、昭和三十五年にアジア太平洋学術会議に出席するのみの目的で鶴田氏が東京教育大学名誉教授であった大塚明郎先生を会長に仰ぎ、国立科学博物館内で本名称を使用した所謂ゆうれい学会を結成していたことであった。当初鶴田氏は、かかる経過があっても日本博物館学会の名称使用は可能であるとしていたにもかかわらず、結果として関係諸氏との調整がつかず断念せざるを得なくなり、そこで、〝全〟を冠し「全日本博物館学会」を名乗ることとなったのである。この間の樋口・加藤両人の苦労は正に産みの苦しみであった。

抑も、博物館学会の設立の決起は昭和四十二年の日本博物館協会の全国博物館大会であった神奈川大会の折に、大阪自然科学館の館長であった筒井嘉隆から、日本博物館協会はあくまで組織としての博物館の連携であって、研究者個人の会ではないから博物館学を論議する学会が必要であるとする主旨の発言を契機としたと言うことである。この発言に感化、同調したのが國學院大學の樋口・加藤の両名であり、中でも博物館学の学としての社会的認知に取り組んでいた加藤にとっては、博物館学会の設立こそが「学」としての社会的認知の基本要件の一つであると考え、その設立に邁進したものであり、昭和四十八年の博物館学会の設立はかかる意味で博物館学史の上で重要な意味を持ったものとなったのである。

研究業績

自身の古稀を記念して記した『私の博物館学五十年』[註1]によると、昭和三十八年（一九六三）頃、盟友であった当時山種美術館学芸部長の倉田公裕（後に北海道近代美術館館長を経て、明治大学教授）ら四人で博物館研究会を設けられ、アメリカの博物館学者のカール・E・グーズ著『So you want good museum』を翻訳した『良き博物館にするために』の刊行をはじめとし、『学芸員論』、『展示論』、『博物館と社会』をいずれも同研究会から矢継ぎ早に出版した。同研究会からのこれらの出版物は、博物館学の試行期に於ける重要な布石と表現できる業績であったと評価されよう。

博物館学の確立

同時代の博物館学研究者は多数いるが、博物館学の学としての理論形成の確立に傾注した研究者であり、また加藤ほど同時期の多数の研究者の中でも学の確立、体系化を唱え続けた研究者は他にいない。

加藤は、博物館学理論と体系について次のように記している。

　博物館の存在は、現段階より一層役立つ博物館を形成しようとして、必然的に博物館学を推進しようとしてきた。そして様々な科学の視野から博物館を追求し、その理論を形成してきた。まさに博物館を科学するMuseum Science である。

博物館を運営してゆくにあたっては、どうしても理論と実践に分けなければならない。したがってMuseum Scienceを核とし、その左右にMugeology（博物館学）とMuseography（博物館実践学）に分かれ、その前者は博物館学総論から学術的諸論に及ぶ。後者は、それをふまえて方法論をいちたてて実践に及ぶ。ただし両者は、上下観念ではなく、実際に相関性をもったものでなければならない。

つまり、加藤が捉えた博物館学とはMuseum Science、即ち人文科学の位置づけであり、そこにはMuseology（博物館学理論）とMuseography（博物館実践論）に分けられるとするものであって、前記の倉田と思考をほぼ同一とする考え方であり、これがまた当時の博物館学に於ける研究のスタイルと成果であった。昭和三十年代に於いては博物館学が存在するか否か、あるいは博物館学は教育学の一分野に位置づけられるものなのか、人文科学として独立可能なのかと言った疑問の時代であったのである。

秋田学―綜合博物館の発想

加藤の博物館思想の中での特質は、前記した哲学的とも言える「博物館学とは何か」の問いかけと、一方では郷土博物館論であったと言えよう。当然ながら、両者は博物館史・博物館学史を根底とした思考であったことは確認するまでもないが、殊に郷土博物館論に於いての博物館史・学史の研究展開は顕著なものであった。郷土博物館論の集大成として導き出した理論として綜合博物館論がある。当該論は、昭和四十七年（一九七二）、『秋田県立綜合博物館設立構想』（倉田・加藤・柴田）の三名により著されたものである。

人間生活は、決して自然と切り離すことのできない関係にあるのであるから、人文科学部門の展示と自然科学部門の展示とは分離されてはならず、人間と自然との係りあいを展示することこそが重要なのである。

ある特定の問題テーマをとりあげたとすると、資料おのおのは、あらゆる学問的見地に立脚して収集され、それを問題テーマに適した内容に組み立てて表現することが展示の本来の意義というべきなのである。単なる資料の集合（Gathering）ではなく、組織化（Organization）することに意義があり、いわば「総合」展示は「綜合」展示であるということができるのである。

ここで確認しなければならない点は、総合展示を実施する博物館は総合博物館であり、総合博物館に出現する展示は自ずと総合展示であるはずであるが、総合博物館と総合展示は、棚橋源太郎の『博物館学綱要』、『博物館教育』に記された同義語と看取される「綜合的陳列」を嚆矢とし、その後多数の研究者によって別途扱いされて来た事実があった。かかる中で、加藤らは郷土博物館から総合博物館への理論展開の中で、明確化を企てた理念であった。それはまた、博物館展示の意図の明確化と言った展示の基本理念に直結するものともなったのである。

加藤の理論は、上記の文章からも明確であるように総合展示を呪縛ともいえる資料の組合わせによる構造展示要素を完膚なきまでに除去し、展示意図としての総合展示論を生み出すことが可能な総合博物館論を完成させたと評価でき得るのである。

つまり、総合博物館に於ける総合展示論は、展示自体の理論展開に留まるものではなく、博物館の設立理念、研究機関としての博物館の研究方法にも及ぶ体系的理論ともいえるものであった。ただ、総合博物館・総合展示の「総合」を「綜合」に置換することにより、従来の総合に関する理念の破棄を企てようとしたのであろうが、総合展示論の濫觴時に棚橋が「綜合」を使用したことと、さらに常用漢字の趨勢とも相俟って一部に混乱を来たし、この完成されたとも評価し得る綜合展示理論の波及に制約があったことも事実であろう。

したがって、現在でも綜合博物館であるべき郷土博物館に於いても、人文系・自然系の二大別を基本とし、さらにそれらを各学域別資料として扱う百科事典的総合がまだまだ一般的で、新島襄・新渡戸稲造に始まる地域学の核心には至っていないのが現状である。

博物館学の啓蒙と認知のための文献出版 ―博物館学講座の刊行―

昭和五十年代は博物館学の起動期とも言える時期であり、博物館等に関する論文はもとより単行本が相継いで発刊された。昭和五十二年（一九七七）に加藤にとってもはじめての単行本となる『博物館学序論』（雄山閣）が上梓された。当該著書は基本文献となり現在までに三十余刷を重ね、また中国・韓国でも翻訳出版されている。昭和五十三年には、伊藤寿郎・森田恒之編による『博物館概論』（学苑社）、昭和五十四年には倉田公裕著『博物館学』（東京堂出版）が、昭和五十八年には間多善行著『新説博物館学』（ジー・ツー）が、昭和六十年には筆者の『博物館技術学』（雄山閣）等が刊行されている。

このような博物館学界の状勢の中にあって、古賀忠道・徳川宗敬・樋口清之を監修者に置き、我が国で最初の博物館学講座全十巻が刊行されたのである。編集委員は、新井重三・加藤有次・倉田公裕・柴田敏隆・千地万造・鶴田総一郎・樋口秀雄・広瀬鎮の当時いずれもが新進気鋭の錚々たるメンバーであった。本講座は、昭和五十一年から昭和五十六年に亙り刊行され、その内容は博物館学の大系を明示したものであったところから博物館学が社会的認知を受ける礎となった文献として評価しなければならない。まさに加藤の意図するところであった。

次いで平成二年（一九九〇）に至り、加藤は千葉大学附属図書館情報サービス課長であった椎名仙卓と共編で、博物館学の更なる啓蒙と学芸員養成の参考図書として博物館学では最初の『博物館ハンドブック』を刊行したのであった。当該書は広く斯会に受け入れられ、刊行の目的を果したのであると同時に、広く執筆を依頼したところから結果として多数の博物館学研究者を産む契機となったことも事実である。

さらに、確かな年時は不明であるが、博物館学の大系化と社会的認知を目的とした博物館学会の設立、『博物館学講座』・『博物館ハンドブック』の刊行を終えた加藤が次に目指したものは『博物館学事典』であった。故新井重三と共編によるもので項目立ては勿論、原稿依頼も終了していたが、完遂し得ぬまに両者の逝去で頓挫となっていた。

当該事典の計画を、平成十七年に全日本博物館学会で継続すべしとする意見を筆者が具申し、当時全日本博物館学会長であったお茶の水女子大学鷹野光行教授をはじめとする諸委員の賛同と総会での賛同の上で現在編纂中であり、平成二十二年度には刊行の運びとなる予定である。

余　技

余技としては、うどん博士の異名を持つ程有名であったのは、武蔵うどんを主眼とする粉食文化の研究とその実践であるうどん打ちであった。うどん文化に関する単著は、『男のうどん学』（一九八八　徳間書店）・『わが家はうどん主義』（二〇〇三　リヨン社）の二冊を著している。前書には、

ところで、よく「関東はそば、関西はうどん」といわれる。私にいわせれば「東男に京女」というほどの意味しかない。そんな誤解が世間に多いから、東京郊外で生まれ育った私がうどんに凝っているというとめずらしがられる。しかし、これまでお話ししてきたように、関東でも武蔵野台地のようにうどんが食文化の中心になっているところもあるのだ。うどんとそばを対比して考えるなら、関東と関西という大雑把な分け方にはほとんど意味がない。もっと細かく、その地域の地形を見ていく必要がある。

加藤の食文化論は風土を根底とする総合学的発想に基づく点が最大の特質であり、生まれ育った武蔵野台地の地質学的特性より発する武蔵野手打ちうどん文化とその技術的属性を保存伝承することを目的にテレビ、ラジオ、講演等々で活躍した。

平成十五年十一月十一日、腸癌のために没。享年七十二。

叙勲・賞

昭和四十五年　棚橋賞受賞
平成五年　九十三年メン・オブ・ザ・イヤー受賞
平成十六年　正五位瑞宝中綬章

主要著書

『博物館学序論』一九七七　雄山閣
『博物館学総論』一九九六　雄山閣

註

1　加藤有次「全国大学博物館学講座協議会全国大会記念講演録　於國學院大學　平成十四年六月十二日」『和敬博愛』二〇〇三　加藤有次先生の古稀をお祝いする会　所収

（青木　豊）

あとがき

この企画の発端は、博物館にかかわった人々の列伝のようなものを作ろうというものであった。その後の編者らの相談の結果、最終的に博物館学の歴史を彩った方々を五十名ほど挙げ、私たちの周囲の方々にそれぞれ執筆をお願いすることとなったのは二年前のことである。我が国の博物館の歴史を描きだすとともに、特にその時々の博物館の歴史において、ここにあげた先学の仕事や考えが博物館学的にどのように考えられるものかを描きだしたいというのが編者らの願いであった。

この企画に賛同された方々に執筆を依頼し、ここに十一名の執筆者による三十二名の先学の列伝を編むことができた。時代は幕末・明治初期から戦後に及ぶこととなった。当初の企画では編年体の構成で江戸期から昭和後期までを通覧できる形とするものであったが、構想通りにはなかなかいかず、本書の形で、ここに『博物館学人物史』の上巻を刊行する運びとなった。引き続いて下巻を刊行すべく編集作業を続けている。

当初の構想からは後退したとはいえ、本書は、先学のその時々の考えや仕事が我が国の博物館の今日をあらしめたことを、鮮明に物語るものとなったと自負している。下巻をあわせ、年代を追ってお読みいただければ、一層その感を強くすることとなろう。

編者の力不足から本巻への執筆をお願いした多くの方々に編集の遅れなどで、ご心配やご迷惑をおかけしたことをお詫びしたい。

編者

執筆者一覧（執筆順）

山本哲也（やまもと・てつや）　新潟県立歴史博物館主任研究員

杉山正司（すぎやま・しょうじ）　埼玉県立歴史と民俗の博物館学芸主幹

落合知子（おちあい・ともこ）　國學院大學准教授

井上洋一（いのうえ・よういち）　東京国立博物館学芸企画部企画課長

石渡美江（いしわた・みえ）　東京家政大学・淑徳大学非常勤講師

下湯直樹（しもゆ・なおき）　國學院大學助手

松浦淳子（まつうら・じゅんこ）　明治大学兼任講師

平田　健（ひらた・たかし）　東京都教育委員会

小宮輝之（こみや・てるゆき）　上野動物園園長

《編著者略歴》

青木　豊
1951年　和歌山県生まれ。
國學院大學文学部史学科考古学専攻卒。
現　　在　國學院大學文学部　教授　博士（歴史学）
主な著書　『和鏡の文化史』刀水書房、『柄鏡大鑑』（共編著）ジャパン通信社、『博物館技術学』『博物館映像展示論』『博物館展示の研究』『史跡整備と博物館』（編著）以上雄山閣

矢島國雄
1948年　横浜生まれ。
明治大学文学部考古学専攻卒。同大学院文学研究科史学専攻修了。
現　　在　明治大学文学部教授。専門は博物館学、先史考古学。
主な著書　『新編博物館学』（共著）東京堂出版、『植民地主義と歴史学』（共著）刀水書房、『博物館学事典』（共編）東京堂出版など

博物館学人物史　上

2010年7月30日　発行

編著者　青木　豊
矢島國雄
発行者　宮田哲男
発行所　株式会社　雄山閣
〒102-0071　東京都千代田区富士見2-6-9
電話 03-3262-3231
FAX 03-3262-6938
印　刷　松澤印刷株式会社
製　本　協栄製本株式会社

ISBN978-4-639-02119-3